그 길, 예수

그 길, 예수

초판1쇄 발행일 2017년 4월 10일

지은이 남성수
발행인 이용훈

발행처 북스원
출판등록 제 2015-000033호
주소 서울시 송파구 오금로44나길 5, 401호
전화 02-6204-4066
이메일 books_one@naver.com
공급처 (주)비전북 031-907-3927

ISBN 979-11-955207-1-8 03230

마태복음 강해 • 1

그 길, 예수

마 태 와 함 께 떠 나 는 영 혼 의 산 책

THE WAY, JESUS

남성수 지음

북스원
BOOKSONE

추천사

　'예수가 누구인지, 어떻게, 왜 이 세상에 오셨는지' 등을 성경에서 깨닫고 예수의 제자로 이 세상을 살아가는 것은 매우 중요합니다. 저자는 하나님의 아들이신 예수님이 이 세상에 오셔서 우리의 구원자, 통치자, 그리고 사탄과 세상과 우리 자신의 정욕을 이기게 하시는 승리자가 되심을 새롭게 가르치고 있습니다. 성경의 역사와 당시의 문화적인 배경을 자세히 설명하면서 본문에 나타난 본래 의미를 쉽게 이해하고 깨닫게 하여 예수님의 주권을 믿는 구원받은 성도들이 어떻게 승리의 삶을 살아갈 수 있는가를 실제적으로 잘 가르치고 있습니다.

　오렌지카운티한인교회를 10여년 간 말씀과 기도로 섬기면서 그 동안 강단에서 가르치고 전하신 말씀들을 마태복음 강해집으로 출간하게 된 것을 축하드립니다. 지난해 한 달 동안 선교관에 머물면서 남 목사님께서 저에게 선물로 주신 에베소서 강해설교집 《교회여 땅이 되라》를 매일 밤마다 읽고 큰 감동과 은혜를 받았습니다. 그리고 남 목사님은 하나님의 말씀을 가장 귀하게 알고, 그 말씀을 바르게 해석하고 바르게 가르치려고 노력하시고 또한 자신이 철저히 그 말씀대로 살아가며 기도에 전념

하시는 귀한 분임을 새롭게 알게 되었습니다.

목회자의 최우선 사역은 말씀을 바로 전하고 가르치고 기도하는 것이라고 합니다. 초대교회가 부흥하고 성장한 것은 사도들이 말씀과 기도에 전념하는 영적 사역에 충실하였기 때문입니다. 오늘날 다양한 프로그램을 개발하고 적용함으로써 외적으로 매우 생동감 있어 보이는 교회들이 많이 있지만 내적으로는 말씀사역의 영적 생명력이 결여되어 결국 성도들의 영이 메말라 죽어가는 교회들이 많이 있다고 생각합니다.

구약에서 하나님의 종들은 말씀을 받아 이스라엘 백성을 가르치는 사역을 했고, 또한 그들을 위해 중보기도를 드렸습니다. 모세는 하나님께 받은 말씀을 백성에게 가르쳤고(출 32-34장), 선지자 사무엘은 이스라엘 백성과 그의 왕에게 "나는 너희를 위하여 기도하기를 쉬는 죄를 여호와 앞에 결단코 범하지 아니하고 선하고 의로운 길을 너희에게 가르칠"(삼상 12:23) 것이라고 말하였습니다.

새는 두 날개로 높이 날고, 배는 두 개의 노로 저어 나아가듯이 말씀과 기도는 목회사역에 균형을 유지하며 앞으로 나아가게 해 줍니다. 학문성이 강한 목회자는 서재에서 성경을 연구하고 책을 가까이합니다. 또한 활동적인 목회자는 아침부터 교인들을 심방하고 도와주고 전도에 힘씁니다. 남성수 목사님은 하나님의 말씀을 더 깊이 연구하고 더 깊은 기도를 하시는 분입니다. 그래서 더 깊은 기도로 하나님의 말씀을 더욱 깊이 상고하시고 말씀을 전하십니다. 말씀과 기도가 겸비된 귀한 하나님의 종입니다.

오렌지카운티한인교회가 부흥하는 것은 남성수 목사님의 말씀사역과 기도 때문이라고 생각합니다. 매 주일 기도로 준비하여 선포한 마태복음의 말씀을 출판하게 된 것을 진심으로 축하합니다. 오렌지카운티한인교회 성도들이 매 주일 받았던 말씀의 은혜와 축복을 이 책을 읽는 한국과 해외의 목회자들과 성도들도 받아 주님을 더욱 사랑하고, 교회를 더 잘 섬기고, 하나님 나라를 위해 헌신하기를 기도합니다.

김연택 목사(칼빈국제대학교 총장)

미국 오렌지카운티한인교회를 담임하고 있는 사랑하는 제자 남성수 목사님이 쉽게 이해하면서도 재미있게 읽을 수 있는 《그 길, 예수》를 출간하였다. 저자는 쉽고도 편한 문체와 어휘를 사용하여 아무런 부담 없이 읽을 수 있도록 해 주었다. 그렇다고 해서 이 책의 지적 깊이가 없거나 그 표현이 결코 천박하지 않다. 오히려 저자는 성경 전체가 선포하고자 하는 광범위한 내용과 조화를 잘 이루면서도 마태복음이 전하고자 하는 독특한 내용을 잘 포착하여 매우 논리적이면서도 분명하게 설파하고 있다. 그리고 고대의 역사적 배경과 현대에서 일어나는 사건들을 접목시키면서 설명하므로 마태가 전하고자 하는 복음의 의미와 그 의의를 더욱 생동감 있게 독자에게 전달하고 있다.

신학적으로 깊이 있는 내용을 독자들이 쉽게 재미있게, 또 마태복음의 핵심을 올바르게 이해하게 만들어 주는 것이 이 책의 특징이며 장점이다.

신학자들은 같은 말이라도 어렵게 표현하는 특별한 능력을 가지고 있으며, 독자들을 지치게 만드는 데 일가견이 있다. 신학교에서 가르치는 교수 못지 않게 학문적 지식과 훈련을 받은 저자이지만, 그는 오랜 목회 경험에서 통찰한 독자들의 성향과 형편을 잘 간파하고 그들과 진정으로 소통하고 싶은 간절한 심정에서 독특한 표현 기법을 터득한 것 같다. 참으로 대단한 능력이 아닐 수 없다.

성경을 사랑하고 성경 전체의 안목에서 마태복음의 독특한 메시지를 포착하기를 바라는 독자들에게 이러한 장점을 갖춘 이 책을 적극 추천한다.

김인환 목사(전 총신대학교 총장, 현 스와질랜드 크리스찬대학교 총장)

유명한 선교신학자인 데이비드 보쉬는《변화하고 있는 선교》에서 "마태복음은 본질적으로 선교적인 문서이다"라고 선언합니다. 그는 계속해서 설명합니다. "마태복음은 이방 문화 가운데 디아스포라로 살아가는 유대인 기독교 공동체를 위한 선교적 비전을 고취하는 책이다. 이방 문화 가운데 위기에 처한 교회를 변혁하기 위해, 그리스도의 제자 공동체가 가진 선교적 사명을 서술하는 복음서이다." 그렇습니다. 우리는 마태복음에서 선교 공동체를 위한 주님의 말씀을 듣습니다.

남성수 목사님은 이 책에서 하나님 나라의 복음을 선포하고 있습니다. 이사야 선지자가 말한 천국 복음, 곧 하나님 나라의 복음이 바로 예수님에게 이루어지셨음을 선포합니다. 한 개인에게 구원의 역사가 시작되는 것이 바로 그 인생에 하나님 나라가 이루어지는 것이기에, 하나님 나라의 메시지는 바로 예수 그리스도의 구원의 메시지라고 설명합니다.

이 책은 갈릴리 사람들에게 초점을 맞추고 있습니다. 갈릴리를 통해 우리의 모습을 봅니다. 당시 갈릴리 사람들은 서민이었고, 권력자들에게 수탈을 당하던 약자였으나, 예수님이 그들에게 찾아오셔서 생명의 원리를 전해 주셨다는 것입니다. "생명의 원리란 절망과 아픔의 문제를 해결하고 나의 삶에 새로운 가능성과 소망을 일으키는 원리입니다. 생명의 원리가 시작되면 그 인생은 분명히 변하게 되어 있습니다. 이것이 갈릴리와 같은 인생의 회복입니다."

이 책은 제자도를 강조합니다. 제자도는 구원의 복음을 듣고 따르는 것입니다. "이 복음을 나누는 것이 바로 예수를 좇는 것이요, 이것을 선전하는 것이 바로 우리의 삶이 진정한 목적대로 사는 것입니다." 남 목사님은 선교적 제자도로 우리를 초청합니다. "하나님께서 나를 부르신 그 목적을 위해 함께 달려가 보시지 않겠습니까? 이것이 바로 예수님을 좇는 삶입니다. 예수님을 좇을 때 반드시 영혼의 추수함을 경험할 것입니다."

남성수 목사님이 선포하는 선교 공동체를 위한 예수님의 길을 읽으며, 마음을 열고 사랑하는 님을 마주하듯 주님의 말씀을 받으면, 마태가 꿈꾸었던 천국이 이루어지고, 우리는 아름다운 선교 공동체를 마주하게 될 것입니다.

임윤택 교수(윌리엄캐리국제대학교 Global Leadership Center 원장)

마태복음은 영적인 보화 창고입니다.
예수께서 이 땅에 진정한 왕으로, 참된 메시아로,
유일한 구원자로 오심을 가장 잘 설명해 주는
신약성경의 출발점입니다.
마태와 함께 떠나는 영혼의 산책으로
여러분을 초대합니다.

마태복음 여행을
시작하며

크리스 와이드너는 《The Angel Inside》라는 책에서 미켈란젤로가 다비드 상을 조각하게 된 일화를 소개하고 있습니다. 미켈란젤로가 태어나기도 전에 커다란 대리석이 발굴되었지만 조각가들이 전혀 손을 대지 못하던 상태였습니다. 그러다 미켈란젤로의 손에 들어오게 되었습니다. 이 커다란 대리석에 달라 붙어 작업을 하고 있을 때 근처를 지나던 어린 소녀가 작업실에 들어와 호기심에 가득 찬 눈으로 물었습니다.

"무엇을 그렇게 힘들게 두들기고 계시나요?"

미켈란젤로가 그 소녀에게 이렇게 말합니다.

"꼬마야, 이 바위 안에는 천사가 들어 있단다. 나는 지금 잠자는 천사를 깨워 자유롭게 해주는 중이야."

미켈란젤로가 다비드 상을 조각할 수 있었던 것은 그 돌 안에 있는 다비드 상을 볼 수 있었기 때문입니다. 사람은 자신이 볼 수 있는 만큼만 얻을 수 있습니다.

이것은 믿음의 문제도 마찬가지입니다. 하나님께서 우리에게 수많은 약속을 주셨는데 그 약속을 볼 수 있는 자만이 얻을 수 있습니다. 그래서 그려 보는 것이 중요합니다. 여호수아가 가나안 정복을 마무리하는 시점에 이르렀을 때 아직도 일곱 지파가 땅을 정복하지 못했습니다. 하나님께서 그들에게 주시고자 한 기업이 어떠한지, 얼마나 놀랍고 풍성한지를 전혀 바라보지 못하고 있었기 때문입니다. 그래서 여호수아는 이 문제를 해결하기 위해 한 가지 명령을 내립니다.

> "가서 그 땅으로 두루 다니며 그것을 그려 가지고 내게로 돌아오라 내가 여기 실로의 여호와 앞에서 너희를 위하여 제비를 뽑으리라 하니"(수 18:8)

여호수아는 일곱 지파의 지도자들에게 그들이 얻게 될 땅에 가서 그림을 그려 오라고 했습니다. 그림을 그린다는 것은 하나님이 허락하신 약속의 현장을 하나님의 눈으로 보라는 뜻입니다. 그들이 볼 때만이 그들의 것이 될 수 있습니다.

사람은 자신이 볼 수 있는 만큼만 얻을 수 있기에 얼마나 구체적으로 풍성하게 보느냐가 중요합니다. 하나님의 역사와 간섭을 내가 가지고 있는 기준으로 바라보는 것이 아니라 하나님의 기준으로 바라볼 수 있어야 합니다.

마태복음은 영적인 보화 창고입니다. 예수께서 이 땅에 진정한 왕으로, 참된 메시아로, 유일한 구원자로 오심을 가장 잘 설명해 주는 신약성경의 출발점입니다. 여기에는 예수님의 모든 것이 들어 있습니다. 캐내고 캐내도 다함이 없는 예수님의 능력과 인격과 하나님 나라에 대한 설교들이 있습니다. 그렇기에 기독교 2천년 역사에서 그 누구도 완벽하게 마태복음을 소화해서 설교한 사람은 없는 것 같습니다. 예수님의 그 무궁하신 능력과 하나님의 사랑을 인간은 감히 다 헤아릴 수 없기 때문입니다.

부족한 사람이 감히 이 보화를 바라보며 영적인 여행을 시작했습니다. 2013년 5월 19일부터 시작된 마태복음의 여행은 나의 머리로는 다 그려 볼 수 없는 너무도 넓고 큰 세계였습니다. 영적 여행의 중간 지점에서 지난 날을 되돌아보니 이 모든 것은 하나님의 은혜였습니다. 하나님께서 내게 주신 영적 통찰력과 안목으로 수많은 보화를 캐내었음에 감사를 드리지 않을 수 없습니다.

마태복음의 여행은 내가 회복되는 시간이었습니다. 주님께서 이 땅에 오셔서 연약한 자, 불편한 자, 낙심과 절망 가운데 있는 자들에게 하늘의 생명을 주셨으며, 영원히 없어지지 않는 평강과 기쁨을 주셨듯이, 저에게는 넘치는 위로와 평강과 기쁨으로 지쳐 있는 영혼과 육체를 회복시켜 주셨습니다. 바라기는 부족한 이 책이 모든 독자에게 동일한 치유와 회복을 선사하기를 소원합니다.

아직도 가야 할 마태복음의 영적여행이 많이 남아 있음에도 불구하고 이 책을 내게 된 것은 처음 시작했을 때의 감격과 보이지 않는 영적인 세계로의 가슴 벅찬 기대가 사라지기 전에 그 모든 것을 그대로 남기고 싶어서였습니다. 이를 위해 설교 내용을 일일이 점검하고 교정해 준 고영아 권사님과 안성희 간사님께 감사를 드립니다. 그리고 이 책이 나오기까지 주일마다 설교에 대한 감격과 기쁨을 잃지 않고 영적인 조언으로, 기도로 함께 해준 나의 아내에게 진심으로 감사를 드립니다.

이 모든 강해는 오렌지카운티한인교회 성도들의 기도가 없었다면 불가능했을 것입니다. 부족한 자의 설교를 주일마다 경청하며 은혜를 사모했던 성도들의 기도가 있었기에 지금까지도 마태복음 설교를 해올 수 있었습니다. 모든 성도들에게 감사를 드립니다.

그러나 이 모든 것은 무엇보다 천지의 주재이시며 연약한 나를 구원하시기 위해 독생자 예수 그리스도를 내어주시면서까지 사랑하신 우리 주 전능하신 하나님의 은혜요 인도하심입니다. 모든 영광과 존귀와 감사를 우리 하나님께 올려 드립니다.

2017년 사순절 둘째 주간에
오렌지카운티에서 남성수

차례

추천사 • 4

프롤로그 • 12

PART 1 예언대로 오신 예수님

01 진정한 왕 예수 그리스도 • 20

02 아브라함의 자손 예수 그리스도• 34

03 족보 속에 나타난 하나님의 은혜 • 46

04 우리를 위해 오신 예수 • 59

PART 2 구원자로 오신 예수님

05 헤롯이냐, 동방박사냐? • 72

06 예수께 드린 첫 예배 • 83

07 우리를 부르신 하나님 • 95

08 라헬의 통곡소리 • 107

09 나사렛 사람이라 칭하리라 • 120

PART 3 통치자로 오신 예수님

10 세례 요한의 길 • 134

11 천국이 가까이 왔느니라 • 145

12 회개에 합당한 열매 • 156

13 알곡과 쭉정이 • 168

14 예수께서 세례를 받으시고 • 181

15 대관식의 기적 • 193

PART 4 승리자로 오신 예수님

16 사람은 무엇으로 사는가? • 208

17 하나님의 아들이어든 • 222

18 성전 꼭대기에 세워 • 236

19 다만 그를 섬기라 • 249

20 갈릴리로 물러가셨다가 • 262

21 빛이 비치었도다 • 275

22 예수를 좇는 삶 • 287

23 갈릴리와 같은 인생의 회복 • 300

예언대로 오신 예수님

01

| 마태복음 1:1 |

1 아브라함과 다윗의 자손 예수 그리스도의 계보라

진정한 왕
예수 그리스도

BC 17년 6월 3일 로마의 팔라티노 언덕과 카피톨리노 언덕에서는 세기적인 축제가 사흘 동안 계속되고 있었습니다. 율리우스 카이사르가 암살당한 뒤, 정치적인 혼란기를 틈타 자신의 정적 브루투스와 안토니우스를 차례로 제거하고 로마의 정권을 장악한 아우구스투스가 벌인 축제였습니다. 이 축제를 시작으로 아우구스투스는 나라 안에 있는 모든 종교를 통합하고 사람들의 마음을 사면서 '로마의 평화'(팍스 로마나Pax Romana)를 로마 시민들에게 꿈꾸게 했습니다. 그리고 그 축제를 통해 자신이 바로 새로운 세기에 나타날 '그 주인공'이며, 자신만이 '전쟁 없고 행복한 로마'를 만들 수 있다고 선포했습니다.

그러나 팍스 로마나가 진행되던 그 시간에도 1백만 명에 가까운 노예들과 외국인들, 하층민들은 노동과 구걸로 어떻게든 살아남으려고 애쓰고 있었습니다. 로마인들의 학정을 견디다 못해 '스팔타커스'(Spartacus) 같은 노예는 노예들을 규합해 반란을 일으키다가 로마의 황제 아우구스투스의 정예 부대에 붙잡혀 처참하게 십자가형을 당하고 말았습니다.

팍스 로마나가 선포되었던 그 시절에 로마의 변방 이스라엘 땅 갈릴리에서는 로마의 학정과 헤롯의 억압에 견디다 못해 '유다'라는 자가 나사렛 근방의 병기창을 약탈하고 폭동을 일으켰습니다. 그러나 이 폭동 역시 로마 황제의 군대에 의해 곧 진압되고 그 일에 가담했던 2천 명이 십자가에 처형당합니다.

이것이 로마의 평화의 모습입니다. 로마의 평화는 특정 계층이나 권력자의 평화일 뿐이었습니다. 그래서 역사가 타키투스(Tacitus)는 이 상황을 이렇게 기록하고 있습니다.

"평화는 계속되었다. 그러나 그것은 피 흘리는 평화였을 뿐이다."

인간에게는 희망이 없다

2천 년이 지난 현대에도 사람들은 여전히 평화를 부르짖고 있습니다. 지금도 정권이 바뀌고 좋은 지도자만 나타나면 곧 평화가 올 것처럼 떠들어댑니다. 그러나 한 번 생각해 보십시오. 로마의 평화를 부르짖었던 그 시대 이후 2천 년이 지난 지금에 이르기까지 인간이 이룬 진정한 평화의 시대가 있었을까요? 현대에도 마찬가지입니다. 제왕적 독재를 서슴지 않았던 권력자들의 횡포에 대항해 정권 타도를 부르짖었던 민주화의 당사자들이 권력의 중심에 섰을 때 그들에 의해 이루어진 또 다른 부패와 횡포, 거짓과 억압은 힘없는 국민을 얼마나 많은 고통 가운데 빠지게 했는지 우리는 역사를 통해 분명히 알고 있습니다. 중동과 북아프리카의 독재자들이 축출당한 이 시점에도 여전히 국민의 고통과 아픔이 끊이지 않고 있습니다. 파렴치한 부자들을 몰아내고 지주들을 처형하면서 세계 유일의 민주공화국을 이루어냈다고 자랑하는 저 북녘 땅이지만 여전히 고깃국에 쌀밥 하나 해결하지 못한 채 세계 유일무이한 3대 세습 왕권만 있을 뿐 그 땅의 국민들은 절망과 탄식 가운데서 신음하고 있습니다.

이것은 무엇을 의미할까요? 인간이 만든 나라는 결코 진정한 평화를 이룰 수 없다는 것입니다. 그렇다면 인간이 이 땅을 사는 동안에는 더 이상 희망이 없는 것일까요? 아닙니다. 한 가지 희망이 있습니다. 바로 평화의 주관자 되신 예수 그리스도를 우리의 왕으로 모시는 것입니다. 예수는 평화의 왕이십니다. 예수는 생명의 역사를 이루시는 유일한 왕이십니다. 그렇기에 예수를 왕으로 모시는 나라, 예수가 다스리시는 나라, 곧 하나님 나라만이 우리의 유일한 희망이며 기대입니다. 이 나라는 눈에 보이지 않습니다. 이 나라는 예수를 받아들이기만 하면 속하게 되는 신비한 나라입니다. 이 나라는 영토와 민족을 뛰어넘어 모든 열방에게 열렸습니다. 이 나라에 속하기만 하면 단 한 사람도 빠짐 없이 참된 평화를 누릴 수 있습니다. 그렇기에 지금 이 시대에도 왕이 필요합니다.

다윗의 자손 예수 그리스도의 계보

마태는 이것을 알리기 위해 예수님을 이렇게 소개하고 있습니다.

"아브라함과 다윗의 자손 예수 그리스도의 계보라"(마 1:1).

마태복음은 일차적으로 유대인들을 대상으로 쓰인 책입니다. 유대인들은 바벨론 포로로 잡혀간 이후 무너진 유대 왕국을 재건하고 찬란했던 유대 민족을 새롭게 다스릴 왕, 곧 메시아를 4백년 간 기다려왔습니다. 마태는 이런 유대인들에게 그들이 기다려온 왕이 바로 예수라는 것을 증명해야 했습니다. 그리고 앞으로 예수를 믿는 모든 자들에게 예수가 누구이신지를 알려 주어야 했습니다. 이를 위해 사용한 것이 바로 족보였습니다.

1절에 사용된 '계보'는 '족보'입니다. 1절을 헬라어 원문에 근거해서 다시 번역하면 어순이 조금 바뀝니다. "예수 그리스도, 다윗과 아브라함 자손의 족보"입니다. 예수 그리스도를 설명하는데 아브라함보다 다윗을 앞세운 것입니다. 앞세웠다는 것은 강조했다는 말입니다. 왜 마태는 다윗을 강조하고 있는 것일까요?

그것은 다윗 왕권의 연속선상에서 예수 그리스도가 오셨음을 강조하기 위함입니다. 족보의 끝에도 보면 이 부분이 강조되고 있습니다.

"그런즉 모든 대 수가 아브라함부터 다윗까지 열네 대요, 다윗부터 바벨론으로 사로잡혀 갈 때까지 열네 대요 바벨론으로 사로잡혀 간 후부터 그리스도까지 열네 대더라"(마 1:17).

마태는 예수님의 족보를 다윗 왕권을 중심으로 다윗 왕 이전까지, 다윗 왕부터 바벨론 포로로 잡혀가기까지 그리고 포로 이후부터 그리스도가 오시기까지 세 등분 하고 있습니다. 그런데 특이한 점은 이 세 등분된 족보가 모두 14대씩 임의로 나뉘어 있다는 것입니다. 이것은 마태가 의도적으로 그렇게 한 것입니다. 실제로 마지막 세 번째 단계는 열네 대가 아니고 열세 대입니다. 그러면 열네 대에 예수님이 오셨다는 것은 모순이 아닌가 하는 의문이 듭니다. 그러나 마태가 이 족보를 우리에게 소개한 목적은 14대씩 정확하게 구분되어지는 예수님의 족보 질서를 이야기하는 것이 아니라 예수님의 왕권의 정통성, 곧 이스라엘 역사에서 어느 누구도 감히 흠집 낼 수 없는 진정한 왕으로 오셨음을 보여주기 위함입니다.

원래 히브리어에는 두 가지가 없습니다. 하나는 모음이요 또 하나는 숫자입니다. 그래서 모음 없이 자음만으로 모든 것을 기록했기에 당시는 이 성경을 다 외워야 했습니다. 그뿐 아니라 숫자가 따로 없어서 히브리어의 알파벳을 숫자 대신 사용했습니다. 그래서 히브리어 알파벳으로 되어 있는 다윗 이름을 영어로 이해하면 데이비드(David)가 아니라 'DVD'가 됩니다. 그리고 이것을 숫자로 이해하면 D에 해당되는 '달렛'은 알파벳 4번째 글자이고, 'V'에 해당되는 '바브'는 알파벳 6번째 글자이므로 이 석자를 합치면 14가 됩니다. 그래서 아브라함부터 다윗까지 14대, 다윗부터 바벨론 포로까지 14대, 바벨론 포로 귀환부터 그리스도까지 14대'가 된 것은 다윗의 이름을 중심으로 족보를 임의로 나누었음을 말합니다. 유대인들에게 메시아는 반드시 다윗 왕의 무너진 왕권을 회복하는 자여야 한다는 이해가 있었습니다. 그래서 다윗 왕권의 연속선상에서 예수가 오셨음을 강조한 것입니다.

그러면 왜 마태는 이토록 예수님을 다윗 왕권의 연속선상에서 오신 왕, 곧 메시아이심을 강조한 것일까요? 이것이 더 중요합니다. 그것은 바로 사무엘하 7:12-13 때문입니다.

"12 네 수한이 차서 네 조상들과 함께 누울 때에 내가 네 몸에서 날 네 씨를 네 뒤에 세워 그의 나라를 견고하게 하리라 13 그는 내 이름을 위하여 집을 건축할 것이요 나는 그의 나라 왕위를 영원히 견고하게 하리라."

이 말씀은 하나님께서 나단 선지자를 통해 다윗의 왕권을 영원토록 하겠다고 하신 약속의 말씀입니다. 문자적으로만 보면 이 말씀은 다윗의 뒤를 이어 왕이 된 솔로몬에 관한 약속이라고 이해할 수 있습니다. 이 말씀을 받았던 다윗도, 그 뒤를 이은 솔로몬도 그리고 그 당시에 살았던 모든 백성도 그렇게 이해했을 것입니다.

그러나 이런 이해가 솔로몬 시대가 끝나기도 전에 바뀌기 시작합니다. 왜냐하면 솔로몬은 다윗의 아들로 성전을 지었고 흥왕하였으나, 죽은 후에 나라가 둘로 나뉘도록 한 장본인이었기 때문입니다. 그리고 역사적으로 14대가 지난 후에 다윗 왕가는 멸망해서 바벨론 포로로 잡혀간 후 다시는 복원되지 않았습니다. 결국 다윗의 몸에서 날 자식을 통해서 그 왕국을 영원히 견고케 하시겠다는 것은 다윗의 아들 솔로몬을 통해 이루어지는 약속이 아니라 하나님이 예비해 놓으신 새로운 왕 메시아를 통해 이루어질 것임을 사람들은 깨닫게 되었습니다.

그런 이유 때문에 마태복음 1:1은 다윗의 나라와 왕위를 영원히 견고하게 해 주시겠다고 한 약속의 주인공이 다윗도 아니요 솔로몬도 아니며, 오직 예수 그리스도이심을 밝히고 있는 것입니다. 다윗이 아무리 위대했을지라도 그는 다음 세대의 진정한 평화와 기쁨과 안전을 보장하지 못한 불완전한 왕이었습니다. 이런 다윗과 같은 불완전한 왕을 통해서는 그토록 기다려온 인간의 근본적인 소망이 성취될 수 없습니다. 그렇기에 마태복음은 예수의 오심을 소개함으로써 다윗 왕가의 정통성을 이어받은 유대의 진정한 왕이시며 다윗 왕이 줄 수 없었던 진정한 평화와 안전, 영원한 복락을 책임지실 수 있는 메시아가 예수 그리스도라는 것을 선포한 것입니다.

당신의 진정한 왕 예수

왜 그리스도 예수만이 진정한 평화와 안전, 영원한 복락을 책임지실 수 있습니까? 예수님은 하나님의 아들이시기 때문입니다. 하나님은 아들에게 하늘과 땅의 권세를 주셨습니다. 그 권세는 우리를 살립니다. 아무리 뛰어난 세상 왕들이 권세를 가지고 나라를 잘 다스렸어도 그들에겐 한계가 있습니다.

동남아시아의 보르네오 섬 북서 해안에는 브루나이('평화가 깃든 살기 좋은 나라'라는 뜻)라는 술탄 왕국이 있습니다. 인구 40만 명의 작은 나라지만 원래는 보르네오 섬 말레이시아 전체를 지배했던 강한 국가였습니다. 그러나 이 나라 안에서 일어나는 크고 작은 반란과 서양제국주의의 끝없는 침공 앞에 브루나이의 술탄 왕이 자신의 왕권을 지키기 위해 영국과 타협을 합니다. 계속 반란을 일으키는 이반 족이 살고 있는 보르네오 섬 북부 지역을 영국이 다스리는 대신 자신들의 왕권을 지켜달라고 요청한 것입니다. 그러나 이것은 브루나이 왕국의 몰락을 자초한 결정이었습니다. 이 요청 때문에 1841년 영국은 제임스 브룩 장군을 파송하게 되고 브루나이의 왕은 이 영국 사람을 반란이 일어나는 사라왁 주의 라자, 지금으로 말하면 총독으로 임명합니다. 제임스 브룩이 이 땅을 다스리면서 결국 브루나이 왕국에서 독립하게 되고, 그 백성들은 영국 식민지 백성이 되어 수많은 억압과 고통의 시간을 보냈습니다.

어떻게 한 나라의 왕이라는 자가 자기의 안위를 위해서 백성들을 다른 나라에 내어줄 수 있습니까? 브루나이 왕국의 역사는 백성의 안위는 전혀 생각지도 않은 채 자신의 안위만을 꾀하는 세상 나라의 전형적인 모습입니다.

2011년은 세계 역사에 참으로 많은 변화와 의미가 있는 한 해였습니다. 보기 드물게 수십 년을 철권통치 해오던 독재자들이 한꺼번에 무너진 해였습니다. 23년 간 독재자로 군림했던 지네 벤 알리 전 튀니지 대통령이 2011년 1월 축출되었고, 현대판 파라오로 불리던 이집트의 무라바크 대통령이 2011년 2월에 30년 간의 철권통치에서 낙마하며 몰락했습니다. 10년 간 독재자로 군림하던 코트디부아르의 롤랑 그바그보 대통령이 2011년 4월에 전범으로 체포되어 네덜란드 헤이그에서 전범재판을 기다리고 있으며, 27살에 쿠데타로 정권을 잡은 이후 42년간 무소불위의 독재자로 자처하던 리비아의 무아마르 카다피는 2011년 10월 시민군에게 잡혀 비참하게 살해되었습니다. 2011년 11월에는 알리 압둘라 살레 예멘 대통령이 33년 간의 독재자 자리에서 비참하게 내려와야 했으며, 근현대사에 있어서 가장 긴 독재 정권을 이어 오던 북한 김씨 왕조의 후계자 김정일 역시 2011년 12월 새해를 10여 일 앞두고 사망했습니다.

왜 하나님은 2011년에 이토록 한꺼번에 세계의 독재자들을 무너뜨리신 것일까요? 하나님의 그 오묘하신 뜻을 다 알 수는 없지만 우리는 이들에게 부인할 수 없는 분명한 한 가지 공통점을 볼 수 있습니다. 바로 자신들의 권력을 가지고 그 통치 아래 있는 백성들을 억압하고 학대하며 심지어 죽이기까지 한 자들이라는 점입니다. 자신의 안위를 위해서는 백성들이 고통당하고 억압당하는 것을 아랑곳하지 않는, 세상 권력자들의 단적인 모습입니다.

그러면 이런 질문이 나올 수 있을 것입니다. 이들을 제외한 세상 많은 나라의 권력자들은 그래도 백성을 위하여 통치하지 않습니까? 진짜 그럴까요? 그들이 진정 백성을 위해 통치하는 것일까요? 어느 정도는 그럴 것입니다. 그러나 그들의 통치 원리가 백성을 위한 것일지라도 그런 통치를 통해서 백성 모두가 진정으로 평화와 안전, 복락과 기쁨을 누리고 있다고 말할 수 있을까요?

이 부분에 대해 하나님은 왕을 요구하는 이스라엘 백성에게 사무엘을 통해 이렇게 경고하셨습니다.

> "16 그가 또 너희의 노비와 가장 아름다운 소년과 나귀들을 끌어다가 자기 일을 시킬 것이며 17 너희의 양떼의 십분의 일을 거두어 가리니 너희가 그의 종이 될 것이라"(삼상 8:16-17).

하나님은 분명히 왕이 그들을 종으로 삼을 것이라고 말씀하셨습니다. 백성은 왕에게 종처럼 복종하며 섬겨야 하지만 왕은 결코 백성에게 완전한 평화와 안전, 기쁨과 복락을 보장하지 못한다는 것입니다.

이것이 우리가 세상 왕을 따를 수 없는 이유입니다. 진정한 평화와 안전, 기쁨과 복락은 우리 인생의 진정한 왕이신 하나님만이 주실 수 있습니다. 그래서 하나님은 이 왕권을 우리 주 예수 그리스도의 손에 쥐어 주시고 이 땅에 보내신 것입니다. 예수님이 가지신 왕의 권세는 자신을 희생하고 남을 살리는 권세입니다. 왕으로 오신 우리 주님은 이렇게 말씀하십니다.

> "인자가 온 것은 섬김을 받으려 함이 아니라 도리어 섬기려 하고

자기 목숨을 많은 사람의 대속물로 주려 함이니라"(마 20:28)

세상의 권세와 권력자들은 자신들의 나라와 권력을 지키기 위해 힘의 논리와 전쟁과 심판을 일삼습니다. 백성을 종으로 삼습니다. 그러나 왕이신 예수님은 백성의 종이 되셨습니다. 그래서 그 백성에게 평화의 나라, 복된 나라, 영광의 나라를 세워 주셨습니다. 우리 왕이신 예수 그리스도는 백성들에게 심판이 아니라 구원과 용서와 자비를 허락하셨습니다.

"하나님이 세상을 이처럼 사랑하사 독생자를 주셨으니 이는 그를 믿는 자마다 멸망하지 않고 영생을 얻게 하려 하심이라"(요 3:16).

이 땅의 진정한 왕이신 주 예수 그리스도가 우리를 통치하시는 유일한 목적은 바로 영생을 주시기 위함입니다. 그래서 예수님만이 인간의 삶을 가장 완벽하게 생명의 길로 인도하실 수 있습니다. 예수님의 통치 아래에만 들어오면 누구든지 간에 예수님의 왕권이 보증하신 진정한 평화와 안전, 영원한 기쁨과 복락을 누리게 됩니다. 이것이 바로 구원입니다.

미국의 군인들에게는 한 가지 확신이 있다고 합니다. 자신들이 어느 전쟁에서 죽더라도 자신의 명예와 가족, 유해에 대한 책임은 국가가 반드시 지켜줄 것이라는 확신입니다. 그래서 미국은 의무병 제도가 아님에도 불구하고 국가의 약속을 믿고 수많은 젊은이들이 군에 지원합니다. 이 때문에 미국은 전 세계 어떤 곳에서도 강력한 군사력을 유지할 수 있게 된 것입니다. 세상 많은 사람들이 이러한 보장 제도를 부러워하고 있습니다. 병역 의무 제도 때문에 할 수 없이 군대를 가야 하는 대한민국 군인들에게는 이 부러움이 더할 것입니다.

그러나 이보다 더 확실한 보장이 하나 있습니다. 바로 하나님 나라의 시민으로 사는 것입니다. 주님은 분명히 약속하셨습니다.

> "너희는 먼저 그의 나라와 그의 의를 구하라 그리하면 이 모든 것을 너희에게 더하시리라"(마 6:33).

하나님 나라의 왕이신 주 예수 그리스도의 통치 아래 들어가기만 하면 주님은 당신의 백성들을 책임지십니다. 그분의 통치는 우리를 살리고 회복시킵니다. 그 통치를 통해 우리를 돌아보시고 이끄시며 선한 길로 인도하여 주십니다.

혹시 여러분 가운데 "왜 나는 남들이 다 부러워하는 미국 땅에 살면서도 여전히 평안이 없는가?", "왜 미국에 살면서도 여전히 나에게는 자유와 기쁨이 없는가?"라고 안타까움을 호소하는 분이 계십니까? 그 문제를 해결하는 방법이 하나 있습니다. 바로 전능하신 주 예수 그리스도의 통치 아래로 들어가는 것입니다.

그분의 통치 아래로 들어가기 위해서는 예수 그리스도를 왕으로, 여러분의 주인으로 인정해야 합니다. 이것은 어떤 물리적인 결단을 하는 것이 아닙니다. 마음으로, 인격적으로 결단하면 됩니다. 이때 진정한 왕 되신 예수 그리스도께서 여러분의 영원한 생명을 보증하시고 그 마음과 생각을 지켜 주실 것입니다. 이렇게 되면 우리는 하나님 나라에 속한 자라는 사실 때문에 삶 속에서 승리와 기쁨을 맛보게 될 것입니다.

02

| 마태복음 1:1 |
1 아브라함과 다윗의 자손 예수 그리스도의 계보라

아브라함의 자손
예수 그리스도

성경은 하나님의 해석서다

영국의 역사학자 카(E. H. Carr)는 자신의 책 《역사란 무엇인가》에서 역사를 이렇게 정의합니다.

"역사는 과거의 사실과 역사가의 해석의 결합으로 성립된다."

과거의 그 어떤 일도 사실 자체만으로는 의미가 성립될 수 없다는 것입니다. 역사란 반드시 과거의 사실을 바라보는 역사가의 해석의 관점에서만 설명될 수 있습니다. 예를 들어 이런 것입니다. 1945년 8월 15일에 서울의 종로 한복판에서 물밀듯 쏟아져 나왔던 조선 백성들의 환희와 감격의 소리들이 있었다는 것, 그 자체만으로는 역사가 되지 않습니다. 이것은 그냥 사실일 뿐입니다. 그러나 이런 사실이 역사가 되기 위해서는 '그 함성은 자유를 기다렸던 백성들의 함성이요, 일제 36년의 종식을 알리는 조선 백성들의 해방의 함성이다'라고 분명한 해석을 담아야만 합니다.

그런 의미에서 성경은 하나님께서 이루신 이 땅의 일들에 대한 하나님의 해석서입니다. 성경은 그래서 하나님의 역사 곧, His Story입니다. 세상 많은 사람들이 성경을 거부하는 이유 중 하나가 성경을 팔레스타인이라는 조그마한 땅에 살고 있는 이스라엘 민족의 역사 기록으로만 생각하는 데 있습니다. 그러나 성경은 이스라엘 민족만의 역사서가 아닙니다. 만일 성경이 이스라엘 민족만의 전유물이라면 이 세상에 존재하는 수많은 나라와 백성들이 어떻게 하나님을 믿을 수 있으며, 성경에 나오는 수많은 이야기와 기록들을 믿고 연구하며 따를 수 있겠습니까? 아무리 영국이 좋고 프랑스가 좋아도 우리가 그 나라들의 역사를 수천 년 동안 공부하고 그 역사의 의미들을 믿고 붙들지는 않습니다.

그러면 왜 우리는 이스라엘 민족에게 일어났던 수많은 일을 기록한 성경, 곧 하나님의 역사에 이토록 관심을 가지고 살아야 하는 것일까요? 그것은 성경이 이스라엘 민족의 기록이어서가 아니라 하나님께서 인간을 어떻게 만드시고 어떻게 구원하셨는가를 보여주는 구원의 역사가 성경에 담겨 있기 때문입니다. 그 구원의 역사가 인간의 기원과 삶 그리고 앞으로 있을 인생의 궁극적인 종착점을 가르쳐 주고 있는 한, 구원의 역사는 바로 지금 내가 붙들어야 할 나와 우리 모두의 이야기입니다.

아브라함의 자손, 예수 그리스도

예수님이 공생애 사역을 마치고 부활 승천하신 시점에서 남겨진 제자들은 예수의 메시아되심을 동족인 유대인들에게 알려 주기 원했습니다. 그 대표적인 사람이 바로 마태입니다. 마태는 특히 구약의 수많은 기록들이 유대 민족의 역사로만 여겨지고 있는 것을 바로잡을 필요성을 느꼈습니다. 그래서 구약의 모든 기록은 하나님께서 인간을 구원하시기 위한 역사요 온 인류를 위한 것임을 알려 주고 싶었습니다. 그리고 그 구원을 위한 구약의 수많은 예언과 약속들이 한 주인공을 통해 이루어지게 되었음을 가르치길 원했습니다. 그 주인공이 바로 예수 그리스도입니다. 이것을 위해서 마태는 예수님을 이렇게 소개합니다.

"아브라함과 다윗의 자손 예수 그리스도의 계보라"(마 1:1).

족보를 사용한 이유와 왜 다윗의 자손으로 오셔야 했는지에 대해 이미 앞에서 살펴 보았습니다. 바로 '하나님 나라 통치의 주인공으로 오신 분이 예수 그리스도'이심을 강조하기 위함이었습니다. 여기서 우리가 한 가지 더 살펴보아야 할 것이 있습니다. 바로 '아브라함의 자손' 이라는 뜻입니다. 유대인들은 스스로 아브라함의 자손이라고 여겼습니다. 그러나 아브라함의 자손은 원래 유대 민족의 우월성을 강조하기 위해 사용된 표현이 아닙니다. 이것은 아브라함을 통해 이루어지게 될 하나님 나라의 모든 백성을 뜻하는 것입니다. 창세기 13장이 그것을 가르쳐 주고 있습니다.

> "¹⁴ 롯이 아브람을 떠난 후에 여호와께서 아브람에게 이르시되 너는 눈을 들어 너 있는 곳에서 북쪽과 남쪽 그리고 동쪽과 서쪽을 바라보라 ¹⁵ 보이는 땅을 내가 너와 네 자손에게 주리니 영원히 이르리라 ¹⁶ 내가 네 자손이 땅의 티끌 같게 하리니 사람이 땅의 티끌을 능히 셀 수 있을진대 네 자손도 세리라"(창 13:14-16).

하나님께서 이 말씀을 가나안에서 하셨습니다. 갈대아 우르를 떠나 하나님이 지시할 땅으로 가라 하신 그 언약의 말씀을 붙들고 여기까지 온 아브라함에게 하나님은 "네 자손이 땅의 티끌 같이 많으리라"고 다시금 그 약속을 구체화 하셨습니다. 그리고 "보이는 땅을 내가 너와 네 자손에게 주리니 영원히 이르리라"(15절)는 말씀을 하셨습니다. 여기서 '자손'은 단순히 아브라함의 육신의 자손을 말하는 것이 아닙니다. 이는 갈라디아서에 분명하게 나타나 있습니다.

> "¹⁵ 형제들아 내가 사람의 예대로 말하노니 사람의 언약이라도 정한 후에는 아무도 폐하거나 더하거나 하지 못하느니라 ¹⁶ 이 약속들은 아브라함과 그 자손에게 말씀하신 것인데 여럿을 가리켜 그 자손들이라 하지 아니하시고 오직 한 사람을 가리켜 네 자손이라 하셨으니 곧 그리스도라"(갈 3:15-16).

하나님은 아브라함에게 자손이 번성하여 "하늘의 별 같고 바다의 모래 같고 땅의 티끌 같으리라"고 약속하시면서 "네 자손"이라고 하여 복수가 아닌 단수로 말씀하십니다. 그 이유는 하나님께서 아브라함에게 복을 주셔서 그의 가문이 번성하거나 육신의 자손이 점점 많아져 융성할 것이라는 단순한 육신적 자손, 이스라엘의 민족적인 중흥을 약속하신 것이 아니기 때문입니다. 이것은 "네 자손을 번성하게" 하겠다는 약속을 이룰 주인공, 곧 예수 그리스도를 나타내시려 함입니다.

그런 의미에서 아브라함에게 하신 부흥의 약속은 이스라엘 민족의 지리적, 경제적, 정치적 부흥을 뛰어넘어 하나님 나라의 부흥을 약속한 것입니다. 하나님 나라의 부흥은 무엇입니까? 그 나라 안에 하나님의 백성들로 가득 채워지는 것입니다.

그래서 마태는 마태복음의 시작인 1장 1절에서 하나님 나라의 부흥을 이루신 약속의 주인공 예수 그리스도를 "아브라함과 다윗의 자손 예수 그리스도의 계보"라고 선포한 것입니다. 그리고 마태복음을 마감하면서 하나님 나라의 부흥에 대하여 다시금 강조합니다.

> "18 예수께서 나아와 말씀하여 이르시되 하늘과 땅의 모든 권세를 내게 주셨으니 19 그러므로 너희는 가서 모든 민족을 제자로 삼아 아버지와 아들과 성령의 이름으로 세례를 베풀고 20 내가 너희에게 분부한 모든 것을 가르쳐 지키게 하라 볼지어다 내가 세상 끝날까지 너희와 항상 함께 있으리라 하시니라"(마 28:18-20).

아브라함에게 하신 약속은 하나님 나라의 부흥, 곧 하나님 나라의 백성으로 채워지는 일이 이루어질 것을 말씀하신 것입니다. 그 약속의 명령을 예수님이 부활·승천하시면서 우리에게 주셨습니다. 하나님 나라의 백성으로 부름 받은 우리가 이 나라에 소속되지 않은 자들에게 찾아가서 그들에게 세례를 주고 하나님의 말씀을 가르쳐 지키게 함으로, 하나님 나라 안에 수많은 자들이 있게 해야 합니다. 이들을 하나님 백성 곧 아브라함의 자손이 되게 해야 합니다.

하나님 나라를 가득 채우는 부흥

아브라함의 자손이란 바로 약속의 주인공 되신 예수 그리스도를 자신의 구주이자 인생의 유일한 주인으로 받아들인 사람들을 말합니다. 아브라함의 자손이란 혈육이 아니라 영적인 의미입니다. 그런 의미에서 아브라함의 피를 물려받은 정통 유대인일지라도 주 예수 그리스도를 자신의 구주로 영접하지 않으면 결코 아브라함의 자손일 수 없습니다. 그러나 아브라함의 육신적인 피가 한 방울도 섞여 있지 않아도 예수 그리스도 안에서 거듭나 하나님 나라의 백성이 되었으면 누구나 아브라함의 자손이 되는 것입니다.

여름에 우리 교회에서는 많은 분들이 단기선교를 떠납니다. 선교를 왜 합니까? 선교는 한 번쯤 해보는 봉사와 섬김이 결코 아닙니다. 이것은 세상에서도 얼마든지 할 수 있습니다. 선교는 하나님 나라에 속하지 않은 자들을 찾아가서 그들을 하나님의 백성되게 하는 것입니다. 이 마음이 없으면 선교는 세상의 봉사활동과 다를 바가 없습니다.

하나님 나라에 속하지 않은 자들을 하나님 나라의 백성되게 하기 위해서는 반드시 한 가지를 할 수 있어야 합니다. 그 영혼으로 하여금 주 예수 그리스도께서 십자가에 달려 돌아가신 일이 자신을 위한 것임을 고백케 해야 합니다. 선교 현장에서 머리를 깎아 주건, 청소를 해 주건, 집을 지어 주건 간에 이 고백의 현장을 만들어 내지 않으면 그 선교는 의미가 없습니다. 이것을 이루기 위해서 선교 현장에 가는 내가 먼저 예수 그리스도께서 나의 죄 때문에 십자가에 달려 돌아가셨음을 고백해야 합니다.

존경하는 한 목사님께서 설교시간에 예전에 한국 초대교회에 있었던 일을 전해 주신 적이 있습니다. 한 시골 마을에 신앙심 깊은 처자가 불신앙 가정에 며느리로 들어왔습니다. 이 며느리가 신앙이 얼마나 뜨겁고 열심인지 그 힘든 시집살이에도 밤이면 늘 가족이 잠든 시간에 마루에 무릎을 꿇고 기도하기를 쉬지 않았습니다.

"하나님 아버지, 저는 죄인입니다. 예수님께서 저의 죄 때문에 십자가에 달려 돌아가셨음을 믿습니다. 이 십자가의 은혜를 우리 안 믿는 시어머니와 시댁 식구들 모두에게도 내려 주세요…"

이 기도를 매일 반복한 탓에 방에서 잠을 자던 식구들은 며느리의 기도를 거의 외우다시피 했다고 합니다. 그리고 며느리는 기회가 있을 때마다 시어머니를 전도하기 시작했습니다. "어머니! 어머니도 예수 믿으셔야지요? 이번 주에 교회 같이 한 번 가세요." 그러나 시어머니의 대답은 늘 "아가! 너나 잘 믿거라"였습니다.

그러던 어느날 며느리가 이유를 알 수 없는 병에 걸려 시름시름 앓다가 그만 혼절을 하는 일이 일어났습니다. 시어머니는 동네 의원을 불렀고 그 의원은 몇 번 진찰해 보더니 자신의 능력으로는 며느리의 병을 고칠 수 없다고 했습니다. 눈앞이 깜깜해진 시어머니는 어찌할 줄 몰라 하다가 갑자기 평소에 그토록 며느리가 찾던 하나님이 생각났습니다. 그래서 시어머니가 그 자리에서 이렇게 기도를 시작했습니다. "사돈 양반! 우리 며느리 좀 살려 주시오. 내 며느리 살려주면 사돈 양반 믿겠소…."

며느리가 평소에 하나님을 아버지라 불렀기에 시어머니는 사돈이라 부른 것입니다. 하나님은 전능하신 우리의 아버지이십니다. 그렇기에 하나님이 정확하게 누구이신지도 모른 채, 하나님을 사돈 양반이라 부르건, 혹은 하늘이라 부르건 간에 간구하는 그 사람의 마음속에 담겨 있는 간절함을 보시고 그를 만나 주시는 것 같습니다. 이 짧은 시어머니의 기도에 하나님은 응답하셨고, 그 자리에서 기적적으로 며느리가 살아났습니다.

이 일 후에 시어머니가 그 주일부터 교회에 나가게 되었고 이 일은 그 교회와 동네의 큰 이야깃거리가 되었음은 두말할 나위가 없었습니다. 얼마 후에 교회에서 세례예식이 있었는데 시어머니는 비록 신앙과 경륜이 일천해도 세례를 받기로 결정하고 세례 문답에 들어갔습니다. 그런데 여기서 심각한 문제가 하나 발생했습니다. 교회 목사님이 시어머니에게 이렇게 물으셨습니다. "할머니! 예수님은 누구의 죄 때문에 십자가에 달려 돌아가셨나요?"이때 시어머니는 이렇게 대답을 하셨다고 합니다. "그야 우리 며느리 죄 때문이지요."

시어머니는 며느리가 늘 마루에 앉아서 "예수님은 저의 죄 때문에 십자가에 달려 돌아가셨습니다…"라고 기도하던 것을 들었기 때문에 그렇게 대답했을 것입니다. 그러나 아무리 교회의 구성원이 되고, 신앙의 체험이 있으며, 병 고침의 기적을 맛보았어도 예수 그리스도께서 십자가에 달려 돌아가심이 나의 죄 때문임을 고백할 수 없다면 그는 여전히 예수와 상관없는 인생일 뿐입니다. 예수와 상관없다는 것은 아직 하나님 나라의 백성이 되지 않았다는 뜻입니다.

혹시 여러분 가운데 아직도 "예수님은 누구의 죄 때문에 십자가에 달려 돌아가셨습니까?"라는 질문 앞에 "우리 며느리의 죄 때문이지요…"라고 대답하시는 분이 계십니까? 하나님 나라의 백성이 되기 위해서는 반드시 "주 예수 그리스도께서 나의 죄 때문에 십자가에 달려 돌아가셨다"고 고백할 수 있어야 합니다. 이것은 우리 신앙의 출발이며 믿음의 근거입니다.

그런데 문제는 이 고백이 잘 안 된다는 것입니다. 왜일까요? 예수를 나의 구주로 영접한다는 것은 한 가지의 결단을 통과해야만 이루어지는 것이기 때문입니다. 바로 나를 포기하는 결단입니다.

로마의 콘스탄티누스 황제가 기독교를 국교로 받아들이고 스스로 기독교인이 되었을 때 그를 따르는 많은 신하들도 함께 그리스도인이 될 수밖에 없었습니다. 그런데 그들이 그리스도인이 되기로 하고 강가에서 침례를 받는 순간에도 자신들의 오른손만큼은 높이 물 위로 쳐

들었다고 합니다. 칼을 쓰는 오른손만큼은 자기 마음대로 하겠다는 뜻입니다.

세례를 받는다는 것이 무엇입니까? 바로 자신의 욕망을 위해 마음대로 살았던 옛 자아가 죽고 예수 그리스도께 붙잡힘을 받는 새로운 자아로 태어나는 것을 말합니다. 그러나 아무리 강물에 자신의 몸을 담근다 할지라도 칼을 쓰는 오른손을 포기할 수 없다는 것은 진정한 세례일 수 없고 그리스도에게 완전히 맡기는 삶이 아닙니다. 자신을 완전히 포기하지 않는 한 그리스도의 십자가를 진정으로 받아들일 수 없습니다. 이는 하나님의 백성이 되지 않았다는 것입니다.

예수 그리스도께서 자신을 위해 십자가에 달려 돌아가셨음을 고백하고 그 주님께 자신을 맡기기 위해 전적으로 자신을 포기하는 것은 이해나 계산으로 되는 일이 아닙니다. 자신에게 남아있는 그 오른손마저 포기하기로 결단할 때 되는 것입니다.

예수를 믿는 것과 교회를 다니는 것은 전혀 다른 말입니다. 수많은 시간 동안 교회에 다녔어도 예수를 안 믿는 사람들을 우리는 주위에서 심심치 않게 볼 수 있습니다. 예수를 안 믿으면서 교회를 다닌 후에 이 세상을 떠날 때 그 인생이 맞이할 허무와 절망과 안타까움을 어느 누구가 대신할 수 있겠습니까? 그 순간이 오기 전에 우리는 한 번쯤 이 문제를 점검해야 합니다.

'나는 과연 예수 그리스도를 나의 구주로 영접했는가?', '예수 그리스도께서 십자가에 달려 돌아가심이 바로 나의 죄 때문임을 내가 받아들이고 고백했는가?' 이것은 매 순간 우리 신앙인들이 되묻고 다시 확신해야 할 신앙의 첫 출발입니다. 우리는 '나의 오른손'을 포기할 수 있어야 합니다. 그럴 때 우리는 아브라함의 영적인 자손이 될 수 있으며 하나님 나라에 백성을 모으는 일을 시작할 수 있습니다.

| 마태복음 1:16-17 |

16 야곱은 마리아의 남편 요셉을 낳았으니 마리아에게서 그리스도라 칭하는 예수가 나시니라 17 그런즉 모든 대 수가 아브라함부터 다윗까지 열네 대요 다윗부터 바벨론으로 사로잡혀 갈 때까지 열네 대요 바벨론으로 사로잡혀 간 후부터 그리스도까지 열네 대더라

족보 속에 나타난
하나님의 은혜

　서울의 한 교회에서 목회하시는 목사님께서 설교시간에 다음과 같은 내용을 전해 주셨습니다. 한국 초대교회 시절에 신앙심이 깊은 부부가 있었습니다. 예수를 만나 인생에 새로운 감격과 기쁨을 경험하게 된 이 부부는 평생을 하나님만 바라보며 열심을 다해 믿음의 길을 가고 있었습니다. 그러던 어느 날 자신들의 힘으로는 도저히 해결할 수 없는 인생의 큰 시련을 만나게 되었습니다. 이 부부는 서로 의논한 끝에 자신들에게 닥친 문제를 해결하기 위해서 산에 올라가 하나님께 부르짖으며 기도하기로 마음먹었습니다.

　그날 저녁부터 시작된 이 부부의 산기도는 너무도 절박한 사생결단의 기도였기에 옆에 누가 와도 모를 만큼 간절했습니다. 큰 소리로 부르짖으며 한참 기도하던 남편이 갑자기 모든 기도를 멈추고 '하… 호… 하… 호…'만을 외치기 시작했습니다. 옆에서 함께 기도하던 아내가 이상하다 싶어서 눈을 뜨고 보니까 호랑이 한 마리가 두 사람을 노려보고 있는 것이 아니겠습니까? 너무도 무섭고 떨렸던 나머지 남편은 '하나님, 호랑이… 하나님, 호랑이…'를 '하… 호… 하… 호…' 하면서 기도했던 것입니다. 이것이 언제 있었던 일인지, 어느 누구에 의해서 이 말이 전해져 왔는지 지금으로서는 알 길이 없습니다.

중요한 것은 이런 무섭고 두려운 상황 앞에서 우리가 '하… 호, 하… 호' 밖에는 외치지 못할지라도 하나님은 우리의 부르짖음을 완벽하게 듣고 계시다는 사실입니다. 아무도 없는 한밤중, 교회 예배당에 나와 자신의 힘들고 어려운 문제를 들고 "하나님!" "아버지!" 이 한 마디만 해도 하나님은 지금 우리가 무엇을 원하는지 아십니다. 왜냐하면 하나님은 전능하실 뿐만 아니라 우리의 아버지이시기 때문입니다.

아버지의 관심은 자녀의 기쁨에 있습니다. 힘들고 지칠 때, 어려움과 아픔 가운데 있을 때, 그 힘들고 어려운 것을 대신 지고 싶은 것이 아버지의 마음입니다. 그래서 자녀가 한숨을 한 번 쉬면 아버지는 가슴이 찢어집니다. 자녀가 말도 못하고 하늘만 쳐다보고 있으면 아버지는 하늘이 무너집니다. 이것이 아버지의 마음입니다. 아버지는 절대로 자녀의 자격을 따지지 않습니다. 아버지는 자녀의 능력을 보지 않습니다. 자녀는 아버지의 분신이기 때문입니다. 그래서 아버지는 자녀에게 오직 한 가지만 베풉니다. 바로 사랑과 은혜입니다. 사랑과 은혜는 아버지에게는 같은 단어입니다. 나의 분신이기에 사랑할 수밖에 없고, 그 어떤 모습에도 안아주고 받아주는 은혜를 베풀 수밖에 없습니다.

우리의 인격에는 하나님의 형상이 담겨 있고, 우리의 영혼 속에는 하나님의 생기가 흐르고 있습니다. 우리가 능력이나 자격이 있어서가 아니라, 하나님의 분신이요 아들이기에 하나님은 우리를 있는 그대로 받으십니다. 아버지의 은혜는 나를 살리고 회복시키시는 생명의 능력입니다. 그러기에 우리가 '하…호, 하…호' 하고 외치는 어떤 상황, 어떤 시련에서도 하나님의 간섭과 은혜를 기대할 수 있는 것입니다.

차별 없이 부르시는 은혜의 역사

마태복음 1:1-17에 나오는 족보의 기록은 바로 하나님의 은혜의 역사가 예수님이 오시기까지 2천 년 동안 어떻게 이스라엘 백성 가운데 진행되어 왔나를 보여줍니다. 마태복음의 족보는 누가복음과 룻기, 열왕기에 있는 족보와 비교해 보면 열네 대를 강조하기 위해 몇 사람을 기록에서 제외했습니다. 14는 '다윗'이라는 히브리어 이름의 알파벳 숫자를 합한 것으로서 예수님이 다윗 왕조의 전통을 계승한 유일한 왕이심을 강조하기 위한 것입니다. 그런데 이 족보에는 마태의 의도가 한 가지 더 들어 있습니다. 바로 여인들을 의도적으로 등장시켰다는 점입니다. 보통 유대의 관습상 여인들은 족보에 들어가지 않습니다. 정식 인격체로 인정하지 않는다는 뜻입니다. 그렇기 때문에 그들이 중요시 여기는 집안의 내력, 곧 족보에 여인의 이름이 들어가지 않는 것은 당연한 관례였습니다. 그런데 이상하게도 마태는 예수님의 족보를 소개하면서 2절부터 16절까지 다섯 명의 여인들을 의도적으로 삽

입했습니다. 이것은 아브라함 때부터 예수님이 오시기까지 2천 년 동안 지속되어 온 하나님의 은혜의 역사를 보여주기 위함입니다. 그 은혜의 역사는 다음의 세 가지 모습으로 나타납니다.

먼저, 하나님의 은혜에는 차별 없는 부르심이 있습니다.

5절에 보면 우리도 잘 아는 두 여인이 등장합니다. 라합과 룻입니다.

> "살몬은 라합에게서 보아스를 낳고 보아스는 룻에게서 오벳을 낳고 오벳은 이새를 낳고."

라합은 가나안 여인이며 룻은 모압 여인입니다. 이스라엘의 입장에서 보면 이들은 이방인입니다. 자존심 강하고 순수한 혈통을 중요시하는 이스라엘의 전통에서 볼 때 메시아의 조상 가운데 이방인들의 피가 섞여 있다는 것은 감출 법한 이야기입니다. 그러나 마태는 숨기지 않고 그대로 적었습니다. 그 이유가 무엇일까요? 그것은 예수 그리스도를 통해 이루어질 하나님 나라에는 어느 누구든지 차별 없이 들어올 수 있다는 것을 말하기 위함입니다.

하나님 나라는 유대인만의 나라가 아닙니다. 아브라함의 자손이라는 것은 아브라함의 피를 이어 받은 혈육의 의미가 아니라 하나님 나라 안에 들어올 모든 백성을 뜻하는 영적인 의미입니다. 하나님 나라는 육체적인 조건과 능력 때문에 들어가는 것이 아니라 하나님의 은혜 때문에 들어가게 됩니다. 그래서 사도 바울은 이렇게 말씀합니다.

"내가 복음을 부끄러워하지 아니하노니 이 복음은 모든 믿는 자에게 구원을 주시는 하나님의 능력이 됨이라 먼저는 유대인에게요 그리고 헬라인에게로다"(롬 1:16).

하나님의 백성이 되는 구원 앞에는 유대인이나 헬라인이나 차별이 없습니다. 구원은 우리의 자격이나 능력 때문에 이루어지는 것이 아닙니다. 우리의 선행 때문에 이루어지는 것도 아닙니다. 하나님의 무차별적인 은혜의 부르심, 곧 복음의 능력 때문에 구원을 얻습니다. 여기서 우리가 한 가지 생각해 보아야 할 것이 있습니다.

하나님은 이 구원의 은혜를 무차별적으로 열어 놓으셨는데 왜 어떤 이는 구원을 받고 어떤 이는 구원을 못 받는 것일까요? 그것은 은혜의 부르심 앞에 순종하며 나아갔느냐 나아가지 않았느냐의 차이입니다. 구원은 전적인 하나님의 은혜로만 이루어집니다. 그 은혜의 역사를 누리기 위해서는 내가 받아들이기로 결단해야 합니다. 이 결단이 이루어지도록 도우시는 분이 성령님이십니다. 그래서 성령의 인도하심을 따라 결단하고 은혜의 부르심으로 나아가면 이전에는 전혀 경험하지 못했던 구원의 새로운 세계를 경험하게 됩니다.

아무리 친구에게서 그랜드 캐니언의 장엄함에 대한 이야기를 들어도 직접 가서 보지 못하면 그랜드 캐니언이 주는 진정한 감격을 경험할 수 없습니다. 그러나 결단하고 그 현장으로 나아가면 장엄함을 직접 느끼게 됩니다. 그랜드 캐니언의 감격은 미국 사람이나 애리조나주에 사는 사람만 누릴 수 있는 특권이 아닙니다. 그 광경을 보기 위해 가는 모든 사람들이 다 경험하게 됩니다.

구원의 감격은 바로 그런 것입니다. 아무리 말로 설명해도 다 표현할 수 없습니다. '왜 저 사람은 예배 시간마다 눈물을 흘릴까?', '저분은 무엇이 감격스럽기에 저토록 손을 들고 찬양을 부를까?' 이것은 구원의 감격을 경험해 보지 않으면 이해되지 않습니다. 이 감격을 경험하기를 원한다면 성령의 도우심을 구하십시오. 그리고 하나님께서 차별없이 열어 놓으신 은혜의 구원 앞에 결단하며 나아가십시오. 어느누구든지 결단하며 하나님 앞에 나아오기만 하면 이전에 맛보지 못한 놀라운 감격과 기쁨을 분명 경험하게 될 것입니다.

용서하시는 하나님의 은혜

하나님의 은혜에는 용서하심이 있습니다.

> "유다는 다말에게서 베레스와 세라를 낳고 베레스는 헤스론을 낳고 헤스론은 람을 낳고"(마 1:3).

> "이새는 다윗 왕을 낳으니라 다윗은 우리야의 아내에게서 솔로몬을 낳고"(마 1:6).

위의 말씀을 보면 다말이라는 여인과 '우리야의 아내'라 표현된 여인이 나옵니다. 우리야의 아내는 '밧세바'입니다. 다말은 시아버지인 유다와의 근친상간을 통해서 베레스와 세라를 낳은 여인입니다. 밧세바는 다윗이 그의 충성된 신하 우리야를 죽이고 빼앗은 여인입니다. 이 두 여인은 전후 상황이 어찌되었든지 간에 한 마디로 표현하면 부정한 여인입니다.

또한 이 여인들과 함께 동침했던 유다나 다윗 역시도 하나님의 거룩하신 구원의 역사를 기록한 성경에는 이름이 올라갈 수 없는 심각한 죄를 지은 당사자들입니다. 무자격자들입니다. 그럼에도 불구하고 마태는 이들의 이름을 예수님의 족보에 올려놓았습니다. 바로 하나님 나라 안에 들어올 모든 백성은 하나님의 은혜 앞에 용서 받지 못할 죄가 없다는 것을 가르쳐 주기 위함입니다.

실은 마태 자신이 그런 자였습니다. 유대인들 사이에서 매국노라 손가락질 받던 세리였습니다. 자기 동족의 세금을 착취해서 로마 정부에 아부하는 파렴치한 삶을 살았던 사람입니다. 예수님은 그런 그를 아무런 조건없이 부르셨습니다. 예수님의 부르심에 순종하는 순간 자신의 더럽고도 부끄러운 죄가 단번에 해결되었음을 그는 경험했습니다. 이 때문에 그는 확신했습니다. 예수님이 죄인들과 창녀들을 마다하지 않으시고 그들을 제자 삼으신 것은 주님이 오신 목적이 그들을 용서하시기 위함임을 확신했습니다.

주님은 우리의 죄를 묻는 분이 아니라 용서하시는 분이십니다. 그래서 간음하던 현장에서 잡힌 여인을 향하여 이렇게 말씀하셨습니다.

"나도 너를 정죄하지 아니하노니 가서 다시는 죄를 범하지 말라"(요 8:11).

하나님 앞에 용서 받지 못할 사람도, 용서 받지 못할 죄도 없습니다. 이 용서의 은혜를 경험해 보면 나를 용서하신 주님을 사랑하지 않을 수 없습니다.

아주 오래전 제가 미국에 처음 유학 와서 고든 콘웰 신학교에서 공부할 때의 일입니다. 그 학교에서 제일 무서운 사람이 학교의 안전을 위해서 상주하던 경찰관(police officer)이었습니다. 학교 총장님도 조금만 주차를 위반하면 가차 없이 딱지를 발부했습니다. 미국 동부는 겨울에 눈이 많이 오기 때문에 눈이 오기만 하면 주차장의 차를 다른 곳으로 옮겨 눈을 치우는 일에 방해가 되지 않도록 하는 것이 그 학교의 규칙이었습니다.

그러던 어느 한겨울에 제가 심한 독감에 걸려서 밖에 나가지 못하고 누워 있을 때에 주차장에서 자동차를 치우라는 경고를 했었습니다. 저는 아파트에 있었기 때문에 그것을 모르고 지정된 시간에 차를 옮기지 못했습니다. 당연히 그 무서운 경찰관은 가차 없이 제 차에 딱지를 붙였습니다. 그 당시 돈으로 50불이 넘었던 것 같습니다.

나중에 이것을 알게 된 저는 은근히 약이 올랐습니다. 일부러 안 치운 것도 아니고 몸이 아파 누워 있다가 몇 시간 늦은 것 때문에 이렇게 많은 돈을 벌금으로 내야 하는가 싶었습니다. 저는 나중에 경찰관을 찾아가서 몸이 아파서 그랬노라고 사정했습니다. 파트타임으로 버는 돈이 한 시간에 4불도 안 되는데 50불은 감당하기 어렵다고 호소했습니다. 그랬더니 이 경찰관이 저를 한참 노려보다가 "당신이 차를 치우지 않은 것이 잘못인가, 아닌가?" 하고 물었습니다. 이 순간 제가 판단을 잘해야 했습니다. 제 말 한 마디에 감면이냐 아니냐가 결정될 것 같았습니다. 그때 제가 말했습니다. "저의 전적인 잘못입니다."

그러자 경찰관이 이번만 봐주겠다고 하는 게 아니겠습니까. 이 대답을 듣고 난 이후부터 제게 달라진 것이 하나 있습니다. 그렇게 무섭고 악명 높았던 경찰관이 사랑스러워진 것입니다. 학교 친구들을 만날 때마다 그 경찰관 이야기만 나오면 저는 입에 침이 마르도록 그를 괜찮은 사람이라고 변호하며 다니게 되었습니다.

이렇듯 용서의 은혜는 사랑을 시작하게 합니다. 주님이 우리의 죄를 용서하신 이유는 우리로 하여금 주님을 사랑하게 하시기 위함입니다. 우리의 과거가 어떻든지 간에 하나님께 용서 받지 못할 일은 없습니다. 하나님은 미쁘시고 의로우사 우리가 죄를 자백하기만 하면 용서하십니다. 이 용서의 은혜를 통해 하나님에 대한 사랑이 더욱 깊고 넓어지기를 바랍니다.

회복케 하시는 하나님의 은혜

하나님의 은혜는 회복시키는 능력이 있습니다.

"야곱은 마리아의 남편 요셉을 낳았으니 마리아에게서 그리스도라 칭하는 예수가 나시니라"(마 1:16).

　마태는 족보의 맨 끝에 다섯 번째 여인 마리아를 기록하고 있습니다. 마리아는 이방인도, 부정한 여인도 아닙니다. 제사장 사가랴의 아내 엘리사벳과 친척 관계인 것으로 보아 마리아 역시 제사장 가문과 아주 밀접한 관련이 있습니다. 제사장 가문이라는 것은 하나님의 뜻을 구하며 그 뜻대로 백성을 일깨우는 역할을 해야 함을 뜻합니다. 그러나 말라기 선지자 이후에 이스라엘 땅에는 4백 년간 하나님의 음성을 듣는 자도 없었고 듣고자 하는 자도 없었습니다. 한마디로 영적인 암흑기였습니다. 게다가 바벨론 포로 이후 무너졌던 다윗 왕조는 복귀되기는커녕 헬라제국과 로마제국에 의해 짓밟히고, 모든 백성은 탄식과 절망 가운데 살고 있었습니다. 누구보다도 영적인 눈을 가지고 살아야 했던 제사장 가문의 여인 마리아 역시 그런 아픔과 탄식에서 자유로울 수 없었습니다.

　그런데 어느 날 갑자기 하나님의 천사가 나타나 수백 년 동안 누구도 말하지 않았던 메시아에 대한 메시지를 주신 것입니다. 그것도 자신의 몸을 통해서 메시아가 태어난다는 소식 앞에 마리아는 두려웠습니다. 그러나 그 두려움은 곧 소망의 메시지로 바뀌었습니다. 누가복음 1장에 보면 마리아는 메시아에 대한 소식을 듣자마자 하나님을 찬양하며 새로운 소망과 기쁨의 찬양을 올립니다.

　마리아의 절망과 탄식은 하나님의 은혜로 새로운 소망과 회복으로 바뀌었습니다. 하나님의 은혜는 모든 인간의 절망과 탄식을 해결하실 수 있는 유일한 능력입니다. 그래서 하나님의 은혜가 임하는 곳에는 기쁨과 감사와 찬송이 흐릅니다. 하나님의 은혜를 체험하는 인생은 그 어떤 조건과 환경에서도 좌절하지 않습니다. 하나님의 은혜는 그러한 한계를 넘어 새로운 생명과 능력을 일으키기 때문입니다.

1968년 스웨덴의 한 마을에서 두 팔이 없고 한쪽 다리가 짧은 여자 아이가 태어났습니다. 이 아이의 부모는 하늘이 무너지는 것 같았습니다. 그러나 부모는 곧 이 아이를 허락하신 하나님의 뜻이 있을 것이라 확신하고 정상아로 여기며 키우기로 결심합니다. 학교에 갈 나이가 되었을 때 이 아이를 정상아들이 다니는 학교에 보냈습니다. 그리고 다른 아이들처럼 스포츠를 시켰습니다. 이런 부모의 사랑과 헌신 때문에 후에 이 아이는 장애인 올림픽 수영 부문에서 메달을 네 번이나 따게 되었고 다른 이들과 똑같이 운전하고 십자수도 놓게 되었습니다. 지금은 이 자매가 세계 곳곳을 다니며 자신을 허락하신 하나님의 은혜에 감사하며 찬송을 올리는 복음송 가수가 되었습니다. 그녀는 바로 레나 마리아입니다.

레나 마리아가 찬양의 무대에 설 때마다 제일 먼저 부르는 것이 바로 'Amazing Grace'입니다. 그녀의 모습을 보면 세상 사람들은 이렇게 말할지 모릅니다.

"저 모습은 Amazing Grace(놀라운 은혜)가 아니라 Amazing Curse(놀라운 저주)가 아닙니까?"

그러나 레나 마리아는 언제나 당당하게 자신의 모습이 하나님의 놀라우신 은혜의 선물이라고 말합니다. 그녀는 늘 이렇게 말합니다.

"여러분에게 돈이 없다는 것은 결코 문제가 되지 않습니다. 여러분이 배운 것이 없는 것도 결코 문제가 되지 않습니다. 여러분의 가정 형편이 어려운 것도 문제가 되지 않습니다. 왜냐하면 여러분은 하나님의 특별한 목적과 이유로 이 땅에 태어났기 때문입니다."

그렇습니다. 하나님은 우리를 향한 특별한 목적과 계획을 가지고 계십니다. 우리를 향한 하나님의 특별한 계획과 목적이 있는 것 자체가 하나님의 은혜입니다. 그렇기에 우리는 지금 내가 가지고 있는 모습, 형편, 능력에서 인생을 출발하지 않습니다. 하나님이 바로 우리 인생의 출발점입니다. 그렇기에 현재의 우리 모습이 결코 문제되지 않습니다. 하나님의 은혜가 나를 붙드시는 한 우리는 소망이 있고 회복될 수 있습니다.

| 마태복음 1:18-25 |

18 예수 그리스도의 나심은 이러하니라 그의 어머니 마리아가 요셉과 약혼하고 동거하기 전에 성령으로 잉태된 것이 나타났더니 19 그의 남편 요셉은 의로운 사람이라 그를 드러내지 아니하고 가만히 끊고자 하여 20 이 일을 생각할 때에 주의 사자가 현몽하여 이르되 다윗의 자손 요셉아 네 아내 마리아 데려오기를 무서워하지 말라 그에게 잉태된 자는 성령으로 된 것이라 21 아들을 낳으리니 이름을 예수라 하라 이는 그가 자기 백성을 그들의 죄에서 구원할 자이심이라 하니라 22 이 모든 일이 된 것은 주께서 선지자로 하신 말씀을 이루려 하심이니 이르시되 23 보라 처녀가 잉태하여 아들을 낳을 것이요 그의 이름은 임마누엘이라 하리라 하셨으니 이를 번역한즉 하나님이 우리와 함께 계시다 함이라 24 요셉이 잠에서 깨어 일어나 주의 사자의 분부대로 행하여 그의 아내를 데려왔으나 25 아들을 낳기까지 동침하지 아니하더니 낳으매 이름을 예수라 하니라

우리를 위해 오신 예수

기독교가 세상 종교와 근본적으로 다른 한 가지가 있다면 인간이 하나님을 먼저 찾아간 것이 아니라 하나님이 먼저 인간을 찾아오셨다는 점입니다. 세상 다른 종교는 인간이 신을 찾아갑니다. 세상 종교는 신을 찾기 위해 금욕을 하고 고행을 하고 성지를 순례하는 등 여러 모양의 수양을 합니다. 그러나 이렇게 해서 얻은 신에 대한 이해는 결국 인간 행위의 산물일 뿐입니다.

그러나 기독교 신앙은 그런 것이 아닙니다. 우리의 신앙은 하나님이 인간을 찾아오셔서 인간에게 하나님을 알게 하신 계시에 근거합니다. 계시란 하나님께서 자신을 나타내신 것을 말합니다. 계시에는 일반계시와 특별계시가 있습니다. 일반계시는 하나님이 창조하신 만물을 통해서 하나님을 알게 하신 것입니다. 그러나 일반계시로는 하나님을 완전히 알 수 없습니다. 일반계시는 하나님이 존재하심만을 알려 주지 하나님이 누구이신지를 가르쳐 주지 못합니다. 예를 들어 아름다운 자연과 신비한 우주를 통해서 인간은 '이런 것은 분명 하나님이 만드실 수밖에 없다'고 감탄하며 하나님을 인정합니다. 그러나 이것으로는 하나님이 누구이시며 무엇을 위해 이 땅을 만드셨는지 알 수가 없습니다.

그래서 하나님은 하나님을 완전하게 알리는 방법으로 특별계시를 허락하셨습니다. 특별계시란 바로 말씀을 말합니다. 구체적으로 말씀을 통해 왜 우주를 만드시고 그 안에 왜 인간을 만드셨는지, 인간을 통해 무엇을 하실지 가르쳐 주셨습니다. 이 특별계시의 절정은 하나님의 아들이 나타나신 것입니다. 그러므로 기독교 신앙의 핵심은 하나님의 아들 예수 그리스도를 아는 데 있습니다. 예수 그리스도를 제대로 알기 위해서는 왜 그분이 우리에게 오셨는지를 알아야 합니다. 마태는 자신이 기록한 복음서 초반부에 이것을 분명하게 밝히고 있습니다.

죄에서 해방시키기 위해 오신 예수

먼저 예수님은 인간을 죄에서 해방시키기 위해 오셨습니다.

> "아들을 낳으리니 이름을 예수라 하라 이는 그가 자기 백성을 그들의 죄에서 구원할 자이심이라 하니라"(마 1:21).

하나님의 사자가 요셉에게 나타나서 약혼자 마리아를 통해서 태어나게 될 아기가 바로 구약시대부터 예언되어 온 메시아이심을 가르쳐 주었습니다. 그리고 그 아기의 이름을 '예수'라 지으라고 명령했습니다. 예수라는 이름의 뜻이 바로 '자기 백성을 죄에서 구원할 자'라는 것까지도 가르쳐 줍니다.

예수라는 이름은 구약의 인물들 가운데 이미 사용된 적이 있습니다. 여호수아, 호세아 같은 이름이 '하나님은 나의 구원이시다'라는 뜻입니다. 히브리어인 이 이름들의 헬라식 발음이 바로 '예수'입니다. 19세기 말 조선 땅에 복음이 들어왔을 때 한자에 익숙한 사람들이 성경의 사무엘을 '삼열'로, 다니엘을 '단열'로 표기한 것과 비슷한 것입니다.

그러나 하나님의 사자는 예수님이 여호수아나 호세아 같은 인물과 근본적으로 다르다고 말합니다. 여호수아와 호세아가 하나님의 구원하심을 알리고 선포하는 역할을 했다면, 그래서 그들의 이름이 '하나님은 나의 구원이시다'라는 뜻을 가지고 있다면, 예수님은 바로 그 구원을 실제로 이루시는 구원자라는 의미입니다. 그러면 예수님이 우리를 구원하신다는 것이 과연 무슨 뜻일까요?

원래 인간은 지음 받을 때 하나님과 생명의 줄로 연결되어 있었습니다. 그리고 이 생명의 줄을 통해 하나님이 주시는 놀라운 생명의 은총을 누리며 살도록 지음 받았습니다. 그런데 최초의 인간 아담이 사탄의 유혹에 넘어가 선악과를 따먹은 후 그 이후에 태어나는 모든 인간은 다 죄에 오염되어 버렸습니다. 내재적으로 죄가 그 안에 심긴 것입니다. 이 죄가 왜 문제가 되냐면, 죄가 하나님과 인간이 연결된 생명의 줄을 끊어버렸기 때문입니다. 그러자 인간은 더 이상 생명이 주는 혜택을 공급받을 수 없게 되었습니다. 생명은 기쁨이요 평안이며 소망이고 안식인데 이 능력이 끊어지니까 인간에게는 기쁨 대신 슬픔이, 평안 대신 불안이, 소망 대신 절망이, 안식 대신 고통이 끊이지 않게 되었습니다.

이것이 바로 이 시대를 살아가고 있는 인간들이 고통과 절망, 탄식과 불안에 싸여 있는 이유입니다. 이 문제를 해결하기 위해 인간은 수많은 노력을 했습니다. 훌륭한 상담자를 찾아가 보기도 했고 인생의 연륜이 깊은 사람을 만나 조언을 듣기도 했습니다. 화려하고 멋진 것들을 쌓기도 했고 수련과 고행을 통해 이 모든 것을 떨쳐 버리려고도 했습니다. 그런데 역사 이래 이런 방법으로 문제를 해결한 자가 아무도 없었습니다. 이것은 죄의 문제를 해결해야만 되었기 때문입니다.

죄 문제에는 죄를 해결하실 수 있는 분이 오셔야 했습니다. 그분이 바로 우리 주 예수 그리스도이십니다. 예수 그리스도만이 끊어졌던 하나님과 인간의 생명줄을 연결하실 수 있습니다. 그분은 하나님의 아들이시기 때문입니다. 하나님의 아들 예수 그리스도가 사용하신 방법이 바로 십자가입니다. 예수님이 십자가에 대신 죽으심으로 우리 인간을 하나님께로 연결해 주셨습니다. 십자가의 보혈은 인간과 하나님을 다시 연결하는 생명의 줄입니다. 누구든지 예수 그리스도의 십자가 공로를 힘입기만 하면 자신을 억누르고 있던 죄의 속박에서 해방되고 자유함을 얻습니다.

어린 시절 제 선친께서 목회하시던 교회에서 부흥회 때만 되면 부르던 찬송이 있었습니다. '죄에서 자유를 얻게 함은'(찬송가 268장, 통일 찬송가 202장)입니다.

"죄에서 자유를 얻게 함은 보혈의 능력 주의 보혈, 시험을 이기고 승리하니 참 놀라운 능력이로다."

저는 어린 시절에 부흥회 때만 이 찬송을 부르는 줄 알았습니다. 그런데 성장해서 제 인격으로 예수 그리스도를 만나고 보니 이 찬양은 구원 받은 자가 그 감격에 못 이겨 날마다 부를 수밖에 없는 찬송임을 알게 되었습니다.

죄에서 자유를 얻게 하는 것이 바로 보혈의 능력이기에 나를 옭아매고 있던 죄의 멍에, 고통과 절망의 멍에에서 자유를 얻게 된 것입니다. 제가 오래전에 교통사고를 당한 적이 있었습니다. 비록 차는 부서졌으나 내 생명을 보존하신 하나님의 은혜가 너무도 감격스러워 감사를 올리지 않을 수 없었습니다. 죄의 노예로 살 때 같으면 교통사고 난 것 때문에 절망하고, 걱정하고, 두려워할 텐데… 지금은 교통사고 때문에 하나님의 은혜를 깨닫고 그 모든 것에서 자유를 얻게 되니 이 얼마나 놀라운 일입니까?

죄로 인한 억압과 절망과 고통과 두려움, 우울증, 낙심의 문제는 죄에서 해방될 때만 해결될 수 있습니다. 바로 예수 그리스도의 십자가 보혈만이 우리를 죄에서 해방시켜 주십니다. 이 은혜의 원리를 잊지 않고 살아가야 합니다. 그런 의미에서 예수님만이 인생의 유일한 대안이요 소망이십니다. 이것이 예수님이 우리를 죄에서 구원하신다는 뜻입니다.

영원한 생명을 주기 위해 오신 예수

다음으로, 예수님은 우리에게 영원한 생명을 주기 위해 오셨습니다. 죄에서 해방된다는 것은 하나님과 우리 사이에 끊어졌던 생명의 줄이 다시금 연결된다는 의미입니다. 생명의 줄이 연결되는 순간부터 나타나는 현상이 바로 생명의 능력입니다. 이 능력이 시작되면 슬픔 대신 기쁨이, 불안 대신 평안이, 절망 대신 소망이, 고통 대신 안식과 회복이 다시금 일어나게 됩니다.

마치 금방이라도 타들어갈 것 같았던 메마른 잔디 위에 물이 공급되면 금방 살아나 푸르른 빛을 띠듯이 우리의 영혼과 육체는 새로운 활력을 찾게 됩니다. 그리고 더 중요한 한 가지 능력이 나타납니다. 생명줄이 연결되는 순간부터 우리 인생은 이 땅의 삶으로 끝나지 않고 하나님 나라에서 영원토록 사는 삶을 보장 받습니다. 이것을 '영원한 생명'이라고 말합니다.

사람에게는 세 가지 죽음이 있습니다. 첫째 죽음은 육체의 죽음입니다. 사람은 누구나 수명이 다하면 죽습니다. 둘째 죽음은 영적인 죽음입니다. 하나님의 생명줄이 끊어져 있는 상태를 말합니다. 육체로는 호흡하고 있으나 영적으로 죽은 사람들이 얼마나 많은지 모릅니다. 셋째 죽음은 영원한 죽음입니다. 이것은 천국에 가지 못하고 영원한 지옥에 떨어지는 것을 말합니다.

이 세 가지 죽음의 문제를 단번에 해결하는 것이 바로 예수 그리스도의 십자가입니다. 예수 그리스도의 십자가가 바로 나를 위한 것이었음을 고백하고 예수를 나의 구주로 영접하는 자마다 육체적인 죽음의 문제가 해결됩니다. 비록 우리는 수한이 차서 죽으나 장차 주님의 재림 때에 부활의 몸으로 다시 일어납니다. 또한 영적인 죽음이 해결됩니다. 예수 그리스도를 영접하는 순간에 하나님과 나 사이에 생명줄이 연결되므로 우리는 영적으로 살게 됩니다. 또한 영원한 죽음의 문제가 해결됩니다. 예수 그리스도를 믿는 자마다 멸망치 않고 영원한 생명의 나라 저 하늘에서 영원토록 거하게 됩니다. 주님은 말씀하셨습니다.

"[25] 나는 부활이요 생명이니 나를 믿는 자는 죽어도 살겠고 [26] 무릇 살아서 나를 믿는 자는 영원히 죽지 아니하리니 이것을 네가 믿느냐"(요 11:25-26).

예수 그리스도를 받아들이는 자마다 이 세 가지 죽음의 문제를 분명히 해결하고 영생을 얻습니다.

얼마 전에 한국의 한 방송에서 아나운서가 이런 마무리 멘트를 한 적이 있습니다. 정확하게 옮길 수는 없지만 다음과 같은 내용이었습니다.

"많은 사람들이 천국이 있다, 혹은 천국이 없다고 주장하는데 있으면 좋지만 만일 없다면 이보다 더 황당한 일이 어디 있겠습니까? 그러니 없을 수도 있는 그런 천국을 기대하며 살지 말고 그냥 현재 주어진 우리의 인생이나 실속있게 보내고 갑시다…"

그 아나운서는 나름대로 논리적인 생각을 했던 것 같습니다. '있는지 없는지 확신할 수 없는 것을 붙들며 살지 말고 눈에 보이는 이 땅의 삶이라도 제대로 실속있게 살라'는 뜻이었던 것 같습니다. 그러나 정말 그것이 논리적으로 맞는 말일까요?

논리성을 진짜로 따져야 한다면 무엇이든지 간에 없을 가능성을 생각하는 것이 아니라 있을 가능성을 생각해야 손해를 보지 않습니다. 만일 그것이 없다면 손해볼 일이 없지만 진짜 있다면 그것으로 보는 손해와 절망은 너무도 심각합니다.

천국의 문제는 우리 생명의 문제와 연결되어 있습니다. 생명의 문제 앞에는 결코 손해나는 논리를 선택해서는 안 됩니다. 그런 의미에서 천국이 없다고 가정하는 것은 너무도 위험하고 어리석은 일입니다. 천국은 분명 있습니다. 이것을 위해 준비하고 사는 삶이 가장 안전하고 현명하며 지혜롭습니다. 논리적으로 따져 보아도 결코 손해나지 않습니다.

우리와 함께하기 위해 오신 예수

마지막으로, 예수님은 우리와 함께하시기 위해서 오셨습니다.

"보라 처녀가 잉태하여 아들을 낳을 것이요 그의 이름은 임마누엘이라 하리라 하셨으니 이를 번역한즉 하나님이 우리와 함께 계시다 함이라"(마 1:23).

이 말씀은 예수님이 오시기 약 7백년 전 이사야 선지자를 통해 하신 예언이기도 했습니다(사 7:14). 마태는 의도적으로 이사야 선지자를 통해 이미 예언된 말씀의 성취로 예수님이 오셨다고 밝히고 있습니다. 이사야는 예수님이 임마누엘로 오신다는 것이 무엇을 뜻하는지 정확하게는 알지 못했을 것입니다. 그러나 한 가지만은 확신했습니다. 예수 그리스도는 분명 우리를 체휼하시고, 우리와 함께 울고 웃으며, 함께 고통과 아픔을 나눌 그런 분이시라는 것입니다.

주님은 우리보다 우리를 더 잘 아십니다. 나의 아픔과 필요가 무엇인지를 아십니다. 그리고 아시는 것으로 끝나지 않고 그 문제를 위해 함께 동행하십니다. 어떤 상황이든지, 어느 곳이든지 간에 주님은 우리와 함께하십니다. 주님은 "끝날까지 너희와 항상 함께 있으리라"(마 28:20)고 분명히 말씀하셨습니다.

그러면 승천하셔서 하늘에 계신 예수님이 어떻게 우리와 함께하십니까? 바로 주님의 영이신 성령으로 함께하시는 것입니다. 예수를 구주로 영접하는 순간 성령이 임하십니다. 이것을 성령세례라고 합니다. 한 번 오신 성령은 우리를 떠나지 않으십니다. 그 성령은 우리 안에 내주하시면서 이 세상 끝나는 날까지 우리와 함께하십니다. 그런데 문제는 성령은 인격자이시기에 비록 내 안에 내주하셔도 성령과 교제하지 않고 요청하지 않으면 역사하지 않으십니다. 그래서 우리는 끊임없이 성령께 간구하고 요청하며 인격적으로 교제해야 합니다. 그때 성령은 우리를 위하여 역사하십니다. 이것이 바로 성령충만입니다.

요즘 들어서 부쩍 마음을 수련하는 프로그램들이 인기입니다. 단수련, 명상, 요가 등 마음을 한번 다스려 보려는 사람들이 이곳저곳을 기웃거리고 있습니다. 마음을 다스린다는 것이 무엇입니까? 저는 우연한 기회에 마음을 다스리는 어느 곳에서 발행한 책자를 본 적이 있습니다. 핵심은 이것이었습니다. 우리에게 일어나는 번민과 아픔, 불안과 두려움 등을 해결하기 위해서는 자신을 비워야 한다는 것입니다. 언뜻 일리가 있어 보였습니다. 내 안에 가득 차 있는 나쁜 것들을 다 비워 버리면 우리 내면이 깨끗해지기에 모든 문제에서 해결될 수 있을 것입니다. 그런데 진짜 그렇습니까? 우리 내면의 문제가 내 안에 가득 차 있는 것들을 비워 버린다고 해결되는 것일까요?

인간의 내면은 비운다고 되는 것이 아닙니다. 인간은 자신의 것을 밖으로 버릴 수는 있습니다. 그래서 자꾸 명상을 하고 마음을 수련하여 자신의 문제들을 비워 보지만 결국에는 비워진 자신의 죄 된 본성만 남게 되고 그 죄 된 본성의 소리만을 듣게 됩니다. 이것이 명상과 마음 수련의 함정입니다. 사탄은 이것을 노리고 있습니다. 우리로 하여금 마음을 수련하고 명상하면 될 것이라고 착각하게 만듭니다.

그러나 마음은 비운다고 되는 것이 아닙니다. 비운 곳에 성령을 채워야만 합니다. 성령만이 마음을 만지실 수 있습니다. 성령을 채우기 위해서 안 믿는 사람은 성령의 세례를 받아야 하며 믿는 성도는 성령의 충만함을 받아야 합니다. 성령은 살리시는 영이며 우리의 내면을 완전하게 만지실 수 있는 회복의 영이십니다. 성령이 역사하시면 이유를 알 수 없는 기쁨과 평강이 시작됩니다. 성령이 내 마음에 거하시는 순간부터 우리는 세상을 새롭게 보며 새로운 힘과 능력을 얻게됩니다.

성령의 내재하심을 경험할 때 우리는 주님과 동행하게 되며 이것이 진정한 임마누엘의 복을 얻는 것입니다. 혹시 인생의 폭풍 가운데 홀로 걷는 것 같은 외로움을 느낍니까? 나만 이런 고난을 겪는 것 같습니까? 왜 나는 이토록 오랜 시간을 이민자로 살면서도 마음 열고 대화할 진정한 친구 하나 없는가 하고 한숨이 나옵니까?

아닙니다. 우리 주님이 지금 여러분과 함께하십니다. 이사야 선지자는 이렇게 말씀합니다.

"네가 물 가운데로 지날 때에 내가 너와 함께 할 것이라 강을 건널 때에 물이 너를 침몰하지 못할 것이며 네가 불 가운데로 지날 때에 타지도 아니할 것이요 불꽃이 너를 사르지도 못하리니"(사 43:2).

하나님은 우리가 인생의 물가를 건너거나 불 가운데로 지날 때에도 함께하겠다고 약속하십니다. 이 약속을 붙들고 나아가십시오. 하나님의 긍휼하심과 은혜를 얻기 위해 담대히 은혜의 보좌 앞으로 나아가십시오. 분명히 하나님은 임마누엘의 역사를 여러분의 삶의 현장에서 이루시고 보여주실 것입니다.

PART

2

구원자로 오신 예수님

05

| 마태복음 2:1-12 |

1 헤롯 왕 때에 예수께서 유대 베들레헴에서 나시매 동방으로부터 박사들이 예루살렘에 이르러 말하되 2 유대인의 왕으로 나신 이가 어디 계시냐 우리가 동방에서 그의 별을 보고 그에게 경배하러 왔노라 하니 3 헤롯 왕과 온 예루살렘이 듣고 소동한지라 4 왕이 모든 대제사장과 백성의 서기관들을 모아 그리스도가 어디서 나겠느냐 물으니 5 이르되 유대 베들레헴이오니 이는 선지자로 이렇게 기록된 바 6 또 유대 땅 베들레헴아 너는 유대 고을 중에서 가장 작지 아니하도다 네게서 한 다스리는 자가 나와서 내 백성 이스라엘의 목자가 되리라 하였음이니이다 7 이에 헤롯이 가만히 박사들을 불러 별이 나타난 때를 자세히 묻고 8 베들레헴으로 보내며 이르되 가서 아기에 대하여 자세히 알아보고 찾거든 내게 고하여 나도 가서 그에게 경배하게 하라 9 박사들이 왕의 말을 듣고 갈새 동방에서 보던 그 별이 문득 앞서 인도하여 가다가 아기 있는 곳 위에 머물러 서 있는지라 10 그들이 별을 보고 매우 크게 기뻐하고 기뻐하더라 11 집에 들어가 아기와 그의 어머니 마리아가 함께 있는 것을 보고 엎드려 아기께 경배하고 보배합을 열어 황금과 유향과 몰약을 예물로 드리니라 12 그들은 꿈에 헤롯에게로 돌아가지 말라 지시하심을 받아 다른 길로 고국에 돌아가니라

헤롯이냐, 동방박사냐?

한국 초대교회 시절에 '예수 천당 불신 지옥', 이 두 마디만을 평생 외쳤던 유명한 목사님이 계십니다. 바로 최봉석 목사님이십니다. 워낙 강직한 성격이기에 신앙에 대하여는 어떤 것에도 타협하기를 거부했던 최봉석 목사님은 어느 곳에서 누구를 만나도 이 두 마디의 복음만을 외쳤습니다. 예수 천당, 불신 지옥. 예수를 믿으면 천국에 가지만 예수를 믿지 않으면 지옥에 간다는 뜻의 이 간단 명료한 외침은 참으로 어려웠던 조선 땅에 한줄기 빛과 같은 생명의 길을 제시한 복음의 능력이었습니다.

어쩌면 그때보다 지금 우리가 살고 있는 이 시대에 '예수 천당, 불신 지옥'이라는 명확한 복음 제시가 더 필요한지 모르겠습니다. 지금은 그때보다 더 잘 살고 풍족함을 누리고 있지만 사람들의 마음은 더욱 피폐해져 가고 있습니다. 사람들은 더 많은 것을 알기 위해 노력하지만 그것이 결코 사람들을 평안케 하거나 행복을 주지 않습니다. 시대의 현실이 이럴수록 더 간단하고도 분명한 복음 메시지가 필요합니다. 바로 '예수 천당 불신 지옥'이라는 명확한 복음 제시입니다. 예수만이 우리가 살 수 있는 유일한 길이라는 것을 가르치며 알려야 합니다. 이것만이 삶의 소망을 다시금 일으킬 수 있습니다.

구원자로 오신 예수 그리스도

마태복음은 이름 그대로 마태가 전하는 복음 메시지입니다. 복음의 핵심은 바로 참된 생명의 길이신 예수 그리스도가 누구인지, 그리고 예수 그리스도께서 무엇을 행하셨는지를 아는 것입니다. 이를 위해서 마태는 1:1에서 4:17까지 예수님이 과연 누구이신지를 기술하고 있습니다. 바로 구원자로 오신 분이라는 것입니다. 그리고 4:17 이후부터 예수님이 이 땅에서 구원을 위해서 무엇을 하셨는지를 기록하고 있습니다.

이런 차원에서 마태복음 2장은 구원자로 오신 예수 그리스도의 탄생을 좀 더 구약의 예언 성취 차원에서 기록함으로써 예수 그리스도가 과연 누구이신지를 다시 소개하고 있습니다.

"또 유대 땅 베들레헴아 너는 유대 고을 중에서 가장 작지 아니하도다 네게서 한 다스리는 자가 나와서 내 백성 이스라엘의 목자가 되리라"(마 2:6).

이 구절의 강조점은 메시아가 베들레헴이라는 구체적인 장소에서 태어나신 것을 가르치는 것에 있지 않습니다. 이 구절은 미가 선지자가 말한 예언의 한 부분입니다(미 5:2). 마태는 미가 선지자가 행했던 모든 사역을 대표해서 이 구절을 언급한 것입니다. 따라서 이 구절 하나만 보면 안 되고 미가 선지자의 예언 전체를 이해해야 합니다. 예언의 핵심은 미가서 4:6-9에 있습니다.

> "6 여호와께서 말씀하시되 그 날에는 내가 저는 자를 모으며 쫓겨난 자와 내가 환난 받게 한 자를 모아 7 발을 저는 자는 남은 백성이 되게 하며 멀리 쫓겨났던 자들이 강한 나라가 되게 하고 나 여호와가 시온 산에서 이제부터 영원까지 그들을 다스리리라 하셨나니 8 너 양 떼의 망대요 딸 시온의 산이여 이전 권능 곧 딸 예루살렘의 나라가 네게로 돌아오리라 9 이제 네가 어찌하여 부르짖느냐 너희 중에 왕이 없어졌고 네 모사가 죽었으므로 네가 해산하는 여인처럼 고통함이냐."

주님은 남은 자를 돌아오게 하겠다고 말씀하십니다. 이 때문에 하나님은 미가서 4:3-4의 약속을 하신 것입니다.

> "3 그가 많은 민족들 사이의 일을 심판하시며 먼 곳 강한 이방 사

람을 판결하시리니 무리가 그 칼을 쳐서 보습을 만들고 창을 쳐서 낫을 만들 것이며 이 나라와 저 나라가 다시는 칼을 들고 서로 치지 아니하며 다시는 전쟁을 연습하지 아니하고 ⁴ 각 사람이 자기 포도나무 아래와 자기 무화과나무 아래에 앉을 것이라 그들을 두렵게 할 자가 없으리니 이는 만군의 여호와의 입이 이같이 말씀하셨음이라."

전쟁의 도구인 칼과 창은 심판을 상징하는 것이요, 농기구인 보습과 낫은 평화와 회복을 의미합니다. 즉 미가 선지자를 통해 하나님은 하나님의 백성이 돌아오는 그날 평화와 회복이 넘쳐나는 하나님 나라를 완성하겠다고 약속하십니다. 그러나 불과 130년 전에 활동했던 요엘 선지자는 이와는 좀 다른 예언을 했습니다.

"너희는 보습을 쳐서 칼을 만들지어다 낫을 쳐서 창을 만들지어다 약한 자도 이르기를 나는 강하다 할지어다"(욜 3:10).

이것은 심판의 메시지였습니다. 요엘 시대에 하나님은 이스라엘 백성에게 심판의 메시지를 전하시다가 130년이 지난 미가 시대에 와서는 다른 말씀을 하십니다. 그렇다면 하나님의 뜻이 달라진 것일까요? 왜 심판하겠다고 하셨다가 다시금 심판을 취소하시는 것입니까?

이것은 그런 뜻이 아닙니다. 원래는 모두가 심판을 받아야 하는 자들입니다. 그러나 하나님께서는 심판을 유예하신 것입니다. 이유는 심판 전에 남은 자들이 돌아오기를 기다리시는 하나님의 자비와 긍휼때문입니다. '남은 자'라는 것은 하나님께서 기회를 주실 때 돌이켜 하나님의 거룩한 은혜와 긍휼의 자리로 돌아오는 사람을 가리킵니다.

이들은 그냥 돌아오는 것이 아니라 하나님의 백성답게 거룩해지고 정결해져서 돌아옵니다. 이것을 미가서 4:12에서는 이렇게 말합니다.

> "그들이 여호와의 뜻을 알지 못하며 그의 계획을 깨닫지 못한 것이라
> 여호와께서 곡식 단을 타작 마당에 모음 같이 그들을 모으셨나니."

하나님의 뜻은 하나님이 내리실 심판 전에 남은 자가 돌아오는 것입니다. 돌아오되 다 죽고 남은 자만 돌아오는 것이 아니라 탈곡기에서 털려서 알곡으로 남은 자만 돌아오는 것을 말합니다. 즉 모두가 하나님을 거부하고 반대하는 시대에 참으로 하나님을 믿어 구원에 이른 자, 세상의 바알에게 무릎 꿇지 않은 자, 성령으로 거룩해진 자가 돌아오는 것이 먼저라는 것입니다. 그리고 이것이 이루어지면 심판은 분명히 있게 됩니다.

남은 자들이 돌아오기까지 인내하시고 기다리시는 하나님의 긍휼의 역사를 친히 이루실 주인공이 바로 예수님입니다. 마태는 이 사실을 가르쳐 주기 위해서 미가서 5:2을 인용하여 선포한 것입니다.

> "베들레헴 에브라다야 너는 유다 족속 중에 작을지라도 이스라엘
> 을 다스릴 자가 네게서 내게로 나올 것이라 그의 근본은 상고에,

영원에 있느니라."

마태는 마태복음 2장에서 이 말씀을 인용함으로써 예수 그리스도의 오심이 바로 남은 자가 돌아오는 길이며 예수 앞에 나오는 자마다 참된 구원을 얻게 됨을 말하고 있습니다. 그런데 참으로 흥미로운 것은 이 예언의 말씀이 동방박사와 헤롯이라는 두 인물의 등장 속에서 선포되고 있다는 점입니다.

동방박사인가, 헤롯인가?

성경학자들은 동방박사들이 페르시아의 천문학자들일 것으로 추측합니다. 천문학자는 별을 연구하는 사람들입니다. 천재적인 신약학자 핸드릭슨은 이스라엘 백성이 페르시아 제국에 포로가 되었을 때 그들에게서 들은 메시아 이야기를 통해 위대한 영웅의 탄생을 기대했을 가능성이 있다고 주장합니다. 물론 성경이 이 부분에 대해 침묵하기 때문에 확실한 것은 아닙니다만, 상당히 타당성이 있는 이야기라 생각합니다. 중요한 것은 전혀 기대하지 않았던 인물, 전혀 돌아올 것 같지 않은 인물이 예수 그리스도의 탄생을 기다리다가 때가 되매 그들이 예수를 찾아 나아와 경배했다는 사실입니다.

이들의 경배는 바로 미가서 4:3의 예언대로 칼을 쳐서 보습을 만들고 창을 쳐서 낫을 만드시는 하나님의 긍휼과 사랑의 역사로, 자격조

차 없었던 자들이 다시금 하나님 나라의 거룩한 백성으로 남은 자가 되어 돌아오는 모습을 보여주고 있습니다.

이와는 정반대의 인물이 바로 헤롯입니다. 탐욕과 세상 권력에만 혈안이 되어 있는 헤롯은 이 땅의 진정한 왕으로 오신 예수 그리스도, 곧 칼을 쳐서 보습을 만들고 창을 쳐서 낫을 만드시는 하나님의 긍휼과 자비의 주인공이신 구세주를 거부하고 반대하다가 자신의 고집과 죄성 때문에 하나님의 심판을 맞이하는 인물이 되었습니다. 결국 이런 자에게는 보습을 쳐서 칼을 만들고 낫을 쳐서 창을 만드시는 하나님의 심판만이 있을 뿐입니다.

이것이 성탄의 메시지요, 동방박사와 헤롯 대왕이 성탄절 때마다 등장하는 이유입니다. 우리 주 예수 그리스도 곧 이 땅의 진정한 구세주요 주인이신 그분께 돌아와 경배하는 자에게는 하나님이 보장하신 구원과 회복, 생명과 풍요가 기다리고 있습니다. 그러나 예수 그리스도를 거부하는 자는 죽음과 고통, 싸움과 절망만이 기다리고 있을 뿐입니다.

여러분은 동방박사의 길을 걷고 계십니까, 아니면 헤롯의 길을 걷고 계십니까? 하나님께서 심판의 때를 늦추시고 기다리시는 이 기회를 놓치지 마십시오. 기회가 주어질 때 동방박사들처럼 주 예수 그리스도 앞에 경배하는 자는 구원과 생명, 평안과 기쁨을 얻게 될 것이요, 헤롯 왕처럼 주 예수 그리스도 앞에 경배하기를 거부하는 자는 심판과 죽음, 불안과 고통을 피할 수 없게 될 것입니다.

저는 얼마 전에 니카라과 선교지에서 현지 목회자들과 성도들을 대상으로 세미나와 집회를 인도하고 왔습니다. 하나님께서 첫날부터 은혜를 부어 주셔서 큰 감동과 감격의 시간들을 경험했습니다. 이번 선교의 현장에서 저는 분명한 한 가지를 확인하고 돌아왔습니다. 주 예수 그리스도의 십자가 공로를 통해 구원의 역사를 경험한 자들에게는 생기가 돈다는 것입니다. 마치 타들어가던 잔디에 물이 뿌려지니까 다시 새파란 잔디로 변하듯이 말입니다.

약 5백 명에 달하는 어린아이와 청소년들이 선교사님이 세우신 학교에서 공부를 하고 있었습니다. 너무도 가난한 지역에 사는 학생들이기에 하루에 한끼 먹는 것도 어려웠습니다. 학교에 올 때는 교복을 입기에 모두 깔끔해 보이지만 집에만 가면 맨발로 흙바닥을 뛰어다녀야 하는 아이들입니다. 이들에게 선교사님이 오전 11시만 되면 아침 겸 점심을 줍니다. 이 식사가 하루에 먹는 음식의 전부인 아이들도 많다고 합니다.

그런데 이 모든 학생들이 기도 후 공부를 시작하고 마칩니다. 월요일 오전에 전체가 모여 예배드린 후 일주일을 시작하고, 공부가 끝나는 금요일 오전에 모두가 모여서 예배를 드리며 마감을 합니다.

저는 이들의 모습을 보면서 하나님께서 긍휼과 사랑으로 칼을 쳐서 보습을 만들고 창을 쳐서 낫을 만드신 결과와 열매들이 이런 것이라는 생각을 했습니다. 그들은 학교에 들어오기 전까지는 절망과 탄식, 배고픔과 고통 때문에 매일매일을 신음하며 살아야 했습니다. 그러나 그들이 주님 앞에 나아와 예배하며 경배하는 순간, 가난과 질병과 고통이 아무리 혹독하여도 그들은 그 문제 때문에 절망하거나 슬퍼하지 않는다는 것을 저는 눈으로 확인했습니다.

그들의 얼굴에는 기쁨과 감사가 있었습니다. 진정으로 하나님을 향한 감격의 찬양이 그 아이들의 모습 속에 있었습니다. 금요일 오전에 예배를 드리는데 유치원생으로 보이는 아이가 눈을 감고 손을 들어 주를 찬양하는 모습을 보았습니다. 저는 너무도 많은 감격의 눈물을 흘렸습니다.

이뿐이 아닙니다. 인근에서 목회하는 약 4백 명 이상의 목회자들과 평신도 지도자들이 뜨거운 날씨에도 불구하고 3일 동안 구원과 믿음의 문제들을 점검하기 시작하는 순간부터 놀라운 감격과 새로운 기쁨을 얻기 시작했습니다. 30년을 목회하시던 어느 목사님은 이제야 자신의 문제가 해결되었다는 고백도 하셨습니다. 하나님께서 복음의 말씀을 그들에게 전해 주셨을 때 그 말씀을 겸손히 받아들인 자들마다 인생의 새로운 풍요와 기쁨, 감사와 찬송이 시작되었던 것입니다.

칼을 쳐서 보습을 만드시고 창을 쳐서 낫을 만드시는 하나님의 긍휼과 자비, 인내하심과 기다리심은 선교 현장에 있는 분들만을 위한 것이 아닙니다. 우리 모두를 위한 것이기도 합니다.

하나님께서 마련해 놓으신 긍휼과 자비의 기회들을 놓치지 마십시오. 하나님의 거룩한 백성들이 돌아오기를 하나님은 지금도 기다리고 계십니다. 이 기다림 앞에 겸손히 나아와 동방박사들처럼 경배할 때 여러분의 삶에는 놀라운 생명과 승리의 역사가 시작될 것입니다.

더 늦기 전에 거룩하신 하나님의 보좌 앞에 나아와 무릎 꿇고 예수 그리스도의 왕 되심과 주되심을 받아들이십시오. 예수만이 생명의 길이요, 구원의 길임을 고백하십시오. 그때 여러분은 구원 받은 하나님의 백성이 될 뿐 아니라 그 백성에게만 주어지는 놀라운 생명과 풍요와 기쁨과 감사를 누리게 될 것입니다.

06

| 마태복음 2:9-12 |

9 박사들이 왕의 말을 듣고 갈새 동방에서 보던 그 별이 문득 앞서 인도하여 가다가 아기 있는 곳 위에 머물러 서 있는지라 10 그들이 별을 보고 매우 크게 기뻐하고 기뻐하더라 11 집에 들어가 아기와 그의 어머니 마리아가 함께 있는 것을 보고 엎드려 아기께 경배하고 보배합을 열어 황금과 유향과 몰약을 예물로 드리니라 12 그들은 꿈에 헤롯에게로 돌아가지 말라 지시하심을 받아 다른 길로 고국에 돌아가니라

예수께 드린 첫 예배

진정한 예배는 무엇인가?

20세기 중반까지 미국 복음주의 교회에 많은 영향력을 끼친 토저 (A.W. Tozer) 목사님이 《이것이 예배이다》(Worship: The Missing Jewel)라 는 책에서 이런 말을 했습니다.

"오 형제 자매들이여! 하나님이 우리를 부르신 것은 우리의 예배를 받으시기 위해서다. 그런데 현재 그리스도의 교회에서는 예배가 보 이지 않는다. 우리는 예배를 배우지 못하고 대신 연애 오락을 배웠 다. 지금 연애 오락이 가장 판치는 곳을 꼽으라면 영화계 다음으로 교회를 들 수 있다. 오늘 나는 이런 뼈아픈 이야기를 하지 않을 수 없다. 만일 내가 좋은 영화 보기를 원한다면 어디로 가야 할지 나는 잘 안다. 영화계 최고의 천재들이 만들어낸 영화들이 어디서 상영되는지 내가 잘 알고 있다는 말이다. 만일 내가 영화를 보기 원한다면 극장가로 달려가면 된다. 거기 가면 할리우드나 런던에서 방금 만든 따뜻한 영화를 즐길 수 있다. 그런데 내가 왜 교회에 가서 어설픈 아마추어 연기자들의 삼류 연기를 보겠는가?

교회에서 할리우드 흉내를 내는 사람들은 자기들이 대단한 연기자라고 착각할지 몰라도 사실은 결코 연예인이 아니다. 그런데도 교회를 영화관처럼 만들려는 한심한 현상이 바로 작금의 교회들에서 벌어지고 있다. 오늘날 행동보다 말이 앞서고 내실보다 허세가 통하는 동네를 꼽으라면 단연 정치분야이고 그 다음이 교회들이다."

조금 신랄하게 표현한 것 같은 느낌이 들지만 토저 목사의 이 지적은 현재 교회들이 어디로 가야 할지를 분명하게 제시하고 있다고 봅니다. 할리우드 흉내를 내는 교회들도 나름대로의 분명한 이유가 있습니다. 불신자들에게 쉽게 예배의 자리로 나올 수 있게 하기 위해서입니다. 그러나 더 중요한 것이 있습니다. 예배는 전도집회가 아니라는 사실입니다. 예배는 하나님을 믿는 백성들이 하나님의 거룩하신 존전에 겸손히 부복하며 영광을 올려 드리는 것입니다. 그런 의미에서 예배는 전도집회와 구별되어야 합니다. 빌리 그레이엄 목사님이 수십 년 동안 전도집회를 해 오면서도 예배라는 말을 쓰지 않고 반드시 '빌리 그레이엄 크루세이드' 라는 말을 쓴 이유가 여기에 있습니다.

전도집회는 불신자들에게 복음을 전하기 위해 마련된 특별한 모임입니다. 전도집회에서 중요한 것은 예수 그리스도의 십자가 복음이 분명하게 선포되어야 한다는 것입니다. 흐릿한 복음 제시는 능력이 될 수 없습니다. 분명한 복음 제시는 원색적입니다. 2천 년 전이나 지금이나 복음의 본질은 바뀌지 않습니다. 예수 그리스도만이 구원의 길이심을 타협 없이, 가감 없이 전해야 합니다. 이것이 바로 복음전파의 핵심입니다. 그리고 이것을 개인에게 전하는 것이 전도이며 수많은 대중에게 선포하는 것이 전도집회입니다.

이 전도를 통해 선포된 복음 앞에 자신을 복종시키며 구원의 은혜를 입어 하나님 앞에 나오는 자들이 드리는 것이 바로 진정한 예배입니다. 전도의 목적은 예배자들을 만드는 데 있습니다. 이 예배는 그런 의미에서 할리우드를 흉내 낼 필요가 없습니다. 주의 백성들이 드리는 구원에 대한 감격과 그 구원을 이루신 하나님에 대한 경배만 있으면 충분합니다. 그래서 토저 목사는 예배의 가장 중요한 요소 중 하나를 '감격'이라고 말합니다. 감격은 구원의 능력을 체험한 자에게만 일어나는 영혼의 표현입니다. 화려한 프로그램이나 할리우드식 기술로 일어나는 것이 아닙니다. 내 심령에 찾아오신 성령의 역사로 시작되는 신비한 체험에서만 일어나는 영혼의 감격입니다.

진정한 예배는 예수님만 바라보는 것이다

어두운 시대에 절망과 탄식 가운데 있는 심령들에게 참된 구원과 감격을 선사하기 위해 오신 예수 그리스도를 이방인 가운데 처음으로 맞이하여 예배를 드린 자들이 바로 동방박사들이었습니다. 구원받을 수 없을 것 같았던 페르시아의 동방박사들이 하나님께서 베푸신 구원의 기회를 놓치지 않고 미가서 4장의 예언대로 남은 자로 돌아와 경배하는 장면이 마태복음 2:11에 나옵니다.

> "집에 들어가 아기와 그의 어머니 마리아가 함께 있는 것을 보고 엎드려 아기께 경배하고 보배합을 열어 황금과 유향과 몰약을 예물로 드리니라."

우리는 이 구절을 성탄절 때마다 읽어 너무 익숙해진 나머지 아무런 감흥도 얻지 못할 때가 있습니다. 그러나 이 구절에는 예수 그리스도의 나심을 보려고 3천 마일(4,800여 km)을 온 동방박사들의 경배가 담겨 있습니다. 이 땅에 오신 예수 그리스도께 드린 인류 최초의 예배요 가장 감격적인 예배였습니다. 마태는 11절에서 동방박사가 예수께 드린 첫 예배에서 세 가지 중요한 예배의 요소를 전하고 있습니다.

먼저, 참된 예배는 예수 그리스도만을 바라보는 것입니다.

동방박사들은 예수를 바라보는 것으로 첫 예배를 시작했습니다. 여기서 '보고'라는 뜻의 헬라어 '에이돈'은 의지적으로 주목하여 보는 것을 말합니다. 즉 예배의 첫 시작은 바로 예배의 대상자이신 전능하신 하나님과 우리 주 예수 그리스도를 의지적으로 바라보는 데 있습니다. 의지적으로 바라본다는 것은 다른 것을 보지 않겠다는 결단입니다.

우리 눈은 매우 연약해서 의지를 가지지 않으면 보아서는 안 될 것까지도 보게 됩니다. 보아도 유익하지 않은 많은 것들이 있습니다. 의지를 가지지 않으면 진정 보아야 할 것을 보지 못하고 다른 데 시선을 빼앗깁니다. 예배란 우리 하나님과 구원자 되신 예수 그리스도를 높이며 찬양하는 것입니다. 그렇기에 예배에는 오직 하나님과 그리스도 예수만이 보여져야 합니다. 그 외에 다른 것에 집중되면 그 예배는 참예배라 할 수 없습니다.

혹시 한밤중에 로스앤젤레스 다운타운에 가본 적이 있으십니까? 화려한 불빛과 조명 때문에 아무리 하늘을 쳐다보아도 별이 보이지 않습니다. 그러나 높은 산에 올라가 밤하늘을 보십시오. 어디서 그렇게 많은 별들이 생겨났는가 싶을 정도로 밤하늘에 빽빽하게 가득 차 있는 별들을 보게 됩니다. 같은 하늘인데 왜 로스앤젤레스 다운타운에서는 별이 보이지 않았던 것일까요? 화려한 불빛과 조명 때문입니다. 별을 보기 위해서는 의지적으로 다른 것을 보지 않아야 합니다. 모든 환경과 여건이 별을 볼 수 있도록 해야 합니다. 그렇게 별을 보면 어떤 일이 일어납니까? 감격하게 됩니다. 깜깜한 밤하늘에서 쏟아지는 별들을 보는 순간 감격의 탄성을 지릅니다.

우리 교회 집사님이 스웨덴에 출장 가셨다가 밤하늘을 수놓은 오로라 현상을 사진으로 찍어 이메일로 보내신 적이 있습니다. 얼마나 황홀한 장면인지 그 사진을 보고 "와우…"라는 탄성을 질렀습니다. 사진만 보고도 그러한데 직접 그 광경을 본다면 얼마나 놀라운 탄성이 나오겠습니까?

동방박사들이 예수님을 보았다는 것은 바로 그런 감격의 바라봄을 말하는 것입니다. 동방박사들은 3천 마일이나 되는 거리를 예수 그리스도의 탄생을 알리는 별만을 보고 달려 왔습니다. 그 별 때문에 다른 것을 보지 않았습니다. 그리고 그 눈으로 예수님을 직접 보았을 때 그들의 감격은 이루 말할 수 없었습니다. 왜냐하면 예수님은 하늘의 별보다 더 빛나는 생명의 구세주이기 때문입니다.

우리 주 예수 그리스도만을 바라보는 예배에는 그래서 감격과 감탄이 있습니다. 저는 예배 중에 할 수 있는 가장 놀라운 언어가 바로 "와우"라는 감탄사라고 생각합니다. 예수 그리스도를 의지적으로 바라보며 드리는 예배에는 가슴에서부터 이루 말할 수 없는 놀라운 흥분과 감격이 있습니다. 나도 모르게 눈물이 나고 손이 올라갑니다. 예수 그리스도의 생명의 역사에 감격하면 예배 가운데 춤을 추는 자들이 있게 됩니다. 주님과의 깊은 영적인 교제가 일어나기도 합니다.

우리가 이런 예배를 드려야 합니다. 우리의 유일한 생명이시며 인생의 빛 되신 예수만을 바라보는 예배가 되어야 합니다. "구주를 생각만 해도 내 맘이 좋거든, 주 얼굴 뵈올 때에야 얼마나 좋으랴"라는 찬송가의 가사처럼 예수만 바라보고 있노라면 세상의 그 어떤 것도 부럽지 않은 부요한 예배를 드려야 합니다.

이 찬송의 고백이 나올 때 인간의 모든 요소는 감추어지고 오직 예수 그리스도의 능력과 권세와 자비만이 드러나는 예배가 될 것입니다. 그리고 예수 때문에 예배하는 자들의 입에서 참 생명의 역사를 확신하는 능력이 일어날 것입니다.

진정한 예배는 엎드리는 것이다

11절 중반에 보면 "엎드려 아기께 경배하고…"라는 기록이 있습니다. 엎드린다는 것은 예수 그리스도를 진정 왕으로 인정할 때 일어나는 행위입니다. 옛날 신하들이 왕에게 충성과 복종을 맹세하면서 했던 의식이 있었습니다. 왕의 보좌 앞에 나아가 무릎을 꿇고 머리를 땅에 대고 경배를 하는 것입니다. 동방박사들이 예수께 엎드렸다는 것은 완전히 자신을 복종시켰다는 의미입니다.

그리고 나서 그들은 경배했습니다. 경배를 뜻하는 헬라어 '프로스쿠네오'는 원래 신하가 임금에게 사랑과 존경의 표시로 그 손에 입을 맞추는 것을 의미합니다.

진정한 예배를 드리면 엎드리게 되어 있습니다. 동방박사들이 예수께 나아와 엎드려 경배하였다는 것은 이 땅에 진정한 왕으로 오신 예수 그리스도를 그들 인생의 진정한 통치자요 주권자로 인정했다는 의미입니다. 이것이 진정한 예배입니다. 예배는 결코 쇼를 구경하러 오는 것이 아닙니다. 예배는 내가 주 예수 그리스도 앞에 무릎 꿇기 위하여 오는 것입니다.

그런데 참으로 놀라운 사실이 있습니다. '무릎을 꿇다'라는 단어가 히브리어로 '바라크'입니다. 이 바라크가 또 다른 의미로 '축복'이라는 뜻으로 쓰이고 있습니다. 하나님이 주시는 축복은 바로 무릎을 꿇는데 있습니다. 그래서 진정으로 주의 보좌 앞에 나아가 예수 그리스도 앞에 무릎 꿇고 그 구원의 역사로 인하여 감사와 존경의 입맞춤을 하는 자마다 하나님께서 놀라운 축복의 역사를 베푸십니다. 그래서 예배는 복을 받는 자리입니다. 우리가 늘 외치던 구호가 하나 있습니다.

'일주일의 성공은 주일예배의 성공에 있다.'

주일예배의 성공은 예배 장소에 나오는 것으로 끝나는 것이 아닙니다. 예배의 성공이란 하나님과 우리 주 예수 그리스도 앞에 진정으로 엎드려 하늘의 복을 받는 것에 있습니다.

그렇다면, 왕의 입장에서 제일 못마땅한 사람이 누구일까요? 무릎을 꿇지 않는 자입니다. 하나님도 마찬가지이십니다. 하나님이 보시기에 제일 못마땅한 사람이 예배의 자리에 나와서도 무릎 꿇지 않고 버티는 사람입니다. 여전히 고집과 편견과 세상적인 기준으로 가득 차 있는 자는 주님의 존전에서도 무릎을 꿇을 수 없습니다.

진정 하나님이 기뻐하시는 예배를 드리기 위해서는 마음의 무릎을 꿇어야 합니다. 그리고 인생의 무릎을 꿇어야 합니다. 그때 비로소 진정한 바라크, 곧 하나님이 부어주시는 축복이 시작될 것입니다. 이 은혜의 비밀을 놓치지 않기를 간절히 소망합니다.

진정한 예배는 예수님께 최고를 드리는 것이다

참된 예배는 예수님께 최고의 선물을 드리는 것입니다.

동방박사들이 예수님을 뵙고 경배한 후에 가지고 온 황금과 유향과 몰약을 드렸습니다. 황금은 왕에게 드리는 선물입니다. 유향은 하나님께 제사드릴 때 사용하는 향료입니다. 그리고 몰약은 시신에 바르는 약품입니다. 이것은 무엇을 의미하는 것일까요? 예수 그리스도는 이 땅에 왕으로 오신 하나님이시며 장차 십자가에 달려 돌아가심으로 왕으로 오신 목적을 이루시는 진정한 구세주이심을 고백한 것입니다.

물론 이들이 이 의미를 완전히 이해하고 선물했는지는 확실하지 않습니다. 그렇지만 마태가 이 선물을 구체적으로 언급한 것은 예수 그리스도께 나아가는 자마다 주님이 받으실 만한 최고의 선물을 준비하는 것이 진정한 예배임을 가르쳐 주기 위함입니다.

예배하는 자는 자기가 좋아하는 것이 아니라 하나님이 좋아하실 만한 예물을 가지고 가야 합니다. 하나님께서 아벨의 제사는 받으시고 가인의 제사는 받지 않으신 이유가 여기에 있습니다. 아벨은 하나님이 기뻐하실 제물로 제사를 드렸지만 가인은 자기가 좋아하는 제물을 가지고 제사를 드렸습니다.

예배에는 예물이 있어야 합니다. 예물이란 바로 하나님이 기뻐하실 선물을 말합니다. 그 선물은 반드시 내 기준이 아니라 하나님이 마땅히 받으실 기준에서 준비되어야 합니다. 헌금을 드릴 때도 내가 좋아하는 기준이 아니라 하나님이 좋아하시는 기준에서 준비되어야 합니다. 헌금의 액수를 정할 때나 그 물질을 준비하는 용도에 있어서도 마찬가지입니다. 예배를 드리는 시간도 내가 편리한 시간이 아니라 하나님이 좋아하시는 시간에 드려야 합니다. 예배를 드리는 형식과 장소도 하나님이 좋아하시는 형식과 장소를 정해서 드려야 합니다.

그러나 이보다 더 중요한 것이 있습니다. 하나님은 물질과 시간과 장소와 형식에서 우러나오는 향기를 좋아하신다는 사실입니다. 그래서 사도 바울은 빌립보 교회 성도들이 하나님께 드린 물질의 헌금을 이렇게 표현하고 있습니다.

"내게는 모든 것이 있고 또 풍부한지라 에바브로디도 편에 너희가 준 것을 받으므로 내가 풍족하니 이는 받으실 만한 향기로운 제물이요 하나님을 기쁘시게 한 것이라"(빌 4:18).

하나님이 실제로 원하시는 것은 향기입니다. 물질의 향기, 시간의 향기를 기뻐하십니다. 예배 속에 이루어지는 형식의 향기, 예배 장소에서 나오는 향기를 기뻐하십니다.

구약의 제사에서도 하나님은 그 제물의 향기를 받으셨습니다. 향기는 제물을 통하여 일어납니다. 예배에 있어서 재물은 바로 나 자신입니다. 황금을 드린 동방박사처럼, 우리 주 예수 그리스도를 진정한 왕으로 인정하고 그 주님 앞에 자신을 겸손히 복종시키며 나아갈 때 내 영혼은 하나님을 기쁘시게 하는 산제사의 향기가 될 것입니다. 또한 유향을 드린 동방박사들처럼 하나님을 하나님으로 인정하고 그 하나님만이 영광을 받으셔야 함을 고백하며 나아갈 때, 그 예배는 산제사의 향기를 발할 것입니다. 그리고 동방박사가 드린 몰약의 예물처럼, 우리 주 예수 그리스도의 십자가의 은혜와 능력만이 나를 살리고 복되게 하신다는 진정한 고백을 하며 나아갈 때, 하나님은 나의 고백과 희생을 향기롭게 받으실 것입니다. 이것이 우리가 예수님께 드릴 수 있는 최고의 선물입니다. 이 예배가 우리에게 이루어지기를 간절히 축원합니다.

| 마태복음 2:13-15 |

13 그들이 떠난 후에 주의 사자가 요셉에게 현몽하여 이르되 헤롯이 아기를 찾아 죽이려 하니 일어나 아기와 그의 어머니를 데리고 애굽으로 피하여 내가 네게 이르기까지 거기 있으라 하시니 14 요셉이 일어나서 밤에 아기와 그의 어머니를 데리고 애굽으로 떠나가 15 헤롯이 죽기까지 거기 있었으니 이는 주께서 선지자를 통하여 말씀하신 바 애굽으로부터 내 아들을 불렀다 함을 이루려 하심이라

우리를 부르신 하나님

하나님의 교회는 결코 무너지지 않는다

예수를 믿어 구원에 이른 하나님의 자녀들에게는 예수 믿기 전과 근본적으로 달라지는 것이 하나 있습니다. 바로 참 생명의 능력입니다. 이 생명의 능력은 하나님의 자녀로 하여금 매일의 삶에서 기쁨과 평강, 감사와 소망을 누리게 합니다. 그러나 이것을 가장 못마땅하게 여기는 자가 하나 있습니다. 마귀입니다. 마귀는 인간이 자기 수하에 있을 때는 그냥 내버려 둡니다. 그러나 그들이 등을 돌리고 하나님의 자녀 자리로 나아가는 순간부터 가만있지 않습니다. 하나님의 자녀들이 살고 있는 삶의 현실에 교묘히 찾아와 자꾸 공격하고 무너뜨리는 일을 합니다. 이런 공격이 개인의 삶에 일어나기도 하고 그가 속한 공동체나 사회에 일어나기도 합니다. 이럴 때마다 우리가 늘 잊지 말아야 할 한 가지가 있습니다. 하나님의 자녀들은 결코 사탄의 공격 앞에 무너지지 않는다는 것입니다. 때로는 넘어질 때도 있고 때로는 앞으로 나아가지 못하는 답답한 상황이 벌어질 때도 있습니다. 그러나 이것은 일시적입니다. 하나님의 자녀는 반드시 이기게 되어 있습니다. 하나님의 나라는 사탄의 공격에 무너지지 않습니다.

AD 64년 7월 18일에 로마 시내에는 큰 화재가 발생하였습니다. 대부분이 목조건물이었기 때문에 이 화재는 순식간에 퍼져 나갔고 6일간 로마 시내의 3분의 2를 태워 버렸습니다. 평소 네로 황제에게 불만을 품고 있었던 시민들이 화재의 원인을 황제에게로 돌리자 이를 무마하기 위해 네로는 기독교인들의 소행이라고 거짓 소문을 퍼뜨리기 시작했습니다. 그리고 무고한 기독교인들을 수없이 잡아다가 원형극장에서 사자들의 밥이 되게 하거나 화형틀에서 태워 죽이는 엄청난 살인을 저질렀습니다.

이 일을 시작으로 그 이후의 로마 황제들은 자신의 정치적인 입지를 위해서 수많은 기독교인들을 박해하고 죽였습니다. 이것은 실은 하나님 나라와 교회 성도들을 무너뜨리기 위한 사탄의 교묘한 술책이었습니다. 이 술책 때문에 많은 사람들이 기독교는 결국 무너지고 기독교인들은 다 죽고 없어질 줄로 알았습니다. 사탄은 네로 이후에 311년 데오클레시안 황제가 죽기까지 무려 9명의 황제들을 내세워 교회를 무너뜨리려 했지만 성공하지 못했습니다. 오히려 313년 콘스탄티누스 황제에 의해 기독교는 로마 제국 안에서 공식적으로 인정되었고, 391년에는 데오도시우스 황제에 의해 기독교가 로마의 국교가 됩니다. 사탄의 작전은 실패로 돌아갔습니다. 하나님의 나라는 결코 무너지지 않습니다. 하나님의 자녀는 이기게 되어 있습니다.

지금부터 130년 전 절망과 탄식뿐이었던 조선 땅에 한줄기 빛과 같이 심어졌던 기독교 복음의 씨앗은 급속도로 자라 일제 36년간 우리 민족을 깨우는 영적인 힘과 능력이 되었습니다. 이런 복음의 능력이 확산되는 것을 가장 싫어했던 사탄 마귀는 이 땅에 기독교 복음이 확산되는 것을 막기 위해서 일제의 경찰을 앞세워 모든 이들이 신사참배를 하도록 일을 벌였습니다. 이 일에 반대하거나 거부하는 사람들은 일본의 군대와 경찰들이 무참하게 고문하고 핍박했습니다. 이 일 때문에 많은 사람들이 순교를 당했습니다. 결국 너무도 힘든 나머지 많은 사람들이 신사 앞에 절을 하기 시작했습니다. 1938년 2월에 감리교는 신사참배는 종교의식이 아닌 국가의식임을 인정한다는 결의를 하였고, 그 해 가을 장로교 27차 총회도 신사참배는 종교의식이 아니라 국가의식이므로 교회가 참여해도 좋다는 결의를 하게 됩니다.

이 결의가 이루어졌을 때만 해도 사탄 마귀는 조선 땅의 모든 기독교가 무너질 것으로 생각했습니다. 그러나 사탄 마귀는 인간의 조직인 총회는 넘어뜨렸는지 모르지만 조선 땅 안에 살고 있는 수많은 성도들과 목사들은 넘어뜨리지 못했습니다. 총회 결의를 반대하는 수많은 성도와 목회자들이 신사참배를 거부하며 기꺼이 투옥되고 죽음을 감내했습니다. 결국 하나님만을 섬기며 우상 앞에 무릎 꿇지 않은 수많은 성도들의 순교의 피로 하나님은 1945년 조선 땅에 해방을 주셨고, 1948년 5월 31일 대한민국 국회가 처음 개원되었을 때 모든 국회

의원들이 기립하여 하나님께 감사의 기도를 드리며 국회를 시작할 수 있었던 것입니다.

사랑하기에 건지신다

하나님 나라의 주인공은 바로 예수 그리스도이십니다. 사탄 마귀는 결코 예수 그리스도를 넘어뜨릴 수 없습니다. 그렇기 때문에 예수 그리스도를 주인으로 모시며 하나님 나라의 백성이 된 성도들 역시 우리 주 예수 그리스도 때문에 사탄 마귀 앞에 결코 무너질 수 없습니다.

그러나 사탄은 이기지도 못하면서 계속해서 성도들을 공격합니다. 상처를 주고 피해를 주기 위해서입니다. 예수님이 태어나실 때에도 사탄은 헤롯 왕을 내세워 예수님을 죽이려고까지 했습니다. 하나님은 이 일 때문에 요셉에게 지시하여 아기 예수를 데리고 애굽으로 피신하게 했다가 헤롯이 죽자 다시 돌아오게 하셨습니다.

> "헤롯이 죽기까지 거기 있었으니 이는 주께서 선지자를 통하여 말씀하신 바 애굽으로부터 내 아들을 불렀다 함을 이루려 하심이라"(마 2:15).

이것은 호세아 11:1 예언의 성취였습니다.

앞에서 살펴보았듯이 구약 예언의 성취는 한 구절 한 구절에 뜻이 있는 것이 아니고 그 구절이 들어 있는 구약 사건 전체가 집약되어서 신약에서 대표 구절로 인용되고 있습니다. 그러면 예수 그리스도께서 애굽에 피난 갔다가 다시 돌아오신 사건이 무슨 의미가 있길래 마태는 호세아 11:1의 구절을 인용한 것일까요?

우리가 알고 있듯이 호세아 선지자는 북왕조 이스라엘의 불신앙을 지적하고 임박한 하나님의 심판을 선언하며 이스라엘의 회개를 촉구한 선지자였습니다. 그러나 이 심판과 회개의 촉구는 이스라엘을 무너뜨리기 위함이 아니라 마치 탈곡기로 곡식을 털어 내어 깨끗하고 먹기 좋은 알곡으로 만들어내듯이 이스라엘을 정화시키시어 하나님의 거룩하고 정결한 백성으로 돌아오게 하시는 사랑의 표현이며 자비와 긍휼의 선포였습니다.

하나님의 목적은 진멸이 아니라 살려 내시는 것입니다. 이것을 가르쳐 주시기 위해서 하나님은 호세아 선지자에게 고멜이라는 음란한 여인을 아내로 맞이하여 자식을 낳게 하십니다. 그러나 이 여인은 자식 셋을 낳고도 옛 버릇 때문에 다시 남편을 버리고 다른 남자에게로 도망가 또 음란한 죄를 저지릅니다. 이것이 바로 이스라엘의 모습이라는 것입니다. 그러나 하나님은 호세아로 하여금 고멜을 다시 데리고 와서 아내로서 살게 합니다. 너무도 가슴 아프고 힘든 일이나 하나님은 호세아 선지자에게 경험케 함으로써 이스라엘을 향한 하나님의 마음을 가르쳐 주십니다. 음란한 여인같이 우상에 절하고 영적인 간음을 저지른 이스라엘 백성을 그냥 내치지 않으시고 찾아가 끝까지 인내하시고 기다리셨다가 받아주신다는 사랑의 사인이 호세아서의 주제입니다. 이런 맥락에서 호세아 11:1이 기록되었습니다.

> "이스라엘이 어렸을 때에 내가 사랑하여 내 아들을 애굽에서 불러
> 냈거늘."

이는 바로 애굽에서 이스라엘 백성을 구원해 내신 것을 근거로 하신 말씀입니다. 즉 '이스라엘이 구원받을 만한 자격이 있어서 구원한 줄 아느냐, 아니면 이스라엘이 구원받을 만한 일을 해서 구원한 줄 아느냐, 아니다. 내가 너희를 구원한 것은 나의 사랑 때문이다…' 라는 말씀입니다.

이것이 하나님이 우리를 찾아오셔서 하나님의 백성 삼으신 이유입니다. 고멜과 같이 붙들어 놓으면 다시 세상으로 나가고, 찾아가 데리고 오면 또다시 세상 것들을 좇아 도망쳐 버린 인생과 같은 우리를 하나님은 끝까지 사랑하고 인내하셔서 결국은 하나님의 자녀로 붙들어 매셨다는 것입니다. 그래서 호세아 11:8-9에서 이렇게 고백하십니다.

> "⁸ 에브라임이여 내가 어찌 너를 놓겠느냐 이스라엘이여 내가 어찌
> 너를 버리겠느냐 내가 어찌 너를 아드마 같이 놓겠느냐 어찌 너를
> 스보임 같이 두겠느냐 내 마음이 내 속에서 돌이키어 나의 긍휼이
> 온전히 불붙듯 하도다 ⁹ 내가 나의 맹렬한 진노를 나타내지 아니
> 하며 내가 다시는 에브라임을 멸하지 아니하리니 이는 내가 하나

님이요 사람이 아님이라 네 가운데 있는 거룩한 이니 진노함으로 네게 임하지 아니하리라."

이스라엘이 그들의 능력과 자격과 조건으로 하나님의 백성이 된 것이 아니라 하나님의 사랑과 열심과 뜻과 의지로 선택된 것입니다. 하나님께서 우리를 선택하고 찾아오셔서 부르신 이유도 마찬가지입니다. 우리의 자격과 능력과 조건 때문이 아니라 하나님의 일방적인 사랑과 열심 그리고 그 뜻과 의지 때문에 그렇게 하신 것입니다.

그러면 왜 이토록 하나님은 우리를 부르시는 것일까요? 바로 두 가지를 보여주시기 위함입니다. 첫째는 하나님의 사랑이 얼마나 지극하신가를 보여줍니다. 이토록 자격 없고 내세울 것 없는 나 같은 자를 하나님이 일방적으로 찾아오셔서 부르신 그 은혜의 사랑이 얼마나 큰지를 알라는 것입니다. 둘째는 그렇게 지극하신 사랑으로 찾아오시고 불러내신 우리의 삶이 하나님 앞에 얼마나 복되고 귀한지 보여주시기 위함입니다.

사탄의 수많은 공격과 계략에도 불구하고 하나님이 예수 그리스도를 보존하시고 다시금 애굽에서 불러내시어 하나님의 거룩하신 구원의 역사를 끝내 이루게 하셨듯이 우리를 끝까지 사랑하시어 불러내신 하나님은 우리로 하여금 하나님의 거룩하신 뜻과 계획을 끝까지 이루어내는 자로 만드신다는 것입니다. 이것이 하나님이 우리를 사랑하시는 이유입니다.

하나님이 우리를 불러내어 함께하시는데 우리가 무엇을 못하겠습니까? 이 부분에 대해 사도 바울은 로마서 8:31에서 이렇게 선포합니다.

"그런즉 이 일에 대하여 우리가 무슨 말 하리요 만일 하나님이 우리를 위하시면 누가 우리를 대적하리요."

35절에도 "누가 우리를 그리스도의 사랑에서 끊으리요 환난이나 곤고나 박해나 기근이나 적신이나 위험이나 칼이랴"라고 선포합니다. 38-39절에는 이렇게 말씀합니다. "내가 확신하노니 사망이나 생명이나 천사들이나 권세자들이나 현재 일이나 장래 일이나 능력이나 높음이나 깊음이나 다른 어떤 피조물이라도 우리를 우리 주 그리스도 예수 안에 있는 하나님의 사랑에서 끊을 수 없으리라."

이것이 바로 "내 아들을 애굽에서 불렀다"는 예언의 뜻입니다. 하나님이 우리를 사랑하시어 끝까지 인내하시며 찾아와 불러내신 이유는 그런 사랑을 받은 자들이 얼마나 하나님의 거룩하신 능력과 인도와 보호하심 가운데 이 세상에서 승리하게 되는지를 보여주시기 위함입니다. 그래서 하나님의 자녀들은 결국은 이기게 되어 있습니다.

하나님의 나라는 반드시 이긴다

2016년 6월 26일 오전에 연방대법원은 '결혼은 한 남성과 한 여성의 결합'이라는 결혼 보호법(Defense of Marriage Act)이 위헌이라고 최종 판결을 내렸습니다. 참된 정의와 질서를 수호해야 할 미국의 최고 법정이 이런 어처구니없는 판결을 내렸다는 것에 대해 참담함을 금할 길이 없습니다.

지금 미국의 학계는 동성연애자들의 천국입니다. 1960년대 후반 이후 자유와 개방이라는 명목 하에 미국의 대학 캠퍼스를 주도했던 히피문화는 기존의 모든 질서와 규율을 거부하고 무너뜨리는 것을 목표로 시작되었습니다. 히피족들이 내세운 것 중 하나가 '프리섹스'입니다. 어느 누구와도 원하기만 하면 자유롭게 성적인 쾌감을 누릴 수 있다는 것이 그들의 주장이었습니다. 이것은 누구에게도 구속받기 싫어하는 대학생들의 문화에 정확히 침투했고, 이들이 캠퍼스에서 이런 가치관과 문화를 접한 후에 사회에 나와서 미국을 이끌게 되었습니다.

그 당시에 대학가에서 공부했던 젊은이들이 30여 년이 지난 2000년대에는 정치, 경제, 사회, 문화의 모든 분야에서 리더들이 되었습니다. 특히 대학의 학문을 주도하는 자들이 자유와 개방이라는 명분을 가지고 들고 나온 것이 '인권'입니다. 인권이라는 말을 우리는 잘 사용해야 합니다. 인권은 피부색이나 언어나 문화나 배경에 차별을 두었던 미국의 역사와 전통에 대해 반기를 들고서, 모든 인간은 원래 하나님 앞에 평등하게 지음 받았다는 성경의 근거에서 시작된 개념입니다.

그러나 세상의 공중권세를 잡은 사악한 마귀는 인권을 자신의 세력을 확장하는 일에 교묘히 사용하고 있습니다. 인권이라는 명목 하에 이제는 창조의 질서까지도 파괴하려는 것이 이 시대의 흐름입니다.

연방대법원의 결혼보호법 위헌 판결은 이런 맥락에서 나온 것입니다. 왜 이런 일이 일어났을까요? 우리 그리스도인들이 지난 30년 간 사탄 마귀의 영적인 작전을 감지하지 못했기 때문입니다. 우리 그리스도인들이 정치와 법조계에 전혀 신경을 쓰지 않는 동안에 마귀는 정치와 법조계의 수장들을 조종했던 것입니다.

우리는 잃어버린 30년을 어떻게 회복할 수 있을까요? 바로 앞으로의 30년을 준비하면 됩니다. 우리의 다음세대들이 장차 이 땅의 지도자로 설 때에 정치, 경제, 사회, 문화, 법조계 등 전 분야에 걸쳐서 하나님의 말씀과 창조의 질서를 회복할 수 있는 리더가 되도록 기도하고 준비해야 할 것입니다. 그러기 위해서는 다음세대들이 성경을 믿는 법조인, 성경을 붙드는 정치인, 성경 말씀에 순종하는 사회적인 리더들이 될 수 있도록 우리가 기꺼이 후원하고 밀어 주어야 합니다. 똑똑한 젊은이들이 이런 꿈을 가지고 살아갈 수 있도록 우리 교회들이 힘을 모아야 합니다.

이와 동시에 우리에게는 한 가지 놓치지 말아야 할 것이 있습니다. 바로 하나님이 이 세상의 주관자라는 사실입니다. 아무리 땅이 변하고 산이 흔들리며 바닷물이 솟아나고 뛰놀지라도 우리는 두려워하지 않아야 합니다. 왜냐하면 하나님은 이 모든 인간 역사를 통해 반드시 하나님 나라를 완성하시기 때문입니다.

그래서 시편 기자는 이렇게 고백하고 있습니다.

"2 그러므로 땅이 변하든지 산이 흔들려 바다 가운데에 빠지든지 3 바닷물이 솟아나고 뛰놀든지 그것이 넘침으로 산이 흔들릴지라도 우리는 두려워하지 아니하리로다 … ¹⁰ 너희는 가만히 있어 내가 하나님 됨을 알지어다 내가 뭇 나라 중에서 높임을 받으리라 내가 세계 중에서 높임을 받으리라 하시도다"(시 46:2-3, 10).

그렇습니다. 아무리 사탄 마귀가 미국의 법정을 장악하며 이 땅을 흔들어 놓을지라도 우리는 결코 두려워하지 말아야 합니다. 왜냐하면 하나님께서 분명 이 땅 가운데서 높임을 받으실 것이기 때문입니다. 그리고 그 하나님의 사랑이 우리를 결코 어떤 환란이나 곤고나 핍박이나 기근이나 적신에서도 끊어내지 못할 것이기 때문입니다.

연방대법원의 판결로 싸움이 끝난 것이 아닙니다. 싸움은 이제부터입니다. 하나님의 나라는 반드시 이기게 되어 있습니다. 하나님의 자녀는 결국 이기게 되어 있습니다.

| 마태복음 2:16-18 |

16 이에 헤롯이 박사들에게 속은 줄 알고 심히 노하여 사람을 보내어 베들레헴 과 그 모든 지경 안에 있는 사내아이를 박사들에게 자세히 알아본 그때를 기준하 여 두 살부터 그 아래로 다 죽이니 17 이에 선지자 예레미야를 통하여 말씀하신 바 18 라마에서 슬퍼하며 크게 통곡하는 소리가 들리니 라헬이 그 자식을 위하 여 애곡하는 것이라 그가 자식이 없으므로 위로 받기를 거절하였도다 함이 이루 어졌느니라

라헬의 통곡소리

편안함과 평안함의 차이

예전에 우연히 한국의 TV 방송을 시청하다가 북한을 탈출해 남한
에 정착한 한 남자의 인터뷰를 들을 기회가 있었습니다. 수개월 동안
만주와 몽골, 동남아시아를 헤매다가 극적으로 한국대사관에 몸을
피신해 한국 땅을 밟게 된 그는 생사를 넘나든 고통의 증언들을 고백
했습니다. 안전한 장소에서 교육을 받고 의식주가 보장된 생활을 해
서인지 그의 외모와 말투는 꽤 편안해 보였습니다. 그러나 한 가지 이
상했던 것은 편안하고 여유 있는 그의 얼굴에 왠지 모르게 수심과 불
안이 배어 있어 보였다는 점입니다. 왜 그랬을까요? 편안하게 먹고 잘
수 있는 환경과 여건이 주어졌는데도 왜 그의 얼굴에는 수심이 가득
했던 것일까요? 새로운 곳에 정착하려는 사람들에게는 으레 그런 것

이 있을 것이라는 저의 편견 때문에 그렇게 본 것은 아닌가 생각도 해 보았지만 분명 그런 것은 아니었습니다. 그의 모습에서 불안함과 수심을 역력히 볼 수 있었습니다.

제 판단과 느낌이 틀리지 않았다는 것을 저는 수년 후에야 확인할 수 있었습니다. 2015년에 그 남자분이 미주에 있는 한인교회에 초대되어 간증을 하게 되었는데 그때 그의 얼굴에서는 전에 보았던 그 두려움과 수심을 전혀 찾아볼 수 없었습니다. 오히려 자신감과 평안의 모습이 너무도 확연하게 드러나고 있었습니다. 무엇이 그분을 그렇게 달라지게 한 것일까요? 간증의 내용을 통해 알 수 있었습니다. 바로 그에게 찾아오신 예수 그리스도 때문이었습니다.

예수를 몰랐을 때 그가 추구했던 것은 편안함이었습니다. 잘먹고 잘 입으며 편안한 환경에서 자유를 누리는 것이 그의 인생 최고의 목적이었습니다. 이것을 이루기 위해 그는 생사를 걸고 탈출해서 남한까지 오게 된 것입니다. 그렇게 해서 얻은 편안함과 자유였지만 여전히 그에게는 이유를 알 수 없는 불안과 두려움이 가득했습니다. 그러다가 우연히 지인으로부터 한 번도 들어 본 적이 없는 이름을 듣게 되었습니다. 바로 '예수'였습니다. 예수라는 이름을 전해 준 그 지인의 얼굴을 보면서 그는 어떻게 저렇게 평안할 수 있을까 의문을 갖게 되었다고 합니다. 그러면서 자신도 그런 평안의 얼굴을 갖고 싶다는 바람을 갖게 되었고, 그 평안은 예수를 받아들일 때만 이루어진다는 것을 알게 되었습니다. 결국 그는 예수를 마음에 모시게 되었습니다.

편안함은 육체를 위한 것이지만 평안함은 영혼을 위한 것입니다. 아무리 육체가 편안해도 영혼이 평안하지 않으면 그 편안함은 일시적이요 곧 없어질 안개 같은 것입니다. 아무리 외적으로 편안해도 그의 영혼 속에 평안이 없으면 인간은 두려움과 절망 가운데 빠질 수밖에 없습니다. 두려움과 절망에 무너지는 순간부터 어느 누구에게도 도움을 받을 수 없는 통곡이 시작됩니다. 그렇기 때문에 인간은 편안함을 넘어서 평안을 누려야 합니다.

평안은 인간 내면에 잠재되어 있는 절망을 해결할 때만 누릴 수 있습니다. 인간 내면의 절망은 죄 때문에 온 것입니다. 죄는 육체적으로 달콤한 것을 추구하게 만들지만 결국 더 깊은 절망의 수렁으로 빠뜨려 피곤하게 합니다. 이것을 해결하려면 인간의 절망을 참된 소망으로 바꾸신 유일한 분 곧 예수 그리스도를 주인으로 받아들여야 합니다. 예수 그리스도는 내 안에 들어오셔서 절망의 끈을 근본적으로 끊어내시고 생명의 끈으로 나를 붙잡아 매십니다. 이때 우리는 생명의 주인 되신 예수 그리스도에게서 참된 기쁨과 감사, 용기와 소망을 얻게 됩니다.

죄와 회복

지금부터 2천여 년 전 예수님이 태어나셨던 베들레헴에는 무고한 어린아이들이 죽임을 당하는 사건이 일어났습니다. 동방에서 찾아온 박사들이 전해준 유대인의 왕이 태어났다는 소식에 가뜩이나 불안했던 헤롯은 자신의 권좌를 지키기 위해서 2살 이하의 어린아이들을 모두 무참히 죽이는 엄청난 살인을 저지릅니다. 그날 밤 베들레헴 곳곳에는 수많은 어머니들의 통곡소리가 하늘을 찔렀습니다. 이에 대해 마태는 예레미야 선지자의 예언이 이루어진 것이라고 18절에 기록하고 있습니다.

> "라마에서 슬퍼하며 크게 통곡하는 소리가 들리니 라헬이 그 자식을 위하여 애곡하는 것이라 그가 자식이 없으므로 위로 받기를 거절하였도다 함이 이루어졌느니라."

이 말씀은 예레미야 31:15을 인용한 것입니다. 예레미야는 스바냐, 하박국, 다니엘, 에스겔 등과 동시대에 사역한 선지자입니다. BC 722년에 북왕조가 멸망했듯이 남왕조 유다도 곧 멸망하게 될 것이니 순순히 항복을 하라는 권면을 수도 없이 했습니다. 그러나 이런 권면을 좋아할 이는 아무도 없었습니다. 오히려 동족의 입장에서 보면 예레미야는 민족을 배신한 매국노처럼 보일 수 있었습니다. 그래서 예레미야는 동족에게 오해를 받고 심한 핍박을 받았습니다.

그러나 예레미야가 남왕조 유다의 멸망을 예언하고 순순히 항복을 하라고 권면한 것은 정치적, 군사적 차원의 항복이 아니었습니다. 하나님께서 바벨론을 들어서 불순종한 이스라엘을 치시는 일종의 매이므로 그 꾸지람과 매를 순순히 받으라는 하나님 앞에서의 항복을 의미하는 것이었습니다.

한 번 생각해 보십시오. 강단에서 목사가 주일마다 성도들의 잘못을 책망하고 '이렇게 살면 일주일 내내 하나님으로부터 벌 받게 됩니다'라는 선포를 한다면 좋아할 사람이 어디 있겠습니까? 그리고 그런 설교를 하는 목사는 얼마나 힘들겠습니까? 예레미야의 상황이 꼭 그러했습니다. 그래서 예레미야는 늘 애통해 하며 울었습니다. 그래서 그를 눈물의 선지자라고 부릅니다. 그런데 예레미야 선지자가 이런 선포를 한평생 하다가 자신의 사역이 마감될 즈음 되어서 하나님의 새로운 메시지를 받게 됩니다. 바로 예레미야 29-33장 사이에 나오는 회복의 메시지입니다. 이스라엘이 비록 하나님께 범죄해서 매를 맞지만 완전히 멸망당하지 않고 70년 후에 회복되어 돌아올 것을 예언합니다. 이 회복에 대한 예언의 메시지 중에서 그 대표적인 구절로 마태가 인용한 것이 예레미야 31:15입니다.

하나님은 이스라엘이 하나님의 심판 때문에 곧 멸망하여 바벨론에 포로로 잡혀가게 되는 이 절망과 통곡의 상황을 라헬이 우는 것처럼 의인화 시켜서 예언케 하셨습니다. 구약에 통곡했던 많은 인물이 있었는데 왜 굳이 라헬을 들어서 사용하신 것일까요? 그것은 이스라엘이 가지고 있는 명칭 때문입니다. 북왕조의 가장 큰 지파는 에브라임 지파입니다. 그래서 성경이 때때로 '에브라임아!'라고 부를 때는 북왕조 이스라엘을 가리키는 것이고, 크게는 이스라엘 전체를 지칭하기도 합니다. 또한 라마는 베냐민 지파가 있는 성읍입니다. 베냐민은 라헬이 낳은 아들입니다. 즉 라헬이 자기의 핏줄인 에브라임과 베냐민이 잡혀가 우는 것처럼 의인화시킴으로 이스라엘 전체가 하나님의 심판 앞에

다 쫓겨 가서 지금 없는 것을 통곡하고 있습니다.

이 말씀 한 구절만 보면 '이것이 어떻게 회복의 메시지인가?'라는 의문이 들 수 있습니다. 통곡하며 절망하는 구절로만 보이기 때문입니다. 그러나 구약의 예언이 신약에 인용될 때는 한 구절만을 보아서는 안 되고 그 구절이 들어 있는 성경 전체를 보아야 한다고 앞에서도 이야기했습니다. 즉 하나님이 원하시는 내용을 알기 위해서는 앞뒤 내용을 알아야 합니다.

15절 이하에 보면 슬픔과 통곡의 눈물을 닦아 주겠다는 약속의 말씀이 나옵니다.

"16 이에 헤롯이 박사들에게 속은 줄 알고 심히 노하여 사람을 보내어 베들레헴과 그 모든 지경 안에 있는 사내아이를 박사들에게 자세히 알아본 그 때를 기준하여 두 살부터 그 아래로 다 죽이니 17 이에 선지자 예레미야를 통하여 말씀하신 바 18 라마에서 슬퍼하며 크게 통곡하는 소리가 들리니 라헬이 그 자식을 위하여 애곡하는 것이라 그가 자식이 없으므로 위로 받기를 거절하였도다 함이 이루어졌느니라"(마 2:16-18).

그리고 예레미야 31:20에서 이렇게 선포하십니다.

"에브라임은 나의 사랑하는 아들 기뻐하는 자식이 아니냐 내가 그를 책망하여 말할 때마다 깊이 생각하노라 그러므로 그를 위하여

내 창자가 들끓으니 내가 반드시 그를 불쌍히 여기리라 여호와의
말씀이니라."

하나님은 지금 이렇게 말씀하시는 것입니다.

"네가 스스로 자초한 죄와 잘못 때문에 심판을 받고 고초를 당하지
만 너는 그 문제를 스스로 해결하여 회복할 능력이 없지 않느냐? 그러
니 내가 직접 그 심판으로 인해 생긴 고통과 아픔의 문제까지도 회복
시켜 주겠다…"

그리고 이것을 해결하시기 위해서 한 가지 방법을 선택하셨습니다.
바로 하나님의 아들 예수 그리스도를 십자가 위에서 희생시키신 것입
니다.

이사야 53장의 말씀처럼 하나님은 죄로 인해 죽어야 할 나대신 예
수님을 십자가에서 찔리게 하심으로 나의 허물을 지워버리셨고, 죄의
심판을 받아야 할 나대신 예수님을 십자가 위에서 상하게 하심으로
나의 죄악을 해결하셨습니다. 죄 때문에 절망 가운데 처한 나대신 예
수님을 십자가 위에서 징계 받게 하심으로 나에게 새로운 평안을 주
셨고, 죄로 인해 고통 가운데 살아야 할 나대신 예수님이 채찍에 맞으
심으로 나의 육체를 치료하셨습니다.

이 예수를 믿고 나의 구주로 영접하기만 하면 누구든지, 과거에 어
떤 일을 했든지, 지금 어떤 절망과 통곡 속에서 헤매고 있든지 그는
놀라운 회복과 치유를 얻을 수 있습니다.

그러면 왜 예수님만이 나를 회복하실 수 있고 위로자가 되실 수밖

에 없을까요? 먼저 진짜 위로가 무엇인지 살펴 보겠습니다. 진짜 위로
는 두 가지가 충족되어야 합니다.

진짜 위로는 아픔과 절망을 공감한다

먼저, 나의 아픔과 절망을 진정으로 공감할 수 있어야 위로가 됩
니다.

13년 전, 뉴멕시코에서 나바호 인디언들을 선교하시는 남창식 선교
사님의 선교 현장으로 단기선교를 간 적이 있습니다. 그곳에서 알게
된 것은 서양의 많은 선교사들이 나바호 선교를 시도했지만 300년이
지난 시점까지도 열매가 거의 없었다는 것입니다. 여전히 그들은 술
과 마약, 도박에 빠져서 핍절하게 살아가고 있었고, 알코올 중독으로
가장들은 거의 죽거나 폐인이 되어 가정들은 다 깨어져 있었습니다.
선교의 열매가 없는 이유는, 그들에게 복음을 전했던 서양의 선교사
들이 그들의 삶의 터전을 빼앗은 장본인들의 후손이라는 사실 때문
이었습니다. 인디언들은 서양의 선교사들이 결코 자신들의 아픔과 절
망을 공감하지 못한다는 생각 때문에 복음을 받아들이지 않았던 것
입니다.

그런데 십수 년 전부터 한국의 선교사가 현장에 들어가면서 그들이
복음을 받아들이고 교회에 나와 예배를 드리기 시작했습니다. 왜 그
들이 유독 남창식 선교사님이 전하시는 복음은 받아들였는지 물어보

았습니다. 한국인은 일단 외모도 그들과 비슷하지만 중요한 것은 한국인은 자신들의 아픔과 절망을 공감할 수 있는 민족이라는 사실 때문이라는 것입니다. 한국 민족도 수많은 외세의 침략으로 한을 안고 사는 고통의 민족이기에 그들은 한국인과 공감대가 형성되었고, 위로받을 수 있었던 것입니다. 위로는 아픔과 절망을 진정으로 공감할 수 있을 때만이 이루어질 수 있습니다.

진정한 위로는 아픔과 절망의 자리에 함께한다

다음으로 아픔과 절망의 자리에 함께 있을 수 있어야 진정한 위로가 이루어집니다.

저의 선친께서는 1988년 서울올림픽이 치러지던 그 해 더운 여름에 오랫동안 하시던 목회를 뒤로한 채 지병으로 소천하셨습니다. 한국에서는 장례를 치를 때 상주들이 밤을 새워 조문객들을 맞이합니다. 잠을 잘 수도, 먹을 수도 없이 꼬박 그 자리를 지키는 피곤함이 장례 절차에 있어서 참 힘든 것이었습니다. 그러나 저에게는 이보다 더 힘든 것이 있었습니다. 바로 사랑하는 아버님을 먼저 떠나보내야 한다는 슬픔과 외로움이었습니다. 그것 때문에 어떻게 치렀는지도 모르게 장례를 마치게 되었습니다. 그 후 며칠이 지나서 뒷정리를 하면서 장례 예식을 촬영했던 영상들을 다시 볼 기회가 있었습니다. 그때 지금도 잊을 수 없는 장면을 보게 되었습니다. 그 장례기간 동안 저 혼자 외롭게 밤을 지새우며 슬퍼했다고 생각했는데 그 영상 속에는 저와 함께 밤을 새우고 울어 주며 자리를 함께 지켜 주었던 성도들과 친구들의 모습이 담겨 있었습니다. 그때 제가 받았던 위로는 이루 말할 수 없었습니다. 내가 아파하며 힘들어 했던 그 시간, 그 자리에 나와 함께 자리를 지켜준 분들이 있었다는 사실이 저에게 너무도 큰 위로였습니다. 저는 그때 위로가 무엇인지를 알게 되었습니다. 위로는 고통의 자리에 함께 있어 줄 수 있을 때 시작됩니다.

예수님만이 완전한 위로자가 되신다

그러나 중요한 것은, 나바호 인디언들의 아픔과 절망을 함께 공감해 줄 수 있었던 선교사님도, 저의 외로움과 절망의 현장에 함께 있어 주었던 성도들과 친구들도 영원토록 그렇게 할 수는 없다는 것입니다. 시간이 지나면 그들은 그 공감의 마음을 거두어야 하고 그 자리를 떠나야 합니다. 이것이 바로 인간이 인간을 완전하게 위로할 수 없는 이유입니다. 그러나 완전하게 위로하실 수 있는 분이 한 분 계십니다. 바로 예수 그리스도이십니다. 예수님은 우리의 아픔을 완전하게 공감하시는 분이시요, 우리 아픔의 자리를 결코 떠나지 않으시고 영원토록 함께하실 수 있는 유일한 분이십니다. 그렇기에 예수님만이 우리의 유일한 위로자가 되십니다.

이것이 마태가 예레미야 31:15을 예수님의 탄생 이야기에 인용한 이유입니다. 우리의 아픔과 통곡의 문제를 해결하기 위해 예수님이 이 땅에 오셨습니다. 헤롯 시대에 무고하게 죽어간 어린아이들 때문에 통곡했던 눈물의 현장처럼 우리의 삶에는 도저히 스스로 해결할 수 없는 절망과 탄식의 통곡들이 지금도 계속되고 있습니다.

혹시 내면의 아픔과 상처 때문에 한평생 통곡하며 지금까지 살아오신 분이 계십니까? 깨어진 가정 때문에 한평생을 숨소리조차 내지 못하며 지금도 통곡하고 계십니까? 꿈도 의욕도 잃어버린 채 인생의 바닥을 헤매며 어찌할 바를 몰라 통곡하는 분은 안 계십니까? 믿었던 사람에게서 받은 배신과 아픔 때문에 어느 누구도 믿을 수 없다고 절망하며 통곡하는 분이 계십니까?

그러나 이 모든 문제는 표면적으로 드러난 환경이나 조건이 달라진다고 해결되는 게 아닙니다. 우리의 영혼 속에 새로운 평안이 시작되어야 이 모든 문제가 해결됩니다. 그 평안은 오직 예수님만이 주실 수 있습니다. 주님은 말씀하셨습니다.

"평안을 너희에게 끼치노니 곧 나의 평안을 너희에게 주노라 내가 너희에게 주는 것은 세상이 주는 것과 같지 아니하니라 너희는 마음에 근심하지도 말고 두려워하지도 말라"(요 14:27).

세상은 혹 편안함을 줄 수 있는지 모릅니다. 그러나 그것으로는 우리의 문제가 해결되지 않습니다. 우리의 내면에 울려 나오는 통곡은 오직 예수 그리스도께서 내 영혼에 평안을 주셔야 그칠 수 있습니다.

118

그래서 우리는 날마다 주님에게로 나아가야 합니다.

히브리서 기자는 우리 주 예수 그리스도를 이렇게 선언합니다.

> "15 우리에게 있는 대제사장은 우리의 연약함을 동정하지 못하실 이가 아니요 모든 일에 우리와 똑같이 시험을 받으신 이로되 죄는 없으시니라 16 그러므로 우리는 긍휼하심을 받고 때를 따라 돕는 은혜를 얻기 위하여 은혜의 보좌 앞에 담대히 나아갈 것이니라"(히 4:15-16).

예수 그리스도만이 우리의 통곡을 체휼하시며 우리에게 참된 위로와 평안을 주실 수 있습니다. 그 은혜의 보좌 앞에 날마다 나아가시기를 간절히 기도합니다.

09

| 마태복음 2:19-23 |

19 헤롯이 죽은 후에 주의 사자가 애굽에서 요셉에게 현몽하여 이르되 20 일어나 아기와 그의 어머니를 데리고 이스라엘 땅으로 가라 아기의 목숨을 찾던 자들이 죽었느니라 하시니 21 요셉이 일어나 아기와 그의 어머니를 데리고 이스라엘 땅으로 들어가니라 22 그러나 아켈라오가 그의 아버지 헤롯을 이어 유대의 임금 됨을 듣고 거기로 가기를 무서워하더니 꿈에 지시하심을 받아 갈릴리 지방으로 떠나가 23 나사렛이란 동네에 가서 사니 이는 선지자로 하신 말씀에 나사렛 사람이라 칭하리라 하심을 이루려 함이러라

나사렛 사람이라 칭하리라

2013년 아시아나 항공기가 샌프란시스코 공항에 착륙하다 충돌 사고를 일으킨 일이 있습니다. 이 사고로 어린 세 여학생이 목숨을 잃었고 여러 사람들이 다쳤습니다. 사고 후에 남겨진 비행기의 잔해는 처참하기가 이루 말할 수 없었습니다. 조금만 늦었어도 대형 참사로 이어질 수 있는 엄청난 사고임에도 불구하고 인명피해를 줄일 수 있었던 것은 이 비행기의 승무원들 때문이었습니다.

사고 직후 부서져버린 기체 때문에 이미 많은 승객과 승무원들이 부상당한 상황에서 몸을 움직일 수 있는 승무원은 12명 중 겨우 5명뿐이었습니다. 5명이 291명의 승객을 대피시킨다는 것은 너무도 무모한 일이었습니다. 비행기가 곧 화재에 휩싸일 수 있었기 때문입니다. 그럼에도 불구하고 5명의 승무원들이 부상당한 자신의 몸을 돌보지 않고 그 많은 사람들을 일일이 대피시키는 헌신과 희생이 있었기에 큰 인명 피해를 막을 수 있었습니다.

이 상황을 함께 수습했던 조앤 헤이스 화이트 샌프란시스코 소방국장 부상에도 불구하고 기내에 사람이 있는지를 점검한 후에야 비행기에서 마지막으로 탈출한 한 승무원의 희생을 두고 이렇게 표현했습니다.

"모두가 탈출했을 때 이은혜 승무원은 마지막으로 기내에 사람이 있는지를 한 번 더 확인하기를 원했습니다. 저는 그분이야말로 진정한 영웅이라고 생각합니다."(미국 CBS 뉴스, 7월 8일자 뉴스에서 인용)

이 방송을 보면서 저는 조앤 헤이스 화이트 소방국장이 무엇을 염두에 두고 '영웅'이라는 단어를 사용했는지 알 수 있었습니다. 그녀가 사용한 '영웅'이라는 단어는 바로 자신이 맡은 역할과 책임을 넘어서서 마지막 순간까지 생명을 살리고자 하는 일념 때문에 모든 것을 쏟아 부을 수 있는 사람에게 쓰는 말입니다. 자신의 부상과 고통에도 불구하고 비행기 안에 혹시나 남아 있을 누군가를 구하기 위해 불타고 있는 기내를 돌아보았다는 것은 직업의식만 가지고는 불가능한 일입니다. 이것은 생명을 살리기 위한 진정한 용기와 희생정신을 가진 자만이 할 수 있는 일입니다. 놀라운 사실은, 이은혜 승무원에게는 이미 사랑하는 자식들과 남편이 한국에 있었다는 것입니다. 가족을 생각하면 자신의 몸을 사리는 것이 어쩌면 당연한 일이었을 것입니다. 그럼에도 불구하고 그녀는 고통당하고 신음하는 승객들의 생명을 살리는 일에만 온전히 집중했습니다.

진정한 영웅이란?

영웅이란 큰 업적을 남겼거나 많은 능력을 가지고 있는 자를 말하지 않습니다. 자신의 이력에 화려한 배경과 업적을 장식하는 자를 말하는 것은 더더욱 아닙니다. 진정한 영웅은 생명을 살리는 일에 모든 것을 집중할 수 있는 사람입니다. 영웅은 남을 살리기 위해 기꺼이 자신의 계산을 포기할 수 있는 사람입니다.

이 시대는 참으로 영웅이 필요합니다. 모두가 자신의 실속을 챙기며 화려한 배경과 학벌, 멋진 조건과 안락한 삶을 위해 달려갑니다. 그러나 우리 모두는 생명을 살리는 그 누군가가 필요하다는 것을 알고 있습니다. 그리고 그런 영웅을 기다리고 있습니다. 왜냐하면 희생과 섬김을 통해 생명을 살리는 길만이 이 사회를 보존할 수 있고 자신들의 삶이 유지된다는 것을 알기 때문입니다.

이것이 복음이 필요한 이유입니다. 복음이란 인간의 죽음과 절망의 문제를 완벽하게 해결하기 위해서 스스로 자신을 희생하신 분이 계시다는 사실을 알리는 것입니다. 그 희생의 주인공이 바로 완전하시고 가장 높은 이름을 가지신 예수 그리스도이십니다. 예수 그리스도는 우리를 위해 생명을 살리시는 역사를 이미 하셨고 지금도 그 일들을 진행하고 계십니다. 그런 의미에서 예수 그리스도야말로 진정한 영웅의 모델이시며, 그 예수님의 생명의 역사를 전하는 성도야말로 참다운 영웅의 삶을 사는 자들입니다.

우리 주님은 참다운 영웅의 모습이 무엇인지를 보여주시기 위해서 가난하고 천한 신분으로 오셨습니다. 자칫 잘못하면 영웅을 뛰어난 능력자요 체제를 단숨에 전복시킬 수 있는 힘있는 혁명가로 생각할 수 있기 때문이었습니다. 실제로 예수님이 태어나실 당시에 유대인들은 그런 메시아를 기다리고 있었습니다.

그들은 하나님께 선택받은 선민이라는 자부심과 긍지 때문에 죄에서 이미 구원받았다고 생각했습니다. 그러니 그들에게 필요한 것은 정치적인 해방이었습니다. 로마의 속국에서 벗어나 자유와 독립을 안겨 줄 수 있는 메시아, 헤롯의 폭정과 탐욕으로부터 백성을 진짜 정치적으로 해방시켜 줄 수 있는 위대한 혁명가를 기대했습니다. 그러나 그들에게 필요한 것은 그들의 영혼과 인생에 닥친 죽음과 절망의 문제를 해결하는 구원자였습니다. 바로 생명의 문제를 해결하는 진정한 영웅이 필요했던 것입니다. 이 영웅이 예수님이심을 가르쳐 주기 위해서 마태는 이렇게 기록하고 있습니다.

"나사렛이란 동네에 가서 사니 이는 선지자로 하신 말씀에 나사렛 사람이라 칭하리라 하심을 이루려 함이러라"(마 2:23).

헤롯이 죽은 후에 이스라엘로 돌아가던 요셉에게 하나님의 사자가 다시 나타나서 나사렛이라는 동네로 가게 했습니다. 예수님은 나사렛에서 자라셨는데 마태는 이를 가리켜 '선지자로 하신 말씀이 이루어진 것'이라 설명합니다. 참으로 재미있는 사실은 구약에는 이런 예언이 없다는 것입니다. 그러면 마태는 무슨 의도로 예수님의 나사렛 정착을 선자자의 예언이 이루어진 것이라 한 것일까요?

23절을 좀 더 정확하게 번역하면 "이는 선지자들로 말씀을 이룬 것이니, 그것은 곧 나사렛 사람으로 칭하리라"가 됩니다.

이 말씀은 예수님이 나사렛 사람이라 칭함을 받게 된 것이 어느 한 선지자의 예언 성취가 아니라 구약에 나오는 모든 선지자들의 이야기를 종합해 보니 예수 그리스도가 바로 나사렛 사람으로 불리게 될 것이라는 뜻으로 쓴 것입니다. 즉 내용을 문자 그대로 인용한 것이 아니라 구약 전체의 내용을 의역하여 이렇게 성취된 것으로 본인이 확신하고 있다는 뜻입니다.

우리는 먼저 나사렛이 어떤 곳인지를 알아야 합니다. 나사렛은 요셉과 마리아의 고향으로 이스라엘의 중부 갈릴리 지역에 있는 아주 외진 시골 마을입니다. 그리스의 대상들이나 로마 군인들이 지나가는 큰 대로에서 벗어나 한참 들어가야 합니다. 요즈음으로 말하면 전기도 안 들어오고 대중교통도 없는 깡촌입니다. 그래서 나사렛 사람이라는 말 속에는 '촌사람'이라는 약간 무시하는 의미가 담겨 있습니다. 우리 식으로 말하면 강원도 시골 출신을 '강원도 감자 바우'라고 하는 것과 비슷합니다.

성경을 보면 '나사렛 사람'이라는 말이 당시에 사람을 얼마나 얕잡아 보는 표현이었는지 알 수 있습니다. 예수님을 메시아로 만났다고 기뻐하는 빌립 앞에 나다니엘이 이렇게 말합니다.

"나사렛에서 무슨 선한 것이 나겠느뇨?"

그런데 예수님이 이런 촌사람 출신으로 오셨다는 것입니다. 이미 구약에서는 메시아가 이런 촌사람과 같은 모습을 가지고 오실 것이라고 누누이 강조해 왔습니다.

왜 메시아는 볼품없는 모습으로 오셨을까?

이사야 선지자는 11:1에서 메시아를 이렇게 예언했습니다.

> "이새의 줄기에서 한 싹이 나며 그 뿌리에서 한 가지가 나서 결실할 것이요."

뿌리에서 한 가지가 나온다는 것은 밑동만 남고 다 잘라진 그루터기에서 가지 하나가 피어남을 뜻합니다. 다 잘라져나간 밑동만 있는 나무가 얼마나 볼품이 없는지 아십니까? 얼마 전에 저희 집에도 커다란 나무를 가차 없이 잘라 낸 일이 있었습니다. 저녁 때 집에 들어가 보니 그 멋졌던 나무가 밑동만 남아 전혀 볼품없이 되어 버렸습니다. 그런 밑동만 남은 자리에 시간이 지나면 조그마한 잎사귀 같은 것들이 나오기 시작합니다. 뿌리가 있어 죽지는 않았기 때문입니다. 그러나 잘려 나간 부분에는 잔가지만 무성할 뿐 다시는 굵은 기둥이 생겨나지 않습니다. 바로 이 얘기입니다. 앞으로 오실 메시아는 뿌리에서 난 가지 같고 잘린 줄기에서 난 싹 같다는 말입니다. 나사렛 사람이 바로 그 표현입니다.

이런 메시아를 이사야 53:2-3에서는 다시 이렇게 표현합니다.

"² 그는 주 앞에서 자라나기를 연한 순 같고 마른 땅에서 나온 뿌리 같아서 고운 모양도 없고 풍채도 없은즉 우리가 보기에 흠모할 만한 아름다운 것이 없도다 ³ 그는 멸시를 받아 사람들에게 버림받았으며 간고를 많이 겪었으며 질고를 아는 자라 마치 사람들이 그에게서 얼굴을 가리는 것 같이 멸시를 당하였고 우리도 그를 귀히 여기지 아니하였도다."

얼마나 볼품이 없고 능력이 없어 보이는지 사람들은 그 메시아를 멸시하고 싫어하게 된다는 것입니다. 그래서 예수님의 공생애 동안 많은 사람들이 예수님을 조롱하고 업신여겼습니다.

지금도 예수님을 조롱하는 자들이 얼마나 많은지 모릅니다. "예수가 밥 먹여 주더냐?"는 사람들이 많이 있습니다. 예수를 믿어봤자 밥 한 그릇도 못 먹여 줄 것같이 보인다는 뜻입니다. 겉으로 보기에 볼품없고 능력 없는 예수를 따라가면 결국 당신도 그렇게 살게 되는 것 아니냐는 것입니다.

그런데 하나님은 왜 메시아를 겉으로 보기에 볼품없고, 뿌리에서 나온 가지 같은 모습으로 보내신 것일까요? 그것은 이 세상 사람들에게 진정으로 필요한 것이 무엇인지를 가르쳐 주기 위해서입니다. 우리는 화려하고 힘있는 영웅이 나타나면 신분이 상승하고, 물질이 생기고, 평생토록 무병장수하게 만들어 줄 것이라 기대합니다. 그러나 우리가 진정으로 기대해야 할 것은 이런 피상적이고 부차적인 것이 아니라 더 근본적인 것입니다.

예수님은 유일한 영웅이시다

바로 인간이라면 어느 누구도 피할 수 없는 죽음의 문제가 언제나 우리 앞에 있습니다. 죽음의 문제 앞에는 신분 상승도, 넉넉한 물질도, 자신 있는 건강도 아무런 소용이 없습니다. 죽음 앞에 안 넘어질 인생의 문제가 없습니다. 모든 인생은 죽음의 문제를 넘어서야 의미와 가치와 소망이 있게 됩니다. 그런 의미에서 진짜 영웅은 세상의 화려한 능력이나 배경이나 멋진 스펙을 안겨줄 수 있는 사람이 아니라 진짜 우리의 생명을 구할 수 있는 분이어야 합니다.

그분이 바로 예수 그리스도이십니다. 그분은 우리의 기대와는 전혀 다르게 가장 볼품없고 연약한 모습으로 오셨습니다. 그래야 우리가 그분에게서 세상적이고 화려한 것을 넘어서서 참 생명의 능력을 기대할 수 있기 때문입니다. 마치 이런 것입니다.

형사 콜롬보를 아십니까? 늘 허름한 바바리코트에 까치 머리를 하고 다니는 형사입니다. 원래 형사라면 깔끔한 양복에 매서운 눈매를 가진 이미지를 연상합니다. 그러나 그에게는 결코 말끔한 옷과 잘 빗어진 머리는 기대할 수 없습니다. 그러나 그를 만만하게 보았다가 큰코 다칩니다. 왜냐하면 그에게는 해결하지 못할 사건이 없기 때문입니다. 그래서 사람들은 그에게 진짜 기대해야 할 것이 무엇인지 압니다. 살인자를 찾아내어 억울하게 누명 쓴 자들을 살려내는 것입니다.

우리가 예수님에게 기대해야 할 것은 바로 내 인생에 닥친 가장 심각한 문제, 바로 죽음의 문제를 해결하는 생명의 역사입니다. 그래서 예수님은 요한복음 11:25-26에서 이렇게 말씀하셨습니다.

> "나는 부활이요 생명이니 나를 믿는 자는 죽어도 살겠고, 무릇 살아서 나를 믿는 자는 영원히 죽지 아니하리니 이것을 네가 믿느냐."

나에게 새로운 생명을 주시고, 회복과 진정한 평화와 기쁨을 주실수 있는 분이 바로 예수 그리스도이십니다. 이것만 얻을 수 있다면 물질이 부족해도, 명예가 없어도, 몸이 힘들어도 진정 부요한 자요 행복한 사람입니다. 그래서 예수님은 우리의 유일한 영웅이십니다.

영웅을 받아들이면 새로운 영웅이 된다

중요한 것은 그 진정한 영웅을 받아들이는 자마다 새로운 영웅으로 변화된다는 것입니다. 예수님을 받아들인 조선의 백성들 때문에 우리의 조국 대한민국이 세계를 향해 웅비하는 민족으로 바뀌었습니다. 추위와 죽음뿐이었던 미국이 예수를 붙들고 산 청교도들 때문에 세계에서 가장 잘사는 나라가 되었습니다. 예수를 받아들였던 무식한 어부들 때문에 갈릴리 지역이 세계에서 가장 유명한 성지가 되었습니다. 예수를 믿은 베드로 때문에 그가 잡았던 물고기조차도 모든 사람들이 한번쯤 먹어보고 싶은 음식이 되었습니다.

탐관오리들의 부패 때문에 백성은 도탄에 빠져 있었고, 서민들은 먹고 사는 것조차 해결하지 못해 신음하던 19세기 말의 조선 땅은 그야말로 풍전등화와 같이 암울하기만 했습니다. 이런 암울한 조선 땅에 생명을 심어 준 한 사람이 있었습니다. 바로 영국 출신의 토마스 선교사입니다. 그는 너무도 평범하여 어떤 일도 일으킬 수 없을 것처럼 연약해 보였습니다. 영국의 한 목사의 아들로 태어나 어린시절부터 남달리 전도에 대한 열정이 있었던 그는 27세의 젊은 나이에 성경 몇 권을 가지고 무작정 제너럴셔먼 호에 올라 대동강에 도착했습니다. 당시는 쇄국정책 때문에 외국인은 무조건 죽이던 시절이었습니다. 그러나 그 젊은 선교사는 단 한마디의 복음의 메시지도 선포해 보지 못하고, 조선 관군에게 사로 잡혀 대동강변 모래사장에 서게 되었습니다. 그때가 언더우드 선교사가 오기 18년 전인 1866년이었습니다.

토마스 선교사는 박춘권이라는 사람에 의해서 그 자리에서 참수형을 당하고 맙니다. 그러나 그 젊은 선교사의 너무도 안타까운 죽음을 하나님은 조선 땅을 살리는 생명의 피로 바꾸셨습니다. 그때 토마스 선교사의 손에 들려 있던 조선말 성경책 세 권을 현장을 구경하던 12세 소년 최치량이 주워서 집에 가져갑니다. 그 소년은 금서인 성경을 소장하는 게 두려워 당시의 주사였던 박영식에게 전해 주었고, 가난했던 박영식은 그 성경책을 자기 집에 도배지로 쓰게 됩니다. 사방 팔방이 성경 말씀으로 가득차게 되자, 박영식은 앉아도 성경, 밥 먹을 때도 성경을 보게 되었습니다. 말씀이 눈에 들어오니 그 영혼이 어찌 생명의 역사를 얻지 않을 수 있었겠습니까? 박영식은 도배지로 쓴 그 성경을 날마다 읽다가 예수를 믿게 됩니다. 후에 그는 자신의 집을 예배 처소로 드리게 되는데, 그 집이 바로 장대현교회의 전신인 널다리 교회입니다. 후에 장대현교회는 평양 대부흥 운동을 주도하며 꺼져가던 민족을 일으키는 위대한 생명의 산실이 됩니다.

어떻게 이런 일이 일어날 수 있었을까요? 절망뿐인 인생에게 새로운 소망을 주시고 삶의 의미를 못 찾던 인생에게 새로운 가치와 의미를 부여해 주심으로 그 인생을 진정으로 살려내신 예수 그리스도의 생명의 능력이 시작되었기 때문입니다. 예수 그리스도의 생명의 능력은 한 사람의 인생을 바꾸어 놓았으며, 바뀐 그 한 사람 때문에 그가 속해 있는 사회와 공동체가 모두 바뀌었습니다.

우리 역시 이 놀라운 생명의 역사 앞에 새로워진 존재들입니다. 그러기에 여러분과 여러분의 자녀들 역시 예수 그리스도의 생명의 역사를 받아들인 사람답게 이 땅에서 하나님의 위대한 영웅으로 살아갈 수 있습니다. 이 땅을 사는 동안 내가 속해 있는 가정과 일터와 이 민족 앞에 예수 그리스도의 생명의 역사가 얼마나 놀라운 것인지를 보여주며 전하는 위대한 영웅의 삶을 살아가시기를 축원합니다.

통치자로 오신 예수님

10

| 마태복음 3:1-4 |

1 그때에 세례 요한이 이르러 유대 광야에서 전파하여 말하되 2 회개하라 천국이 가까이 왔느니라 하였으니 3 그는 선지자 이사야를 통하여 말씀하신 자라 일렀으되 광야에 외치는 자의 소리가 있어 이르되 너희는 주의 길을 준비하라 그가 오실 길을 곧게 하라 하였느니라 4 이 요한은 낙타털 옷을 입고 허리에 가죽 띠를 띠고 음식은 메뚜기와 석청이었더라

세례 요한의 길

믿는 자들의 모델, 세례 요한

세례 요한은 예수 그리스도를 증거하기 위하여 파송된 사람입니다. 마치 왕이 행차할 때 미리 신하들이 그 길을 앞서서 준비하며 길을 터놓는 역할을 한 것처럼, 세례 요한은 오직 이 일을 위해 살았습니다. 참으로 특이한 사실은 세례 요한이 바로 4백년 간 침묵하셨던 하나님의 말씀과 뜻을 비로소 선포한 마지막 선지자였다는 것입니다. 말라기 선지자 이후에 4백년 간 하나님의 말씀을 깨닫는 자도, 선포하는 자도 없었습니다. 그러한 영적 암흑기가 끝나고 새로운 빛이신 예수 그리스도께서 오심을 미리 깨달은 유일한 선지자가 바로 세례 요한입니다.

그렇기에 세례 요한의 등장은 참으로 많은 사람들에게 신선한 충격이었고 그의 영향력은 가히 폭발적이었습니다. 그동안 하나님의 말씀에 목말라했던 수많은 자들이 몰려와 그의 메시지에 귀를 기울였고 회개하며 세례를 받는 일들이 일어났습니다. 이쯤 되면 당시에 많은 종교지도자들이 그랬듯이 세례 요한 역시 영향력을 확장하며 자신의 이름을 드러내는 일에 조금이라도 유혹을 받았을 법합니다.

그러나 세례 요한에게는 전혀 그런 모습이 없었습니다. 오히려 그는 진정한 빛의 주인공인 예수 그리스도를 온전하게 예비하는 것이 자기 역할의 전부라는 것을 분명히 알고 있었습니다. 그리고 그렇게 한평생을 살았습니다. 그래서 그는 자신의 인생 전부라 할 수 있는 30년 가까이를 하나님 나라의 진정한 왕이신 예수 그리스도의 길을 예비하기 위해 준비하며 광야에서 살았습니다. 육신적으로는 예수님의 사촌 형으로 6개월 먼저 태어났지만, 그는 철저하게 자신을 낮추며 예수님의 신발끈을 매는 역할이 자신이 해야 할 전부라고 생각하며 살았습니다. 그리고 그는 광야에서 외치는 자의 소리가 되어 불꽃같은 인생을 살다가 1년여 만에 순교를 당합니다.

마태는 이런 세례 요한을 예수님의 탄생 이후 28년이 지난 시점에 등장시킵니다. 그것도 예수님이 공생애를 시작하기 전에 먼저 세례 요한을 등장시킵니다. 그 이유가 무엇일까요? 그것은 바로 예수님을 정점으로 그 이전의 사람과 이후의 사람들이 걸어야 할 인생의 길이 무엇인지를 가르쳐 주기 위함입니다. 세례 요한은 예수님을 위해 살아야 하는 자들의 모델입니다. 예수님 이전의 사람들이 예수님을 기대하며 준비하는 길을 갔다면, 예수님 이후의 사람들은 오신 예수님의 길을 따라가며 앞으로 다시 재림하실 예수님을 기대하는 삶을 살아야 함을 가르쳐 주고 있습니다. 그런 의미에서 예수님 이전에 살았던 사람들과 예수님 이후에 살았던 사람들의 인생의 길은 동일합니다.

왜 하나님은 광야를 허락하시는가?

마태는 세례 요한이 걸어간 길을 이렇게 소개합니다.

"그때에 세례 요한이 이르러 유대 광야에서 전파하여 말하되."

세례 요한은 유대 광야에서 외치는 소리였습니다. 마태는 의도적으로 요한의 길을 이야기함으로써 우리 성도들이 이미 오신 예수 그리스도의 길을 어떻게 따라가며, 장차 다시 오실 예수님을 어떻게 기다려야 하는지를 가르쳐 주고 있습니다. 요한의 길은 한마디로 광야에서 예수 그리스도를 외치는 삶, 오직 예수 그리스도만을 바라보며 집중하는 삶이었습니다.

요한은 제사장 가문에서 태어났습니다. 인간적인 기준으로 보면 참으로 좋은 출신 성분을 가지고 태어난 것입니다. 그럼에도 불구하고 그는 광야의 삶을 선택했습니다. 4절은 그가 어떤 삶을 살았는지를 단적으로 보여주고 있습니다.

"이 요한은 낙타털 옷을 입고 허리에 가죽 띠를 띠고 음식은 메뚜기와 석청이었더라."

세례 요한은 철저하게 자신의 것을 내려놓고 광야의 삶을 살았습니다. 광야의 삶은 절제와 고독과 낮아짐의 삶입니다. 화려함이나 안락을 기대할 수 없이 거친 돌과 잡목만이 무성한 곳입니다. 그런데 이 광야에는 한 가지 특별한 혜택이 있습니다. 바로 하나님만을 의지하게 된다는 것입니다.

성경에 나오는 하나님의 위대한 종들은 광야에서 사역을 준비하는 시간을 가졌습니다. 모세가 이스라엘을 출애굽 시키라는 하나님의 명령에 순종하여 그 위대한 일을 감당할 수 있었던 것은 광야에서의 40년이 있었기 때문입니다. 다윗이 이스라엘 역사에서 가장 강력하고도 하나님 마음에 합한 왕으로 통치할 수 있었던 것은 7년 간의 광야 생활이 있었기 때문입니다. 권력 지향적이고 자기 신념에 가득 찼던 바울이 기독교 2천년 역사에서 가장 놀라운 선교의 사명과 유럽 복음화의 역사를 이룰 수 있었던 것은 바로 아라비아 사막에서의 3년이 있었기 때문입니다. 이 밖에도 수많은 하나님의 종들이 광야의 시간들을 가졌습니다.

왜 하나님은 이들을 준비시키시면서 광야를 사용하신 것일까요? 화려한 궁궐에서, 멋진 법정에서, 수많은 사람들이 논쟁하는 회당에서 훈련시키지 않고 광야에서 훈련을 시키신 것일까요? 그것은 하나님이 사람을 준비시킬 때 그의 능력을 탁월하게 만드시거나 그의 외적인 조건을 화려하게 만들어 내시는 데 목적이 있지 않기 때문입니다. 하나님께서 누군가를 준비시키실 때는 한 가지를 목적으로 두십니다. 바로 하나님만을 철저하게 의지하며 바라보게 하는 것입니다. 그런 의미에서 광야는 하나님만 바라볼 수 있게 만드는 최적의 장소입니다.

요한이 걸어갔던 길

세례 요한은 수많은 제사장의 자제들과 종교 지도자들이 화려한 건물과 멋진 권력자들의 틈바구니에서 적당히 혜택을 누리며 사람들의 인기를 모으려 했던 시대적 흐름에 반하여 철저하게 하나님만을 바라보았습니다. 그는 하나님이 원하시는 것을 준비하기 위해 광야로 갔습니다. 제사장의 화려한 옷을 벗어 던지고 광야에서 약대 털옷을 입었습니다. 양다리를 뜯어야 할 사람이 메뚜기를 뜯고 석청을 먹기도 했습니다.

사람들이 광야를 힘들어하는 이유가 여기에 있습니다. 사람들은 자꾸 탁월한 능력과 화려한 배경을 준비하는 것에만 관심을 갖습니다. 그러나 하나님은 탁월한 능력을 가진 자와 일하시는 분이 아니라 하나님을 전적으로 의지하며 하나님만 바라보는 자와 일하십니다. 이것이 요한이 걸어갔던 길입니다.

가끔 우리 교회 부목사님들이나 신학교 동문들, 후배들과 사석에서 만날 때마다 제가 부탁하는 것이 있습니다. 너무 세미나 다니는 일에 목숨 걸지 말라는 것입니다. 중요한 것은, 얼마나 많은 사역을 배우는가가 아니라 내가 하나님만을 의지하는 자로 준비되어 있는가입니다. 이것을 붙들면 낭비하는 시간들을 줄일 수 있기에 저는 늘 권면합니다.

세미나를 다니면 몰랐던 목회 정보와 다양한 사역의 내용들을 배울 수 있는 기회가 있습니다. 매우 중요하고 참으로 좋은 일입니다. 그러나 문제는 새로운 세미나가 있을 때마다 열일 제쳐 두고 거기에만 참여하는 목회자들이 있다는 것입니다. 중요한 것은 세미나를 통해 얼마나 많은 목회적인 방법론을 알고 있느냐가 아닙니다. 하나님은 하나님을 전적으로 의지하며 바라보는 자에게 생각지도 못한 지혜를 주시고 방법들을 가르쳐 주십니다. 그러나 하나님을 바라보는 훈련과 준비가 안된 채 그냥 세미나에서 사역 정보만 얻으려고 하면 그렇게 힘들여서 얻은 내용들이 나중에 다 쓸모가 없게 됩니다.

참으로 부끄러운 고백이지만 저에게도 그런 시간들이 있었습니다. 그래서 하나님보다 세미나를 의지하던 시간들이 있었습니다. 제 사무실에는 아직도 그때 모아 놓았던 세미나 바인더들로 가득 차 있습니다. 그런데 그것을 열어본 지 10년도 더 된 것 같습니다. 전혀 사용을 못합니다. 언제부터인가 하나님께서는 제가 바른 목회의 길을 갈 수 있도록 가르쳐 주셨습니다. 중요한 것은 세미나 정보에 밝은 목회자가 아니라 하나님의 뜻에 전적으로 순종하며 하나님만을 바라보는 일에 밝은 목회자가 되는 것임을 가르쳐 주셨습니다.

이것이 어찌 저만의 문제겠습니까? 우리 삶의 현장에서도 그대로 적용됩니다. 현재 일하고 있는 내 일터에서 진정으로 중요한 것은 세상 이치에 얼마나 밝은 자가 되느냐가 아니라 이 상황에서 얼마나 하나님만 의지하며 바라보느냐입니다. 이때 하나님은 내가 일하고 있는 현장에서 남들이 생각지도 못한 방법들을 가르쳐 주십니다. 내 가정에서 우리의 자녀들을 얼마나 능력 있는 자로 만들어 내느냐가 아니라 우리 자녀들을 얼마나 하나님만 전적으로 의지하며 하나님만 바라보는 아이들로 양육하느냐가 더 중요합니다. 그렇게 할 때 우리의 자녀들은 세상이 도저히 따라올 수 없는 복과 형통의 길을 가게 됩니다. 이것이 요한이 걸어갔던 길입니다.

선교지에 갈 때마다 저는 선교사님들의 현재 사역이나 열매에 대하여 한 번도 평가하거나 잘잘못을 이야기해 본 적이 없습니다. 왜냐하면 하나님의 일에 있어서는 그것이 중요하지 않기 때문입니다. 저는 그분들에게 그냥 수고하셨다고 하고 위로해 드립니다. 그러나 마지막에 돌아올 때는 꼭 잊지 않고 이 말을 합니다.

"선교사님! 너무 화려한 성과를 만들어내는 일에 집중하지 마시고 매 순간마다 하나님을 어떻게 의지하며 바라볼 것인가에 집중하세요."

광야에 있어야 하나님을 제대로 볼 수 있다

광야 생활 40년 동안 왜 하나님께서 이스라엘 백성에게 만나를 하루치만큼만 내리셨을까요? 일주일 분량을 한 번에 내려주지 않으시고 말입니다. 그것은 매일매일을 하나님만 의지하며 하나님만 바라보게 하시기 위함이었습니다. 광야 생활 동안 이스라엘 백성이 살아남은 것은 만나 때문이 아니라 하나님 때문이었습니다.

하나님은 40년 간 애굽의 궁궐에서 살았던 모세를 광야로 보내시어 하나님을 의지하는 법을 40년 동안 훈련시키셨습니다. 하나님만 의지하게 하려고 이미 왕으로 기름 부음을 받은 다윗이 광야에서 7년을 살았던 것입니다. 사도 바울이 가지고 있었던 세상의 권력과 힘, 탁월한 율법적 지식을 의지하는 것이 아니라 하나님만을 의지하는 삶을 훈련시키기 위해서 아라비아 사막으로 3년 동안 불러내셨습니다. 광야에 있어야 하나님을 제대로 볼 수 있습니다.

인도의 시인 타고르가 하루는 배에서 촛불을 켜 놓고 '아름다움'이 무엇인가를 소개한 책을 읽고 있는데 바람이 불어 촛불이 꺼졌습니다. 조금 시간이 지나 타고르는 깜깜한 중에 배 안에 들어와 있는 달빛을 보게 되었고, 갑판에 나가 달빛 비치는 강물의 아름다움을 보게 되었습니다. 그는 그때의 감흥을 이렇게 적고 있습니다.

"아름다움이 온통 나를 둘러싸고 있었다. 그럼에도 불구하고 나는 그것을 외면한 채 아름다움에 대한 책을 읽고 있었다. 내가 켜놓은 작은 촛불이 나를 둘러싸고 있던 그 아름다움을 보지 못하게 했다. 작은 촛불 때문에 달빛이 내 안으로 들어올 수 없었던 것이다."

타고르의 말은 우리가 왜 진짜 아름다움을 보지 못하고 사는지를 잘 가르쳐 주고 있습니다. 옛말에 '한눈팔지 말고 살라'는 말이 있습니다. 우리가 집중하지 못하는 이유는 눈에 들어오는 수많은 볼거리들 때문입니다. 촛불 때문에 달빛을 보지 못하는 것처럼 우리 인생은 수많은 볼거리들 때문에 진짜 보아야 할 것을 보지 못하며 살 때가 많습니다. 왜 그럴까요? 왜 보아야 할 것을 보지 못하며 사는 것일까요?

이 부분에 대하여 독일의 신학자 폴 틸리히는 '궁극적인 관심'이라는 말로 설명합니다. 즉 우리가 보는 것은 결국 관심에서 시작된다는 뜻입니다. 관심을 가지면 보입니다.

우리가 달빛을 보지 못하고 촛불에 한눈을 파는 것은 달빛이 주는 진정한 아름다움을 아직 모르기 때문입니다. 이것을 알기 위해서는 광야에 서야 합니다. 도심에 있으면 달빛이 잘 보이지 않습니다. 그러나 광야에 있으면 달빛이 얼마나 아름다운지를 알 수 있습니다.

2010년 1월 한국의 한 일간지에 삼미그룹 2대 회장이었던 김현철 씨에 대한 인터뷰 기사가 실린 적이 있습니다. 이유는 그가 회장직을 내려놓고 요즘 선교사로 활동하고 있기 때문입니다. 한때 특수강 분야에서 세계 1위를 넘볼 정도의 큰 기업을 움직였던 그에게 기자가 물었습니다.

"그 시절 기업가였을 때가 좋았습니까, 선교사인 지금이 좋습니까?"

김현철 씨는 이렇게 대답했습니다.

"15년간 회장을 하면서 행복했던 건 우리가 세계 1위를 할 수 있다는 꿈을 꿨던 잠시뿐이었던 것 같습니다. 나머진 스트레스와 고민의 연속이었습니다. 그런데 선교사가 되고 나니 반대입니다. 모든 걸 내려놓으니 늘 행복합니다."

'세상적인 성공'이라는 촛불에 한눈팔고 살던 그가 '하나님'이라는 달빛에 집중하게 된 것은 직장암이 생기고서였습니다. 그때 그가 바라볼 수 있었던 것은 오직 하나님 한 분뿐이었다고 합니다. 그래서 그는 "살려만 주신다면 남은 인생을 하나님을 위해 살겠습니다" 하고 서원했습니다.

그가 도미니카 공화국에서 선교사로 새롭게 시작하면서 진정한 행복과 기쁨을 누릴 수 있었던 것은 인생의 촛불 때문에 못 보던 진정한 기쁨과 회복의 빛인 예수 그리스도를 볼 수 있게 되었기 때문입니다. 이것이 세례 요한이 갔던 길입니다.

참된 길은 우리 주 예수 그리스도께만 집중하며 그분만을 바라보는 데 있습니다. 예수 그리스도께 집중할 때 세상이 감히 줄 수 없는 새로운 인생의 지혜와 안목이 주어집니다. 예수님만이 우리 인생의 유일한 빛이시기 때문입니다. 그 주님만을 붙들며 바라보십시오. 여러분의 가정과 일터와 삶의 현장이 주님이 주시는 빛으로 인하여 찬란히 빛나기를 간절히 축원합니다.

11

| 마태복음 3:1-4 |

1 그때에 세례 요한이 이르러 유대 광야에서 전파하여 말하되 2 회개하라 천국
이 가까이 왔느니라 하였으니 3 그는 선지자 이사야를 통하여 말씀하신 자라 일
렀으되 광야에 외치는 자의 소리가 있어 이르되 너희는 주의 길을 준비하라 그가
오실 길을 곧게 하라 하였느니라 4 이 요한은 낙타털 옷을 입고 허리에 가죽 띠를
띠고 음식은 메뚜기와 석청이었더라

천국이 가까이 왔느니라

내 인생에는 어떤 수식어가 붙을 것인가?

사람은 누구나 이 세상을 사는 동안에 행한 일로 평가를 받게 되어 있습니다. 좋은 영향력을 끼쳤든 나쁜 영향력을 끼쳤든 그 사람에 대한 평가는 반드시 이루어집니다. 그런데 대부분은 그 사람의 이름 앞에 붙은 수식어가 그에 대한 평가를 말해 줍니다.

'참으로 존경할 수 있는 사람이야', '배려하고 희생하는 사람이었어' 등 좋은 수식어가 붙는 사람이 있는 반면에 '그 사람은 사기꾼이야', '그 사람은 파렴치한이야'라는 부끄러운 수식어가 붙는 사람도 있습니다.

2000년 12월, 메릴랜드 주의 저명한 일간지 중 하나인 〈더 볼티모어 선〉(The Baltimore Sun)에 이런 제목의 기사가 난 적이 있습니다. "지

146

역 졸업생, 로즈 장학생이 되다." 로즈 장학 재단은 세계에서 가장 오래되고 권위 있는 국제 장학 재단으로, 영국 태생의 남아프리카 정치인이었던 세실 로즈(Cecil John Rhodes)가 죽은 해인 1902년에 설립되었습니다. 세계적으로 뛰어난 인재들을 영국 옥스포드 대학으로 안내하는 통로 역할을 하는 재단이었습니다. 신문 기사의 주인공은 당시 존 홉킨스 대학 4학년에 재학 중이던 웨스 무어(Wes Moore)였습니다. 그는 로즈 장학생이 되어, 이듬해 가을 영국 옥스포드 대학원으로 들어가 졸업 때까지 전액 장학금으로 공부했습니다. 옥스포드를 졸업한 그는 흑인 여성으로는 최초로 미 국무장관이 된 콘돌리자 라이스(Condoleezza Rice)의 특별보좌관이 됩니다.

그런데 2000년 12월 그날, 〈더 볼티모어 선〉의 또 다른 지면에 사람들의 관심을 끈 또 다른 기사(記事)가 있었습니다. "웨스 무어(Wes Moore), 경찰을 죽이고 달아나다." 로즈 장학생이 된 웨스 무어와 동명이인인 한 청년이 경찰을 죽인 사건에 대한 기사였습니다. 사건 발생 12일 후, 웨스 무어는 필라델피아의 한 집에서 체포되어 사형 선고를 받았습니다.

미 국무장관의 특별 보좌관이 된 웨스 무어는 같은 날 같은 신문 지면에 기사화된 자신과 이름이 똑같은 웨스 무어를 잊을 수 없었습니다. 그래서 그의 삶을 추적해 보았습니다. 알고 보니, 그는 자신과 얼마 떨어지지 않은 곳에서 어린 시절을 보냈고, 어쩌면 한두 번 스쳤을지도 모르는 동일한 생활환경에서 살았습니다. 2010년에 웨스 무어는 자신과 똑같은 이름인 웨스 무어의 일대기를 책으로 출간했습니다. 제목은 《또 다른 웨스 무어》(The Other Wes Moore)였습니다. 이 책에서 웨스 무어는 이렇게 말합니다.

"으스스할 만큼 무서운 진실은 그의 이야기가 곧 나의 이야기가 될 수 있다는 것이고, 말할 수 없을 만큼 슬픈 진실은 나의 이야기가 곧 그의 이야기가 될 수 있다는 사실이다."

한 사람의 인생에 붙는 평가는 단 한 줄의 수식어로 이루어집니다. 그리고 그 수식어는 그가 어떤 삶의 방향과 목표를 가지고 살았는지로 결정됩니다. '과연 나에게는 어떤 수식어가 붙을 것인가?' 이 질문은 매일, 매 순간 반복해도 결코 과하지 않을 것입니다. 아니, 이 질문을 매 순간 반복해야 삶을 제대로 살아갈 수 있습니다. '나의 이기심과 탐욕을 추구하기 위해 나아가는 인생인가, 아니면 주님께서 가르쳐 주신 참된 생명의 역사를 위해 나아가는 인생인가?' 내가 지금 가고 있는 삶의 방향과 목표가 제대로인지를 점검할 때 바르게 살아갈 수 있습니다.

회개하라 천국이 가까이 왔느니라

수많은 제사장과 선지자들이 있었음에도 세례 요한이 유독 예수 그리스도의 오심을 예비하는 이로 성경에 기록되어 지금도 그 이름이 회자되고 있는 것은 그의 삶의 방향과 목표 때문이었을 것입니다. 세례 요한의 삶의 방향과 목표는 그에게 붙은 한 마디의 수식어로 확인할 수 있습니다. 바로 '광야에 외치는 소리'였습니다. 세례 요한은 과연 무엇을 외치고 살았기에 이런 수식어가 붙은 것일까요? 마태는 2절에서 이렇게 기록하고 있습니다.

"회개하라 천국이 가까이 왔느니라."

이미 살펴본 대로 세례 요한은 말라기 선지자를 끝으로 4백년 간 하나님의 말씀이 중단된 이후에 처음으로 등장한 선지자인 동시에 예수님의 오심을 선포한 구약의 마지막 인물이었습니다. 이런 세례 요한이 예수님의 오심을 예비하며 선포했던 핵심 내용이 '천국이 가까이 왔느니라'였습니다.

천국은 하늘나라입니다. 성경에서는 하늘나라와 하나님 나라가 동일한 뜻으로 사용되고 있습니다. '나라'라고 하면 영토를 생각합니다. 그러나 성경이 말하는 하나님 나라는 영토보다는 '통치'의 의미를 가지고 있습니다. 하나님의 통치가 이루어지는 모든 영역이 하나님 나라입니다.

세례 요한이 말하는 '천국이 가까이 왔다'는 표현은 앞으로 있게 될 종말론적인 천국을 말하는 것이 아닙니다. 여기서의 천국은 바로 하나님의 생명의 통치를 받는 상태를 말합니다. 주기도문에 나오는 '나라가 임하시오며'라는 구절은 빨리 천국이 와서 이 세상의 모든 것이 끝나고 새로운 나라가 이루어지는 것이 아니라 내가 하나님의 생명의 통치 안에 인도함을 받아 하나님의 거룩하신 영광의 역사를 이룬다는 뜻을 가지고 있습니다.

그러면 지금 하나님의 통치가 이루어지지 않았기에 곧 통치하게 될 것이란 뜻으로 '천국이 가까이 왔다'고 한 것일까요? 그렇지 않습니다. 여기서 '가까이 왔다'는 것은 '옆에 놓여 있다'는 뜻으로, 이미 하나님의 통치가 이루어져 왔지만 이 자리에 들어오고 안 들어오고는 우리의 결단이라는 것입니다. 바로 그 놀라운 생명의 통치가 너희 옆에 있으니 결단하고 들어오라는 것입니다. 그런데 이 결단을 위해서는 반드시 한 가지를 해야 합니다. 회개입니다. 자신의 죄를 고백하고 죄를 용서하시는 하나님의 은혜의 도구이신 예수 그리스도를 받아들여야만 하나님의 생명의 통치 안으로 들어올 수 있습니다.

그런 의미에서 천국은 생명의 통치자 예수 그리스도가 핵심입니다. 예수가 천국이며 천국이 예수입니다. 천국을 소개하는 것은 바로 예수를 소개하는 것이며, 천국에 들어가기 위해서는 예수 안에 우리가 들어가야 합니다. 그리고 예수 안에 들어가는 것이 바로 예수를 받아들이는 것입니다. 이것이 이루어지면 놀라운 생명의 통치가 시작됩니다.

이 놀라운 생명의 통치를 세례 요한이 이미 경험하였기에 그는 "회개하라 천국이 가까이 왔느니라"를 한평생 외치며 살 수 있었습니다. 세례 요한에게 붙었던 수식어 '광야에 외치는 자의 소리'는 바로 예수 그리스도를 통한 하나님의 생명의 통치를 확인시켜 준 그의 삶의 방향과 목표였습니다.

생명의 통치를 받는 자가 누리는 축복

이처럼 하나님의 생명의 통치를 향해 삶의 방향과 목표를 세우게 되면 시작되는 놀라운 축복이 있습니다. 누가는 누가복음 3:4-6에서 이렇게 기록하고 있습니다.

> "⁴ 선지자 이사야의 책에 쓴 바 광야에서 외치는 자의 소리가 있어 이르되 너희는 주의 길을 준비하라 그의 오실 길을 곧게 하라 ⁵ 모든 골짜기가 메워지고 모든 산과 작은 산이 낮아지고 굽은 것이 곧아지고 험한 길이 평탄하여질 것이요 ⁶ 모든 육체가 하나님의 구원하심을 보리라 함과 같으니라".

예수 그리스도를 통해 하나님의 생명의 통치를 받는 자에게는 먼저 인생의 골짜기가 메워지는 일이 일어납니다. 사람은 누구에게나 본질적으로 메워도 메워지지 않는 깊은 골들이 있습니다. 마음의 골, 관계의 골, 두려움의 골, 상처와 열등감의 골, 아픔의 골이 있습니다. 그런데 예수 그리스도를 통한 생명의 통치를 받게 되면 이런 골들이 메워집니다. 그리고 인생 앞에 놓여 있는 높은 산이 낮아집니다. 나를 가로막고 있는 인생의 장애물, 넘어도 넘어도 다시금 다가오는 삶의 질고들이 해결된다는 것입니다. 다음으로는 험한 길이 평탄해집니다. 왜곡되어 있고 굽어져 있는 내 인생 길에 시온의 대로가 열린다는 뜻입니다. 그리고 모든 육체가 하나님의 구원하심을 보게 됩니다. 나한 사람이 생명의 통치를 경험하게 됨으로써 하나님을 알지 못했던 사람들이 하나님을 알게 되고 그 생명의 혜택을 누리게 된다는 뜻입니다.

천국의 백성이 된다는 것, 곧 예수 그리스도를 통해 하나님의 생명의 통치를 받게 되면 내 인생의 방향과 목표가 새롭게 변합니다. 무엇을 위해 살아야 할지, 어떠한 길로 가야 할지를 분명하게 보게 됩니다.

제가 하나님의 말씀을 읽는 가운데 솔로몬의 기도에 대해 묵상하게 되었습니다. 그동안 수없이 읽고 또 읽었지만 그날은 솔로몬의 기도를 새로운 관점에서 보게 되었습니다.

> "솔로몬이 이르되 주의 종 내 아버지 다윗이 성실과 공의와 정직한 마음으로 주와 함께 주 앞에서 행하므로 주께서 그에게 큰 은혜를 베푸셨고 주께서 또 그를 위하여 이 큰 은혜를 항상 주사 오늘과 같이 그의 자리에 앉을 아들을 그에게 주셨나이다"(왕상 3:6).

이 기도는 솔로몬이 왕이 된 후 하나님께 일천번제를 드렸을 때 하나님이 그의 꿈에 나타나시자 드린 간구였습니다. 그런데 그가 지혜를 간구하기 전에 먼저 자신의 선왕이었던 다윗을 만나 주신 하나님의 은혜에 대해 감사하고 있습니다. 즉 아버지 다윗이 하나님을 만나 생명의 통치를 받게 되니까 그의 인생에서 골짜기가 메워지고 장애물들이 제거되며 인생의 대로가 열렸고 그 생명의 축복이 솔로몬 자신에게 이어지게 되었다는 것입니다.

이 말씀을 읽는 순간 그동안 제가 놓치고 있었던 한 가지 감사의 제목을 깨닫게 되었습니다. 바로 저의 선친의 삶에 대한 감사입니다. 저의 선친께서는 일제시대에 평안도에서 태어나서 그 어려운 식민지 하에서 어린 시절과 청년 시절을 보내셨습니다. 해방이 되고 이북에 공산정권이 들어섰을 때 많은 사람들이 갈등을 했다고 합니다. 북한에 계속 남아 있을 것인가, 아니면 남한으로 갈 것인가? 이때 아버님은 남한으로 가기로 결정하시고 홀로 3.8선(휴전선)을 넘어 월남하셨습니다. 만일 이때 아버님이 북한에 남아있기로 결정하셨다면 저는 지금 이 자리에 잊지 못했을 것입니다.

그러면 어떻게 그 혼란스럽고 미래를 알 수 없는 상황에서 저의 선친께서는 남한으로 내려오기로 결정하실 수 있었을까요? 장차 북한의 경제는 몰락할 것이요 남한의 경제는 일어날 것이라는 탁월한 안목이 있으셔서 그런 것이 아닙니다. 아버님에게는 어린 시절부터 가슴속에 간직하고 계신 예수 그리스도의 생명의 통치가 있었기 때문입니다. 이 생명의 통치는 앞으로 어떻게 살아야 하고 무엇을 목표로 해야 하는지를 분명하게 보여주었습니다. 그래서 아버님은 오직 하나님을 믿고 예배할 수 있는 자유가 보장된 곳이라면 어떤 상황이 벌어지든 그 길을 가기로 결정하셨고, 그래서 월남하신 것입니다. 아마도 많은 분들이 제 아버님처럼 신앙의 자유를 위해 월남하셨을 것이라 믿습니다.

그로 인해 저는 자유가 보장된 남한 사람이 되었고, 아버님의 생명의 통치와 삶을 향한 목표 때문에 저 역시 하나님의 생명의 통치를 받는 인생이 될 수 있었습니다. 이것을 생각하니 감사하지 않을 수 없습니다.

그리스도인이라는 수식어

생명의 통치가 이루어지는 곳이 천국입니다. 사도 바울은 이 놀라운 사실을 이렇게 말합니다.

> "하나님의 나라는 먹는 것과 마시는 것이 아니요 오직 성령 안에 있는 의와 평강과 희락이라"(롬 14:17).

하나님의 나라, 곧 하나님의 생명의 통치 아래 있는 자는 먹는 것과 마시는 것을 삶의 방향과 목표로 삼지 않습니다. 그들은 생명의 통치를 이루시는 예수 그리스도를 삶의 방향과 목표로 삼습니다. 그래서 예수 그리스도께서 주시는 의와 평강과 희락의 축복 때문에 인생을 사는 동안에, 그리고 인생이 끝나는 날, '그리스도를 따른 자' 곧 '성도'라는 수식어를 받게 됩니다.

우리에게 붙여질 수식어 가운데 가장 영광스럽고 복된 수식어는 바로 '그리스도인'이라는 수식어라 믿습니다. 교회에 앉아 있다고 다 성도가 아닙니다. 성도는 진정 그리스도의 생명의 능력과 은혜의 혜택인 의와 평강과 희락을 누리고, 보여주며 소개하는 자입니다. 그래서 일찍이 바울과 바나바가 모진 핍박에도 불구하고 안디옥에서 예수 그리스도의 참된 평강과 기쁨의 능력을 보여주기 시작했을 때 그곳에 모인 무리가 비로소 '그리스도인'이라 일컬음을 받게 된 것입니다(행 11:26). 그리스도인이라는 말은 바로 예수 그리스도의 생명의 통치를 받고 있는 자만이 가질 수 있는 수식어입니다.

우리는 예수 그리스도의 생명의 통치를 받아 삶에서 진정으로 의와 평강과 희락을 누리며 보여주는 진정한 그리스도인이 되어야 합니다. 그리하여 그리스도인들에게만 허락된 그 놀라운 축복, 인생의 골짜기가 메워지고, 인생의 산들이 해결되며, 막혔던 인생 길이 뚫리고, 다른 이에게 생명의 역사를 전하며 보여주는 은혜가 여러분의 모든 삶 가운데 계속해서 일어나기를 주님의 이름으로 축원합니다.

12

5 이때에 예루살렘과 온 유대와 요단 강 사방에서 다 그에게 나아와 6 자기들의 죄를 자복하고 요단 강에서 그에게 세례를 받더니 7 요한이 많은 바리새인들과 사두개인들이 세례 베푸는 데로 오는 것을 보고 이르되 독사의 자식들아 누가 너희를 가르쳐 임박한 진노를 피하라 하더냐 8 그러므로 회개에 합당한 열매를 맺고 9 속으로 아브라함이 우리 조상이라고 생각하지 말라 내가 너희에게 이르노니 하나님이 능히 이 돌들로도 아브라함의 자손이 되게 하시리라 10 이미 도끼가 나무 뿌리에 놓였으니 좋은 열매를 맺지 아니하는 나무마다 찍혀 불에 던져지리라 11 나는 너희로 회개하게 하기 위하여 물로 세례를 베풀거니와 내 뒤에 오시는 이는 나보다 능력이 많으시니 나는 그의 신을 들기도 감당하지 못하겠노라 그는 성령과 불로 너희에게 세례를 베푸실 것이요 12 손에 키를 들고 자기의 타작 마당을 정하게 하사 알곡은 모아 곳간에 들이고 쭉정이는 꺼지지 않는 불에 태우시리라

회개에 합당한 열매

새로운 나라에 맞는 법과 질서

사람이 다른 나라의 백성이 되기 위해서는 모국에서 누리던 권리와 혜택을 포기해야 할 뿐만 아니라 새로운 나라가 요구하는 책임과 의무를 기꺼이 감당해야 합니다. 예를 들면 이런 것입니다. 이민자들이 미국에 와서 시민권을 취득할 때에 모든 법적 절차를 마쳤다 할지라도 반드시 마지막에 통과해야 하는 가장 중요한 한 가지가 있습니다. 바로 'Naturalization Oath Ceremony'라 불리는 '귀화 선서 행사'입니다. 이 행사의 핵심은 판사 앞에서 손을 들고 미국에 대한 다섯 가지 '충성을 맹세'(Oath of Allegiance)하는 데 있습니다. 첫째는 미국 헌법에 대한 충성맹세이며 둘째는 기존에 속해 있던 나라에 대한 충성을 포기하는 것이며 셋째는 국가 안팎의 적들로부터 헌법을 보호하겠다는 서약이고 넷째는 법률이 정한 경우 병역의 의무를 감당하겠다는 서약이며 다섯째는 국가의 중대 사건 때 시민으로서의 의무를 다하겠다는 서약입니다. 이 다섯 가지 충성맹세의 핵심은 기존에 속해 있던 나라에서 누리던 모든 것을 포기하고 미국이 요구하는 책임과 의무를 기꺼이 감당하겠다는 것에 있습니다. 이 충성맹세의 내용을 보면서 참으로 성경이 말하는 하나님 나라의 백성이 되는 원리와 똑같다는 생각을 했습니다. 미국 헌법을 만들고 이 나라를 건국했던 지도자들이 철저하게 하나님 말씀의 원리를 기초로 하였기 때문에 이런 내용이 들어간 것은 너무도 당연할 수밖에 없습니다.

이처럼 한 나라에 속하는 것은 그냥 되는 것이 아닙니다. 철저한 책임과 의무가 따릅니다. 만일 나라에 대한 책임과 의무를 다하지 않은 채 자신에게 필요한 권리와 이익만 추구한다면 그는 그 나라에 속할 자격이 없습니다. 더욱이 기존에 속해 있던 나라에서 하던 나쁜 습성이나 관습을 버리지 못하고 그대로 한다면 그는 결코 새로운 나라에서 정상적으로 살 수 없습니다.

한국에서 술을 마시고 거리에서 시끄럽게 떠들며 노래하는 것이 법적으로 문제가 없었다 해서 미국에 와서도 그렇게 한다면 그는 정상적으로 살 수 없습니다. 어린아이들을 집에 혼자 두거나 벌을 줄 때 회초리를 드는 것이 한국에서 아무런 문제가 없었다고 해서 미국에서도 그렇게 하면 큰일납니다. 정당한 방법이 아니라 적당히 뇌물을 주고 좀더 빨리 일을 진행하려는 방법이 한국에서는 어느 정도 용인되었는지는 모르지만 미국에서 그런 일은 결코 용납되지 않습니다. 왜냐하면 미국에서는 그런 것들이 심각한 법적인 문제가 되기 때문입니다. 새로운 나라에서는 새로운 법과 질서를 지켜야 합니다. 나에게 법을 맞추어서는 안 되고 내가 법에 맞추어야 합니다. 새로운 나라가 요구하는 책임과 의무를 다하는 것이 능력입니다.

이것이 하나님 나라 백성들에게 주님이 요구하시는 모습이기도 합니다. 하나님 나라의 법이 우리에게 맞추는 게 아니라 우리가 하나님 나라의 법에 맞추어야 합니다. 그래서 하나님 나라의 백성이 되기 위해서는 이전에 누리던 세상 나라의 습성과 행위를 철저하게 버려야 합니다. 그리고 하나님 나라가 요구하는 새로운 책임과 의무를 기꺼이 감당해야 합니다. 세상 나라에서 누리던 권리와 혜택을 포기하고 좋지 못한 습성과 행위를 버리는 것을 '회개'라고 합니다. 그리고 하나님 나라가 요구하는 새로운 책임과 의무를 감당하는 것을 '열매 맺는 삶'이라고 말합니다. 참다운 능력의 그리스도인은 그래서 매일 회개의 삶이 이루어지는 것에서 출발해야 하고 매일 새로운 열매를 맺는 것으로 증명되어야 합니다.

생명의 통치 안으로 들어가는 유일한 관문, 회개

'광야에서 외치는 자의 소리'라 불리던 세례 요한이 한평생 추구하며 살았던 삶의 목표는 예수 그리스도의 오심을 예비하는 것이었습니다. 예수님의 오심을 예비한다는 것은 예수 그리스도로 인하여 이루어질 하나님 나라의 생명의 통치를 알리고 촉구하는 것입니다. 천국이 가까이 왔다는 것은 이제 곧 천국이 이루어지게 된다는 뜻이 아니라 천국이 이미 우리 옆에 놓여 있으니 결단하고 하나님의 생명의 통치 안으로 들어오라는 것입니다. 하나님의 생명의 통치 안으로 들어오기 위해서는 반드시 거쳐야 하는 관문이 있습니다. 바로 회개입니다. 그러면 회개가 무엇이기에 이것이 하나님 나라의 생명의 통치 안으로 들어가는 유일한 관문이 되는 것일까요?

이 회개는 바로 전에 누리던 세상 나라의 혜택과 권리를 포기하는 것이며, 세상 나라에서 누리던 나쁜 습성과 행위를 버리는 것입니다. 세상 나라에 살 때는 어떤 것을 하든지 거리낌이 없었습니다. 죄 때문입니다. 죄가 무엇입니까? 하나님이 정해 놓으신 기준에서 어긋나는 것입니다. 성경에서는 죄를 '하마르티아'라고 말합니다. 즉 과녁에서 벗어난 것을 말합니다. 하나님이 정해 놓으신 기준에서 조금이라도 벗어나면 그것이 죄입니다. 그런데 이 죄를 그냥 두면 아주 심각한 문제가 일어납니다. 바로 우리 영혼의 감각이 무뎌진다는 것입니다. 죄는 우리의 양심을 굳은살처럼 딱딱하게 만드는 이상한 물질입니다. 이 굳은살 같은 죄된 본성이 가득 차 있으면 그 영혼은 더 이상 하나님을 보지 못합니다. 마음은 영혼의 창문과 같은데 이 창문에 죄가 끼어 있으니 영혼으로 보아야 할 영적인 세계를 보지 못합니다. 죄가 있는 곳에 깨달음이 없는 이유가 여기 있습니다. 그러면 이 문제를 어떻게 해결할 수 있습니까?

이것은 두 가지 단계로 풀어야 합니다. 먼저는 죄에 대한 인정입니다. 우리는 스스로 죄된 본성을 가지고 있는 자임을 인정해야 합니다. 전에는 미움과 질투가 죄라는 것을 인정하지 않았지만 이제는 그것이 죄임을 인정해야 합니다. 누군가를 마음에서부터 싫어하고 거부하는 것, 음란한 생각을 하는 것, 거짓된 방법을 동원하고 싶은 마음이 모두 죄라는 것을 인정해야 합니다. 다음으로는 죄를 고백하는 것입니다. 자신의 인격으로 이 죄를 고백하는 것입니다. 고백할 때는 반드시 이 죄를 용서하시는 하나님의 은혜의 방편을 붙들어야 합니다. 바로 예수 그리스도의 십자가 공로입니다.

예수의 대속의 피 밖에는 우리의 죄를 해결할 방법이 없습니다. 더러운 것은 물로 씻지만 죄는 예수님의 피로 씻습니다. 그러므로 우리는 내가 알지도 못했을 때, 하나님이 나를 먼저 아셔서 내가 치러야 할 죄의 대가를 예수님이 대신 지게 하셨음을 알아야 합니다. 예수님을 십자가에 죽게 하심으로 그 대가를 치르게 하셨다는 것을 인정해야 합니다. 그리고 그 은혜를 힘입어 우리는 죄에 대해 용서를 구해야 합니다. 이 죄의 문제를 해결하는 두 가지 단계에서 언제나 잊지 말아야 할 것이 있습니다. 반드시 죄를 인정하고 고백을 할 때는 성령을 의지해야 한다는 것입니다. 성령께서 우리의 마음을 붙드시고 감동을 주시면 내가 인격적으로 죄를 인정하고 죄를 진심으로 고백할 수 있게 됩니다.

이것이 되면 우리에게 나타나는 능력이 있습니다. 바로 죄 씻음의 역사입니다. 하나님은 미쁘시고 의로우신 분이기 때문에 우리가 죄를 고백하기만 하면 용서해 주시겠다 약속하셨습니다. 이 약속을 믿고 우리가 날마다 성령을 의지하여 죄를 고백하면 하나님은 성령을 통해서 우리 죄를 씻어 주십니다. 이것을 우리는 진정한 의미의 세례라고 말합니다. 세례 곧 죄 씻음은 세상 나라의 습성과 행위, 세상에서 누리던 옛 권리와 혜택을 포기하게 만드는 능력입니다. 그래서 세례는 세상에 속해 있던 자가 하나님 나라의 백성이 되는 가장 중요한 관문입니다.

간혹 성도들 가운데 다시 세례를 받을 수 없냐는 질문을 하시는 분들이 계십니다. 그 이유를 물어보니 옛날에 받은 세례는 그 의미도 모르고 얼떨결에 받은 거라는 것입니다. 어떤 분은 부인이 하도 받으라고 해서 세례를 받았다고 하시고, 어떤 분은 군대에서 부활주일에 세례 받으면 단팥빵과 십자가 목걸이를 준다는 말에 아무 생각없이 세례를 받았다고도 하십니다. 그런 분들이 후에 인격적으로 예수를 만나고 말씀의 양육과 훈련을 받고 나서 보니까 그때 받은 세례는 가짜였다는 생각이 든 것입니다. 충분히 이해할 수 있는 부분입니다.

그렇다고 이분들이 다시 세례를 받을 수 있는 것은 아닙니다. 왜냐하면 아무리 생각 없이 받은 세례일지라도 예수 그리스도의 이름으로 받은 것이기 때문입니다. 만일 그들이 다시 세례를 받는다면 세례 받았을 당시에 선포된 예수 그리스도의 이름을 가짜로 만드는 게 됩니다. 그것을 방지하기 위해서 세례는 다시 베풀지 않습니다.

그러면 이런 분들이 가지고 있는 문제는 어떻게 해결할 수 있습니까? 세례예식을 다시 받는 것이 아니라 나의 인격과 신앙으로 진짜임을 고백하면 됩니다. 이것을 입교(Confirmation)라고 말합니다. 세례에서 가장 중요한 것은 의식과 형식이 아니라 그 중심 내용입니다. 내가 예수 십자가의 공로로 죄를 회개함으로 모든 본질적인 씻음을 받았다면 그것으로 이미 세례가 이루어진 것입니다. 이것은 세례예식보다 더 중요합니다.

과거 세상에 속한 백성으로 살던 내가 예수 그리스도의 십자가 공로로 죄 사함을 받았으니 이제는 더 이상 세상 사람이 아니라 하나님 나라의 사람입니다. 하나님 나라의 백성에게는 하나님의 생명의 통치가 시작되기 때문에 이제는 그 나라에 걸맞는 삶을 사는 것이 세례의식을 다시 받는 것보다 더 중요합니다. 그래서 세례라는 형식을 다시 취하는 것보다 더 중요한 것이 내 마음에서 우러나오는 고백을 하는 것입니다.

회개에 합당한 열매를 맺으라

죄 씻음의 역사를 경험하면 영혼은 그 자리에 머물지 않고 하나님 나라의 책임과 의무를 기꺼이 감당하는 능력이 생깁니다. 이것을 성경은 '회개에 합당한 열매'라고 부릅니다. 그래서 세례 요한은 세례 받으러 나온 바리새인과 사두개인들을 향하여 독사의 자식들이라고 욕을 한 것입니다.

"7 요한이 많은 바리새인들과 사두개인들이 세례 베푸는 데로 오는 것을 보고 이르되 독사의 자식들아 누가 너희를 가르쳐 임박한 진노를 피하라 하더냐 8 그러므로 회개에 합당한 열매를 맺고"(마 3:7-8).

속으로는 죄를 전혀 고백하지도 않고 하나님 나라의 백성답게 사는 모습도 없이 세례를 받는 것은 아무런 의미가 없다는 경고입니다. 만일 진정으로 죄를 고백하고 죄 씻음의 역사를 경험했다면 그 회개에 합당한 열매가 맺힐 수밖에 없습니다. 그래서 자기 죄를 고백하는 자들을 향해서 세례 요한이 기꺼이 세례를 베푸는 것을 볼 수 있습니다.

"자기들의 죄를 자복하고 요단 강에서 그에게 세례를 받더니"(마 3:6).

그런 의미에서 회개는 뉘우침과 구별되어야 합니다. 뉘우침은 과거의 잘못과 죄에 대하여 돌아보고 괴로워하는 것으로 끝나지 중심의 변화는 수반되지 않습니다. 반면 회개는 과거의 잘못을 뉘우칠 뿐만 아니라 지금까지 걸어오던 죄악의 길에서 발길을 돌려 하나님을 향해 새롭게 나아갑니다. 그러므로 회개에 대한 가장 정확한 단어는 're-pent' 보다는 'turn' 이라 할 수 있습니다.

베드로와 가룟 유다는 모두 주님을 배신한 점에서는 차이가 없지만 베드로는 회개함으로 하나님 나라의 백성다운 삶으로 나아간 반면 가룟 유다는 뉘우침만 있었기에 스스로 멸망의 길을 걸어야 했습니다. 뉘우침만으로는 결코 능력이 되지 못합니다. 능력은 진정한 회개에서 나옵니다.

그러면 왜 회개가 후회나 뉘우침으로 끝나지 않고 미래를 향하여 나아가는 능력이 되는 것일까요? 회개를 통한 죄 씻음의 역사가 바로 예수 그리스도와의 연합을 이루기 때문입니다. 이 부분에 대해 사도 바울은 이렇게 말씀합니다.

> "4 그러므로 우리가 그의 죽으심과 합하여 세례를 받음으로 그와 함께 장사되었나니 이는 아버지의 영광으로 말미암아 그리스도를 죽은 자 가운데서 살리심과 같이 우리로 또한 새 생명 가운데서 행하게 하려 함이라 5 만일 우리가 그의 죽으심과 같은 모양으로 연합한 자가 되었으면 또한 그의 부활과 같은 모양으로 연합한 자도 되리라"(롬 6:4-5).

사도 바울은 세례를 예수 그리스도와의 연합이라고 말합니다. 세례는 죄 씻음을 말하는 것입니다. 즉 세례를 받음으로 죄인이었던 내가 예수 그리스도와 함께 죽었다가 예수 그리스도와 함께 다시금 새 생명의 역사를 누리게 됩니다. 이것이 회개한 자에게 일어나는 능력입니다. 참된 회개의 삶은 후회와 뉘우침으로 끝나지 않고 미래를 향하여 생명의 역사를 이루는 열매를 맺게 되어 있습니다.

몇 해 전 한국 전직 대통령의 비자금 문제가 큰 이슈가 된 적이 있습니다. 참으로 안타까운 사실은 한 나라의 대통령을 지낸 사람이 부끄러운 일을 저지르고도 그 문제 앞에 전혀 참회하거나 사죄하는 모습이 없었다는 것입니다. 그러나 이보다 더 부끄러운 일이 있었습니다. 이름만 대면 누구나 알 수 있는 한 개신교의 지도자가 전직 대통령이 자신을 찾는다는 이유로 그 집을 방문해 기도해 주었다는 사실입니다. 죄가 있으면 바르게 그 문제를 해결하도록 가르치고 그 문제에서 헤어나도록 하는 것이 바른 신앙인의 모습일 것입니다. 이것이 이루어 지지 않는다면 한국 교회는 아무리 천만 명이 넘는 신도수를 자랑할 지라도 현 한국 사회에 전혀 능력을 발휘할 수가 없습니다.

이와는 반대로 자신의 작은 행동으로 진정한 생명의 능력, 곧 삶의 열매를 보여준 아름다운 일이 있습니다. 2013년도 슈퍼볼에서 우승을 차지한 볼티모어 레이븐스팀이 오바마 대통령의 초대를 받고 백악관을 방문했습니다. 매년 슈퍼볼 우승팀을 대통령이 초대하는 연례행사 중 하나입니다. 그런데 이 행사가 유독 많은 사람들의 관심이 된 것은 이 행사 참석을 거부한 맷 버크(Matt Birk) 선수 때문입니다. 수많은 사람들이 왜 그가 참석을 거부했는지 궁금해 하자 그는 미네소타의 한 지역 라디오 방송에서 이 같이 밝혔습니다.

"나는 대통령직에 대한 깊은 존경심을 갖고 있습니다. 그러나 몇 주 전에 저는 오바마 대통령이 '하나님이 낙태 단체를 축복하시기를'이라고 한 말을 들었습니다. 나는 백악관을 방문해 마치 오바마 대통령의 낙태지지에 나 역시 동의하는 것처럼 보이고 싶지 않았습니다. 이 단체는 매년 33만 명의 생명을 빼앗고 있습니다. 나는 어떤 방식으로도 이런 행동에 동조할 수 없습니다. 이것이 내가 신앙 양심상 백악관의 초청을 거부한 이유입니다."

맷 버크 선수는 독실한 신자로 2013년 슈퍼볼을 끝으로 은퇴를 선언했습니다. 그렇기 때문에 이번 백악관 방문은 자신의 인생에 처음이자 마지막으로 찾아온 기회였습니다. 그럼에도 그가 기꺼이 그런 기회를 포기한 것은 하나님 나라의 법칙을 따라 마땅한 책임과 의무를 다하려는 생명의 능력이 그 안에 있었기 때문입니다.

생명의 능력은 삶의 현장에서 그 열매를 맺게 되어 있습니다. 진정으로 회개한 자는 세상 나라의 원리와 기준에 타협하거나 동조하는 것이 아니라 하나님 나라의 원리와 기준을 위해 기꺼이 자신의 모든 것을 바칩니다. 이 능력만이 성도를 성도되게 하고, 교회를 교회 되게 하며, 하나님 나라의 백성으로 하여금 세상을 이기며 변화시키게 할 것입니다.

세상 권력이나 화려함에 굽신거리는 자들이 되지 마십시오. 어떤 조건과 환경에서도 하나님 나라의 백성다움과 품위와 능력을 잃어버리지 않기를 간절히 소원합니다. 그리하여 하나님 나라의 백성에 걸맞는 생명의 열매를 날마다 맺어 세상을 향해 당당하게 나아가는 능력을 보여주기를 간절히 축원합니다.

| 마태복음 3:10-12 |

10 이미 도끼가 나무 뿌리에 놓였으니 좋은 열매를 맺지 아니하는 나무마다 찍혀 불에 던져지리라 11 나는 너희로 회개하게 하기 위하여 물로 세례를 베풀거니와 내 뒤에 오시는 이는 나보다 능력이 많으시니 나는 그의 신을 들기도 감당하지 못하겠노라 그는 성령과 불로 너희에게 세례를 베푸실 것이요 12 손에 키를 들고 자기의 타작마당을 정하게 하사 알곡은 모아 곳간에 들이고 쭉정이는 꺼지지 않는 불에 태우시리라

알곡과 쭉정이

알곡 인생 쭉정이 인생

저같이 도시에서 태어나 도시에서 자란 사람은 농촌의 일이 참으로 생소하고 익숙하지 않습니다. 그렇지만 저 같은 사람도 어린 시절 도시에서 심심치 않게 볼 수 있었던 시골 풍경이 한 가지 있었습니다. 바로 키질입니다. 제가 살던 동네 방앗간 앞마당에서는 매일 아침 할머니 한 분이 커다란 멍석 위에 곡식들을 펼쳐 놓고 키질을 하셨습니다. 그 할머니가 키질을 할 때마다 단단한 알맹이는 안쪽으로 몰리고 검불이나 쭉정이는 바깥쪽으로 몰리곤 했습니다. 그러면 키를 톡톡 흔들어 검불이나 쭉정이를 떨어내셨는데, 어린 제 눈에 그 모습이 참으로 신기해 보였습니다. 키질의 백미는 알맹이는 안쪽으로 쭉정이는 바깥쪽으로 몰아내는 데 있습니다. 키질을 하면 단단한 알맹이는 제

자리에 떨어지지만, 쭉정이는 바람에 날려 바깥쪽으로 밀려나는 것입니다.

키질을 통해 우리는 인생의 끝을 가늠해 볼 수 있습니다. 이 세상을 사는 동안 인생을 알곡과 같이 사는 사람도 있지만 쭉정이 같이 사는 사람도 있습니다. 같이 섞여 있을 때는 잘 모르지만 인생의 바람이 불면 이것은 분명하게 구별됩니다. 그리고 이 구별은 인생이 끝나는 날에 확연하게 다른 길을 가게 합니다. 세례 요한은 예수님이 모든 인생이 끝나는 날에 키질을 통해 알곡과 쭉정이를 구별해 내시는 분이라 하면서 이렇게 소개하고 있습니다.

"손에 키를 들고 자기의 타작마당을 정하게 하사 알곡은 모아 곳간에 들이고 쭉정이는 꺼지지 않는 불에 태우시리라"(마 3:12).

인생은 두 가지의 모습만 있습니다. 알곡 인생과 쭉정이 인생입니다. 알곡은 곳간에 들어가지만 쭉정이는 영원히 꺼지지 않는 불에 들어갑니다. 알곡과 쭉정이의 분리는 우리 주님만이 하십니다. 그런데 더 놀라운 사실은 내가 알곡인지 쭉정이인지는 다른 사람은 구별 못해도 나 스스로는 알 수 있다는 사실입니다. 스스로 알곡인 줄 알았다가 쭉정이로 판명되지는 않습니다. 하나님은 우리 스스로에게 알곡 인생인지 쭉정이 인생인지를 결정할 수 있는 여러 가지 결단들과 기회를 주셨기 때문입니다. 그렇기 때문에 내가 과연 예수님의 키질 앞에 바람에 날려 버리는 쭉정이 인생인가 아니면 알맹이가 꽉 들어찬 알곡 인생인가는 내 인생이 끝나기 전에도 분명히 알 수 있게 됩니다.

예수가 있는 사람은 생명이 있다

그러므로 '나는 과연 알곡 인생인가 쭉정이 인생인가'를 질문하는 것보다 더 중요한 것이 '나는 과연 알곡 인생이 되기 위해 하나님이 주신 기회를 붙들었는가'입니다. 이 질문은 인생의 끝에 하는 것이 아닙니다. 이 질문은 내 인생이 아직 진행되고 있을 때 해야 합니다. 인생의 끝에는 이 질문을 해도 소용없습니다. 인생의 끝에는 곳간에 들어가느냐 아니면 꺼지지 않는 불에 들어가느냐만 남아 있기 때문입니다. 그렇기 때문에 이 질문은 인생의 그 어떤 질문보다 더 중요하면서도 가장 먼저 물어야 하는 것입니다. 이것은 아무리 되새겨 물어도 지나치지 않습니다.

이 질문에 답을 하기 위해서는 알곡과 쭉정이가 무엇인지 알아야 합니다. 세례 요한은 예수님을 소개하면서 우리 인생을 알곡과 쭉정이로 반드시 구별해 내시는 분이라 했습니다. 왜 구별하십니까? 알곡은 모아 곳간에 들이시고 쭉정이는 꺼지지 않는 불에 태우시기 위함입니다. 여기서 곳간은 영원한 생명의 장소 곧 천국을 말하고, 꺼지지 않는 불은 지옥을 말합니다. 알곡은 영원한 생명의 나라 천국에 들어가지만 쭉정이는 영원히 꺼지지 않는 지옥에 들어갑니다. 생명의 나라는 그 안에 생명을 소유한 사람만이 들어갈 수 있는데, 생명의 능력은 영원한 생명의 나라에 들어가기 위한 입장권과 같습니다. 그러면 어떻게 해야 생명의 능력을 소유할 수 있습니까? 사도 요한은 요한일서 5:10-13에서 그 방법을 가르쳐 주고 있습니다.

> "10 하나님의 아들을 믿는 자는 자기 안에 증거가 있고 하나님을 믿지 아니하는 자는 하나님을 거짓말하는 자로 만드나니 이는 하나님께서 그 아들에 대하여 증언하신 증거를 믿지 아니하였음이라 11 또 증거는 이것이니 하나님이 우리에게 영생을 주신 것과 이 생명이 그의 아들 안에 있는 그것이니라 12 아들이 있는 자에게는 생명이 있고 하나님의 아들이 없는 자에게는 생명이 없느니라 13 내가 하나님의 아들의 이름을 믿는 너희에게 이것을 쓰는 것은 너희로 하여금 너희에게 영생이 있음을 알게 하려 함이라."

자기 안에 예수가 있는 사람은 생명이 있습니다. 하나님은 예수님을 통해서 우리에게 영원한 생명을 주십니다. 그래서 영원한 생명을 얻기 위해서는 예수 그리스도가 내 안에 계셔야 합니다. 내 삶에 예수를 인격적으로 받아들이기만 하면 영원한 생명이 시작됩니다. 이것을 우리는 예수님을 믿는다, 혹은 구원을 받는다고 표현합니다. 예수를 받아들이기 위해서는 먼저 나 자신의 죄를 인정하고 그 죄를 고백할 수 있어야 합니다. 이것은 삶에서 드러난 죄뿐만 아니라 내 내면 속에 깊이 죄성이 박혀 있음을 인정하고 고백하는 것을 말합니다. 다음으로, 예수 그리스도를 나의 구주로 영접하겠다는 고백을 하는 것입니다. 이 순간 하나님은 성령의 역사를 통해 내 안에 하나님의 아들 예수 그리스도가 거할 수 있도록 하십니다. 그렇게 되면 우리 안에는 영원한 생명이 시작되고 우리의 인생이 끝나는 날 곧 심판의 때에 영원한 생명의 나라에 들어가게 됩니다.

여러분에게는 지금 생명이신 예수 그리스도가 계십니까? 다시 묻겠습니다. 여러분은 지금 알곡 교인입니까, 쭉정이 교인입니까?

생명의 능력 vs. 자기 열심

알곡과 쭉정이 문제가 나오면 늘 하는 오해가 있습니다. 알곡은 실한 것이요, 쭉정이는 실하지 못한 것이라는 생각 때문에 알곡 교인은 열심이 있고 봉사도 잘하며 교회에서 남들에게도 인정받는 적극적인 성도요, 쭉정이 교인은 열심도 없고 봉사도 안하고 인정도 받지 못하는 소극적인 성도라는 오해입니다.

그러나 자기 안에 생명의 능력이 없으면서도 열심을 낼 수 있습니다. 생명이 없는데도 사람들과 관계를 잘 맺을 수 있고 교회를 오래도록 다닐 수 있습니다. 그런데 자신은 압니다. 자기 안에 생명이 있어서 그렇게 하는지, 아니면 인간적인 방법과 열심으로 그렇게 하는지…. 목사인 저는 잘 모릅니다. 저 성도가 생명이 있어서 열심인지 인간적인 열심을 내는 것인지 알 길이 없습니다.

열심이 있는 분들을 보면 모두가 그 안에 생명이 있는 것처럼 보입니다. 그런데 인간적인 열심과 생각으로 행하는 사람들은 늘 결과가 좋지 않습니다. 생명의 능력이 없기에 생명의 열매가 그 자리에 맺히지 못합니다. 열심은 있지만 다툼이 있습니다. 생명의 능력이 없는 열심 때문에 아픔과 분열이 일어납니다. 생명의 역사가 없기에 만나는 자들에게 상처를 주고 절망케 하며 공동체를 하나 되지 못하게 합니다. 그러나 생명의 능력으로 이루어진 열심과 헌신은 그 자리에 생명의 열매를 맺게 합니다. 생명력 있는 열심은 낙심하는 사람들에게 용기를 주고, 절망 가운데 있는 사람들에게 새로운 삶의 소망과 방향을 제시합니다. 분열되고 찢겼던 관계들이 생명의 능력으로 섬기는 그 사람 때문에 하나 되고 힘을 얻습니다.

우리의 열심과 봉사 때문에 생명의 능력이 이루어지는 것이 아니라 생명의 능력이 있기 때문에 진정한 열심과 봉사가 이루어지게 됩니다. 그런 의미에서 알곡이 된다는 것은 행위의 문제가 아니라 자격의 문제요, 신분의 문제입니다. 생명의 신분을 얻은 알곡이기에 알곡답게, 생명의 능력이 있는 자답게 살게 되어 있습니다. 여러분에게는 예수 그리스도의 영원하신 생명의 능력이 있습니까? 생명의 능력이 있는 자는 하나님께서 심판 때에 영원한 생명의 나라로 모으십니다. 뿐만 아니라 이 세상을 사는 동안에 보장하신 삶의 유익을 누립니다. 이 세상을 사는 동안 새로운 가치와 기준으로 살게 되는 것입니다.

덴마크 출신의 기독교 신학자요, 실존주의 철학자로 우리에게 잘 알려져 있는 키에르케고르가 전하는 유명한 이야기가 있습니다.

"어느 날 한 상점에 도둑이 침입했습니다. 그런데 그 도둑은 물건을

훔치는 대신 상점 물건의 모든 가격표를 바꾸어 놓았습니다. 다음날 출근한 상점 주인과 점원은 놀랄 수밖에 없었습니다. 수천 불하는 다이아몬드 목걸이에는 2불짜리 가격표가 붙어 있었고, 수십 불 하는 가죽 구두에는 50센트가 붙어 있었습니다. 그리고 불과 1불도 안 되는 연필에는 75불의 가격표가 붙어 있었고, 장난감에는 수천 불의 가격표가 붙어 있었습니다." 키에르케고르는 이 상점에 침입한 도둑은 어떤 물건도 훔쳐가지 않았지만 그 안에 있는 모든 물건들의 본질적인 가치를 훔쳐간 것이라 말하면서 이렇게 결론을 맺었습니다. "하나님 나라의 복음이 이와 같은 것이다."

그렇습니다. 하나님 나라의 영원한 생명의 역사를 선포하는 것이 바로 복음이며, 이 복음이 선포되는 곳마다 가치와 기준이 달라집니다. 생명의 문제 앞에는 그 어떤 것도 비교되거나 바꿀 수 있는 것이 없습니다. 우리가 그렇게도 붙들고 쌓아 놓으려 하는 것들도 생명에 비하면 아무런 가치가 없습니다. 진정으로 가치있는 것은 영원한 생명을 소유하는 것입니다.

그래서 가치관이 달라지게 되면 우리 인생의 방향이 분명해집니다. 바로 영원한 생명의 역사를 계속해서 이루어가는 것입니다. 그런 의미에서 영원한 생명을 소유한 알곡 성도는 새 생명의 탄생을 경험할 수밖에 없습니다.

생명이 있으면 과실을 많이 맺는다

"나는 포도나무요 너희는 가지라 그가 내 안에, 내가 그 안에 거하면 사람이 열매를 많이 맺나니 나를 떠나서는 너희가 아무 것도 할 수 없음이라"(요 15:5).

영원한 생명의 본체이신 예수 그리스도 안에 있는 자는 과실을 많이 맺는다고 했습니다. 여기서 과실이란 생명의 과실을 의미합니다. 주님은 이것을 '사랑'이라고 표현하셨습니다.

"너희가 열매를 많이 맺으면 내 아버지께서 영광을 받으실 것이요 너희는 내 제자가 되리라"(요 15:8).

과실을 많이 맺는 자는 예수님의 제자임에 틀림없습니다. 예수님의 제자는 무엇을 하는 자입니까?

"너희가 서로 사랑하면 이로써 모든 사람이 너희가 내 제자인 줄 알리라"(요 13:35).

예수 안에 있는 자는 과실을 맺는데, 그 과실이란 바로 이웃과 형제를 사랑하는 것입니다. 이웃과 형제에 대한 사랑 중에서 가장 중요하고도 먼저 되는 사랑이 무엇입니까? 진짜 사랑한다면 그에게 가장 좋은 것을 줄 수 있어야 합니다. 형제와 이웃에게 가장 좋은 것이 무엇입니까? 그들이 죽지 않고 사는 방법을 가르쳐 주는 것입니다. 영원한 생명이신 예수를 그들 또한 그 안에 모시게 하는 것입니다. 영원한 생명을 소유한 알곡 성도는 새 생명의 탄생을 경험할 수밖에 없습니다.

생명이 있으면 불같은 열망이 일어난다

생명을 소유한 자는 영혼에 대한 불같은 열망이 일어납니다. 어떤 상황, 어느 장소에서라도 예수 그리스도의 생명의 역사를 선포하며 증거하게 되어 있습니다. 우리가 가족을 진정 사랑하는 방법이 무엇입니까? 내 가족 모두가 이 영원한 생명을 소유하도록 하는 것입니다. 우리가 살고 있는 이 미국을 사랑하는 것이 무엇입니까? 두고 온 우리 조국을 진정으로 사랑하는 방법이 무엇입니까? 바로 미국이 예수 그리스도의 영원하신 생명을 소유하는 민족이 되게 하는 것입니다. 두고 온 우리 조국의 모든 백성이 다시 예수 그리스도의 영원하신 생명을 소유하는 민족이 되게 하는 것입니다.

우리는 하나님이 우리 민족에게 광복의 해방을 주신 이유를 생각해 볼 필요가 있습니다. 힘들고 어려웠던 일제 36년의 시간 속에 하나님이 우리 민족을 내버려두지 않으시고 자유와 해방의 복을 주신 이유는 무엇일까요. 바로 영원한 생명의 능력을 소유했던 수많은 성도들이 일제의 모진 박해와 탄압을 견디어 내면서 한 사람이라도 이 생명의 혜택을 누리게 하기 위해 자신의 삶과 일터에서 피땀을 흘렸기 때문이라 믿습니다. 그들의 수고와 헌신과 희생이 있었기 때문이라 믿습니다. 그래서 하나님은 새 생명의 탄생을 위해 몸부림치는 성도들로 하여금 이제는 마음껏 새 생명의 역사를 펼쳐보라는 뜻으로 해방을 주셨습니다.

이 은혜 때문에 우리 민족은 해방 이후 1970년대까지 세계 역사에서 유례를 찾아볼 수 없을 만큼 놀라운 영혼구원의 역사를 이루었습니다. 그러나 지금은 어떻습니까? 새 생명의 탄생에 대한 열망보다는 스스로의 왕국을 쌓는 일에 더 열심을 내고 있습니다.

주님이 우리에게 원하시는 것은 인간의 왕국을 쌓는 것이 아니라 하나님의 왕국을 쌓는 것입니다. 아직도 영원한 생명의 혜택을 받지 못하는 자들에게 이 놀라운 새 생명의 축복을 알리며 그들이 소유하도록 하는 것이 우리 성도들이 붙들어야 할 참된 삶의 방향이라 믿습니다.

조국이 없다면 우리 민족도, 이민사회도 존재할 수 없습니다. 조국이 있기에 우리가 긍지를 가지고 한국민으로서 미국 땅에서 이민자로 살 수 있는 것입니다. 그러므로 우리가 예수 그리스도 안에서 생명을 얻은 참된 알곡 성도라면 우리 조국을 사랑해야 합니다. 우리 조국을 사랑하는 가장 중요하고도 우선 되는 일이 바로 조국 백성들로 하여금 새 생명을 얻게 하는 것입니다.

그러나 우리가 사랑해야 할 백성이 또 하나 있습니다. 바로 북한의 동포들입니다. 불과 70년 전만 해도 그들은 우리의 형제요 같은 가족이었습니다. 그들은 우리가 적대시해야 할 백성이 아니라 사랑하고 품으며 세워줘야 할 우리의 민족입니다. 그들에게 예수 그리스도의 영원하신 생명의 역사를 심어 주어야 합니다.

얼마 전 저는 북한사역을 하시는 한 장로님과 대화를 나눌 기회가 있었습니다. 얼마 전에 북한 어린이 영양보급 사역을 위해 한인교회들의 헌금을 가지고 빵과 약품을 만드는 일을 하고 돌아오실 때 북한의 한 고위 간부를 개인적으로 만나게 되었다고 합니다. 그 북한 간부는 그 지역의 모든 물품을 분배하는 최고 책임자였습니다. 그때 그분이 장로님에게 디젤 2톤만 지원해 달라는 부탁을 하시더랍니다. 이 요청은 북한의 어린이 사역과 전혀 상관없는 것이라 잠시 고민을 하셨다고 합니다. 그래서 그분에게 "디젤 2톤은 어린이 영양공급 사역과 상관없는 일이니 헌금으로 할 수는 없고 제가 개인적으로 돕겠습니다. 얼마면 됩니까?" 하면서 비용을 물어 보았더니 디젤 1톤이 약 천 불 정도 한다는 것입니다. 그래서 장로님이 개인적으로 그 비용을 부담하겠다고 약속하셨답니다.

그 대화가 끝나고 북한을 나오기까지 그 간부가 장로님에게 몇 번이나 감사하다는 인사를 하더랍니다. 그 인사를 받는데 마음이 참 아팠다고 합니다. 일국의 지역 물품을 분배하는 최고 책임자에게 돈 2천 불을 사용할 여유가 없어서 디젤 값을 요청하고, 그것이 고마워 여러 번에 걸쳐서 인사하는 모습 앞에 속으로 막 눈물이 나더랍니다.

지금 북한의 실정이 이 정도라면 우리가 북한의 백성들이 얼마나 절망 가운데 신음하고 있는지를 가늠해 볼 수 있습니다. 하나님이 왜 우리 한민족을 이토록 부유케 하셨습니까? 그 부유함을 나누어 주어야 할 사람들이 있기 때문입니다. 그러나 물질을 나누어 주는 것만으로는 절대 생명의 역사가 일어나지 않습니다. 생명의 역사는 바로 우리 주 예수 그리스도가 심겨져야 합니다. 그런 의미에서 우리 한인 성도들이 해야 할 가장 중요한 사랑의 실천이 바로 북한에 복음을 전하는 것입니다. 이 일을 위해 함께 달려가 영원하신 하나님 나라에 거하는 축복을 나누어 주기를 간절히 부탁드립니다.

| 마태복음 3:13-17 |

13 이때에 예수께서 갈릴리로부터 요단 강에 이르러 요한에게 세례를 받으려 하시니 14 요한이 말려 이르되 내가 당신에게서 세례를 받아야 할 터인데 당신이 내게로 오시나이까 15 예수께서 대답하여 이르시되 이제 허락하라 우리가 이와 같이 하여 모든 의를 이루는 것이 합당하니라 하시니 이에 요한이 허락하는지라 16 예수께서 세례를 받으시고 곧 물에서 올라오실새 하늘이 열리고 하나님의 성령이 비둘기 같이 내려 자기 위에 임하심을 보시더니 17 하늘로부터 소리가 있어 말씀하시되 이는 내 사랑하는 아들이요 내 기뻐하는 자라 하시니라

예수께서 세례를 받으시고

참된 신앙은 하나님께 집중한다

성지순례를 하는 분들이라면 빼놓지 않고 들르게 되는 곳이 '까스르 엘 야후드'(Qasr El Yahud)라 불리는 예수님의 세례터입니다. 오래 전에 한국에서 목회하시던 한 목사님이 성지순례를 다녀오시면서 이 장소에 들르셨다가 병에 담긴 요단강물을 사서 갖고 오신 적이 있었습니다. 그리고 그 물을 가지고 돌아오는 부활주일에 세례식을 베풀겠다고 광고를 하셨다고 합니다. 그랬더니 세례를 안 받은 사람들이 서로 받겠다고 한 것은 물론이요 이미 세례를 받은 사람들까지도 다시받겠다고 하는 희한한 일이 벌어졌다고 합니다. 아마 예수님이 세례를받으신 그 요단강물에는 영험한 능력이 있을 것이라는 막연한 기대가있었던 것 같습니다. 이 때문에 그 목사님은 여기서 조금만 더 나아가면 이단이 될 수도 있겠다 싶어 그 부활주일에는 약속한 것이기에 하는 수 없이 사갖고 오신 요단강물로 세례를 베푸셨지만 그 이후로는 다시는 요단강물을 사용하지 않으셨다고 합니다.

　사람들은 늘 자신들의 기대와 안목에 갇혀서 삽니다. 그래서 하나님의 거룩하신 뜻에 관심을 갖기보다는 자신의 뜻과 목적을 위해 하나님의 뜻을 이용하는 경우가 많습니다. 중요한 것은 요단강물이 아니라 예수님이 세례를 받으셨다는 것에 있습니다. 우리 성도들이 바른 신앙과 건강한 믿음의 삶을 살기 위해서는 언제나 말씀의 목적과 본질에 충실해야 합니다. 요단강물이 아니라 주님이 세례를 받으셨다는 것이 과연 무엇을 뜻하는지, 그 세례를 통하여 우리가 무엇을 깨닫기 원하시는지를 아는 것이 매우 중요합니다. 만일 우리 주님이 뜻하신 것이 무엇인지를 알지도 못한 채 나타난 현상에 집중하며, 자기탐욕과 이기심 때문에 주님이 의도하지도 않은 부수적인 것만을 붙들고 산다면 이것은 잘못된 신앙의 길을 가게 할 뿐더러 자신의 탐욕이 쌓아 놓은 우상숭배에 빠지게도 합니다.

　이것은 요단강물을 통한 세례예식에서만 일어나는 문제는 아닙니다. 화려한 사역들이 하나님의 거룩하신 영광과 존귀하심을 나타내기 위해서가 아니라 그 일을 하고 있는 자신의 명성과 인기를 위해서인 경우를 참으로 많이 보았습니다. 이것은 기독교 2천년의 역사에서도 계속 나타났습니다. 중세의 성전건축, 면죄부 판매, 성직 매매, 십자군 전쟁은 하나님의 거룩한 영광을 위한다는 명목 하에 인간의 탐욕과 이기심을 채우는 대표적인 일들이었습니다.

참된 신앙인은 자기 자신이 아니라 하나님에게 관심이 있습니다. 하나님의 영광과 뜻 앞에 순종하려는 모습이 참된 신앙의 길을 가게 합니다. 그러나 자신의 내면에 도사리고 있는 탐욕과 이기심을 충족시키기 위한 것에 관심이 있다면 더 이상 신앙인이라 할 수 없습니다. 너무도 혼탁해진 시대입니다. 기존의 가치와 전통을 거부하고 모든 기준이 '내가 좋은 것이 옳은 것이고 내가 원해야 그것이 정당하다'라는 이상한 논리가 정치, 경제, 사회, 심지어 법조계에까지 스며들어 있습니다. 이러한 포스트모더니즘 시대에 우리 성도들은 참 생명의 길을 보장하신 하나님의 뜻에 관심을 두며 살아야 합니다. 그리고 그 뜻을 위하여 기꺼이 나아가야 합니다. 이것만이 나를 살리고 이 시대를 살리는 길입니다. 그런 의미에서 우리는 예수님이 공생애를 시작하시면서 먼저 요단강에서 세례를 받으신 것이 어떤 의미를 가지고 있는지 살펴볼 필요가 있습니다.

인간의 모든 죄를 대신 지신 예수님

예수님이 공생애를 시작하면서 우리에게 보이신 첫 모습이 요단강 물에 세례를 받으시는 모습인 것은 참으로 이해할 수 없는 장면입니다. 세례가 무엇입니까? 죄 씻음의 의식입니다. 그런데 죄가 없으신 하나님의 아들이 죄인들이 받는 세례를 받으셨다는 것은 참으로 의아한 일이 아닐 수 없습니다. 왜 예수님은 이런 죄사함의 의식을 자청하여 받으셨던 것일까요?

이것은 한 마디로 예수님이 죄인인 인간들의 대표가 되시기 위해서입니다. 대표는 전체를 대신합니다. 아담이 인간에게 죄를 가져온 대표라면 예수님은 인간의 죄를 해결하신 대표이십니다. 아담 한 사람 때문에 죄가 인간에게 들어왔다면 예수님 한 분 때문에 인간의 모든 죄가 해결되었습니다. 이것이 대표의 원리입니다. 죄를 해결하시기 위해서 예수님이 대속의 제물이 되셔야 했는데, 대속의 제물이 되시기 위해서는 먼저 그 죄를 짊어지셔야 했습니다. 이것을 이해하기 위해서 레위기 4:13-17을 보겠습니다.

> "¹³ 만일 이스라엘 온 회중이 여호와의 계명 중 하나라도 부지중에 범하여 허물이 있으나 스스로 깨닫지 못하다가 ¹⁴ 그 범한 죄를 깨달으면 회중은 수송아지를 속죄제로 드릴지니 그것을 회막 앞으로 끌어다가 ¹⁵ 회중의 장로들이 여호와 앞에서 그 수송아지 머리에 안수하고 그것을 여호와 앞에서 잡을 것이요 ¹⁶ 기름 부음을 받은 제사장은 그 수송아지의 피를 가지고 회막에 들어가서 ¹⁷ 그 제사장이 손가락으로 그 피를 찍어 여호와 앞, 휘장 앞에 일곱 번 뿌릴 것이며."

인간이 지은 죄를 속하기 위해서 양, 염소, 송아지 같은 제물을 드리는데, 이때 죄를 지은 인간은 자신의 죄를 고하면서 제물의 머리 위에 안수합니다. 이것은 인간의 죄가 제물에게 전가됨을 의미합니다.

말하자면 짐승이 인간의 죄를 대신 짊어지는 것입니다. 그리고 그 짐승은 피를 흘리고 죽습니다. 곧 대속의 죽음입니다. 이때 짐승은 흠이 없는 것을 골라야 하는데 그 이유는 죄를 대신하기 위해서 제물은 죄가 없어야 하기 때문입니다. 그래서 죄를 대신 짊어지고 자신의 '흠 없는 의'를 안수하는 인간에게 전가시켜 줍니다. 물론 이것은 상징으로서 앞으로 오실 예수 그리스도의 의를 상징합니다. 이것을 우리는 이중전가(二重轉嫁)라고 부릅니다. 죄인의 죄가 제물로 가고, 제물의 의가 죄인에게로 오기에 이중으로 전가된다고 부릅니다.

예수님은 죄가 없으신 거룩하고 의로우신 분입니다. 그런데 그분이 인간의 죄를 다 짊어지기로 하셨습니다. 이것을 위해 주님이 세례를 받으신 것입니다. 이 세례를 통하여 예수님은 인간의 모든 죄를 당신에게로 전가시키셨습니다. 세례 요한은 그래서 예수님을 가리켜 "세상 죄를 지고 가는 하나님의 어린 양이로다"(요 1:29)라고 고백한 것입니다. 그리고 후에 십자가에 달려 돌아가시면서 예수님의 의를 죄인된 우리 모두에게 전가시키셨습니다. 사도 바울은 이 부분에 대해 이렇게 외칩니다.

> "하나님이 죄를 알지도 못하신 이를 우리를 대신하여 죄로 삼으신 것은 우리로 하여금 그 안에서 하나님의 의가 되게 하려 하심이라"(고후 5:21).

마치 신사가 자신의 옷을 벗어 거지에게 주고 거지의 누더기 옷을 자기가 입는 것처럼, 예수님은 스스로 인간의 죄된 옷을 입으시고 예수님의 의의 옷을 우리에게 입혀 주셨습니다. 이것을 대속의 은혜라고 부릅니다. 예수님이 요단강가에서 세례 요한에게 세례를 받으신 것은 이 대속을 위한 첫 출발이었으며, 예수님의 십자가 사건은 이 대속의 완성이었습니다.

예수님이 의의 옷을 내주셨기에 이루어진 구원

처음에는 세례 요한도 이것을 잘 몰랐던 것 같습니다. 그래서 그는 예수님이 세례를 받으려 하실 때 말렸습니다.

> "13 이때에 예수께서 갈릴리로부터 요단 강에 이르러 요한에게 세례를 받으려 하시니 14 요한이 말려 이르되 내가 당신에게서 세례를 받아야 할 터인데 당신이 내게로 오시나이까"(마 3:13-14).

이때 주님이 15절로 대답을 하십니다.

> "예수께서 대답하여 이르시되 이제 허락하라 우리가 이와 같이 하여 모든 의를 이루는 것이 합당하니라 하시니 이에 요한이 허락하는지라."

모든 의를 이룬다는 것은 바로 하나님께서 만드신 인간을 구속하기 위한 대속의 역사를 이루는 것을 말합니다.

우리가 받은 구원이 어떻게 이루어졌습니까? 죄 없으신 주 예수 그리스도께서 우리 죄를 대신 짊어지시고 우리에게 그분의 의의 옷을 내주셨기에 이루어졌습니다. 생각하면 할수록 참으로 놀랍고 죄송한 것밖에 없습니다. 나 같은 자가 무엇이기에 이런 은혜를 주셨습니까?

누군가가 나에게 티셔츠만 하나 입혀 주어도 그것이 미안하고 고마워서 어쩔 줄 모르는데 예수님이 영원한 생명을 보장하신 '의의 옷'을 입혀 주셨다니 참으로 놀랍고도 감격스럽지 않을 수 없습니다.

수년 전에 인도네시아 단기선교를 갔을 때 그곳 주민들에게 선교팀이 준비해 간 티셔츠와 선글라스를 나누어 준 적이 있었습니다. 귀국 후 나중에 소식을 들으니, 교인들이 주일에 누가 시킨 것도 아닌데 전부 다 그 파란 티셔츠에 까만 선글라스를 끼고 예배당에 앉아 있더랍니다. 처음에는 그것이 너무도 우습고 이상했는데 나중에 생각해 보니 그들은 티셔츠를 준 선교팀과 선교사님에 대한 고마움과 감격을 그것으로 표시한 것입니다. 그 옷과 선글라스는 그들에게는 최고의 선물이요 장신구였습니다. 늘 흙탕물에 옷을 빨기에 옷들이 전부 누렇게 변해 버린 탓에 그들은 깨끗한 옷 한 벌 제대로 없었습니다. 그 상황에서 받은 티셔츠는 너무도 깨끗하고도 귀중했던 것입니다. 그래서 그들은 자신들이 가지고 있는 최고의 옷, 최고의 장식품으로 치장하고 하나님께 예배를 드리기 위해서 나온 것입니다.

이처럼 옷 한 벌만 주어도 사람들은 감격합니다. 몇 번 입고 없어질 옷 한 벌도 이 정도인데 영원토록 우리의 생명을 보장하고 영원한 하나님 나라의 백성이 되게 하는 이 의의 옷을 거저 입게 되었다면 이보다 더 큰 감격이 어디 있겠습니까? 우리 주님이 요단강에서 세례를 받으신 것은 바로 이 의의 옷을 주시기 위함이었습니다.

그러면 왜 주님은 우리에게 이 같은 옷을 입혀 주셨을까요? 그것은 우리가 의의 옷을 입은 자답게 살게 하시기 위함입니다.

의의 옷을 입은 자답게 살라

서두에서 언급했던 요단강물에 대한 이야기를 우리는 다시금 정리할 필요가 있습니다. 예수님이 요단강물에서 받으신 세례의 의미를 제대로 깨닫지 못하면 요단강물 자체가 무슨 영험이 있는 것은 아닌가에 관심을 쏟는 것처럼, 주님께서 우리에게 이루어 주신 대속의 은총을 제대로 이해하지 못하면 우리는 자꾸 비본질적인 것에 관심을 갖게 됩니다.

한동안 한국에서 수많은 사람들이 서로 앞다투어 사려 했던 생수가 하나 있었습니다. 소위 '무안단물'이라 불리는 것입니다. 한국교회로부터 이단으로 규정된 모 목사가 자신이 태어난 고향 무안에서 나오는 바다의 짠물에 안수기도를 했더니 그 물이 단물이 되었다는 것입니다. 이 물을 마시고 뿌리기만 해도 위장병이 낫고 피부병이 사라진다고 선전합니다. 낫는 것은 사람뿐이 아닙니다. 고장 난 시계나 냉

장고에 이 물을 뿌리면 시계가 다시 돌아가고 냉장고가 다시 작동하기 시작한다는 것입니다. 한마디로 만병통치약입니다.

이런 일들이 이해가 되십니까? 이것은 신앙을 빙자한 사기입니다. 영험한 능력이 있다면 무엇이든지 간에 물불을 가리지 않고 그것을 이용해 단번에 자신의 문제를 해결해 보려는 것은 결코 진정한 신앙인의 모습이 아닙니다. 그런데 문제는 수많은 사람들이 그런 일이 진짜 일어날 것으로 믿고 그 물을 마시고 뿌리고 있다는 것입니다. 왜 그럴까요? 신앙의 본질이 무엇인지를 모르기 때문입니다.

신앙의 본질은 무엇입니까? 내가 과연 누구인가를 아는 것입니다. 전혀 가치도 없고 가능성도 없는 나 같은 죄인을 하나님이 일방적으로 찾아오셔서 구원해 주셨을 뿐만 아니라 앞으로 사는 동안 하나님의 자녀답게 살 수 있는 자격과 지위를 부여해 주셨습니다.

참된 신앙의 길이란 왜 나를 하나님께서 구원해 주셨는가? 왜 예수 그리스도께서 의의 옷을 나에게 입혀 주셨는가를 진지하게 그리고 분명하게 생각하며 의의 옷을 입은 자답게, 비록 힘들고 외롭지만 꿋꿋하게 그 길을 걸어가는 것입니다.

19세기 미국의 영적 대각성 운동을 주도했던 찰스 피니(Charles Finney) 목사님이 이런 말씀을 하셨습니다.

"한 사람이 회개하고 돌아와 구원 받는 것도 귀한 일이지만, 이미 구원 받은 하나님의 자녀들이 자기의 자리에서 본래의 능력을 회복하는 것 역시 귀한 일이다."

'본래의 능력을 회복하는 것'이 무엇입니까? 의의 옷을 입은 자답게 사는 것입니다.

의의 옷을 입은 자답게 살면 의의 향기가 나게 되어 있습니다. 향기는 물리적으로 나는 향수 냄새가 아닙니다. 이 향기는 우리의 말과 행동과 삶의 모습에서 나오는 생명의 향기입니다. 이 생명의 향기는 그리스도인들끼리 있을 때는 잘 모릅니다. 그러나 예수를 안 믿는 사람들 가운데 서면 이 향기는 더욱 진하게 나옵니다. 왜냐하면 그들에게는 없는 향이기 때문입니다. 이 생명의 향은 그리스도의 의의 옷을 입은 자만이 발할 수 있습니다. 그래서 사도 바울은 고린도후서 2:15-16에서 이렇게 고백합니다.

> "15 우리는 구원 받는 자들에게나 망하는 자들에게나 하나님 앞에서 그리스도의 향기니 16 이 사람에게는 사망으로부터 사망에 이르는 냄새요 저 사람에게는 생명으로부터 생명에 이르는 냄새라 누가 이 일을 감당하리요."

우리는 어떤 향기를 발하고 있습니까? 우리 안에 예수 그리스도의 생명의 역사가 있는 한 우리는 그 생명의 향기를 발하게 되어 있습니다. 그리고 그 생명의 향기는 반드시 삶의 현장에서 흘러나오게 되어 있습니다.

너는 그리스도의 향기라
너는 그리스도의 편지라

하나님 앞에서 그리스도의 향기니

너를 통해 생명이 흘러가리

너를 통해 생명이 흘러가리…

-복음송 〈너는 그리스도의 향기라〉 중에서

이제는 그리스도의 의의 옷을 입은 자답게 이 세상을 살아가야 합니다. 그리하여 우리의 삶의 현장 또한 생명의 향기가 가득 넘쳐나야 합니다. 생명의 향기는 그 영혼이 살아있다는 증거입니다. 우리 삶의 현장에서 이 생명의 향기를 발할 때 슬픔과 괴로움에 빠진 이들에게 기쁨과 즐거움이 솟아날 것입니다. 실망과 좌절 속에서 어찌할 줄 모르는 이들에게 이 생명의 향기가 풍겨 오면 그들은 분명 새로운 소망의 노래를 부르게 될 것입니다.

시기하고 미워하고 싸우는 곳에 이 생명의 향기가 불어오면 서로 이해하고 용서하고 화해하는 사랑의 역사가 일어날 것입니다. 불안과 두려움에 떨고 있는 이들에게 이 생명의 향기가 풍겨 오면 하늘의 평화로 충만해질 것입니다. 마음에 상처 받고 몸에 병이 들어 만신창이가 된 이들에게 이 생명의 향기가 임하면 새로운 치유의 역사가 일어날 것입니다. 그리고 죄와 사망의 골짜기에서 방황하는 이에게 이 생명의 향기가 불어오면 새로운 구원의 역사, 새 생명의 역사가 일어나게 될 것입니다. 이 은혜의 축복이 여러분의 삶 가운데 일어나기를 간절히 축원합니다.

15

| 마태복음 3:13-17 |

13 이때에 예수께서 갈릴리로부터 요단강에 이르러 요한에게 세례를 받으려 하시니 14 요한이 말려 이르되 내가 당신에게서 세례를 받아야 할 터인데 당신이 내게로 오시나이까 15 예수께서 대답하여 이르시되 이제 허락하라 우리가 이와 같이 하여 모든 의를 이루는 것이 합당하니라 하시니 이에 요한이 허락하는지라 16 예수께서 세례를 받으시고 곧 물에서 올라오실새 하늘이 열리고 하나님의 성령이 비둘기 같이 내려 자기 위에 임하심을 보시더니 17 하늘로부터 소리가 있어 말씀하시되 이는 내 사랑하는 아들이요 내 기뻐하는 자라 하시니라

대관식의 기적

놀라운 예수님의 대관식

1953년 6월 2일 런던 웨스트민스터 대성당에서는 20세기 최고의 대관식이 열렸습니다. 영국의 여왕으로 등극하는 엘리자베스 2세는 보석으로 장식된 왕관을 쓰고, 군주정치의 상징인 보주와 홀을 든 채 궁녀 6명의 호위를 받으며 자줏빛 벨벳 모피를 두르고 행진했습니다. 그러나 그 대관식의 하이라이트는 무엇보다도 왕위를 계승하는 그 시간에 왕으로서 백성들 앞에서 새겨야 할 마음의 자세와 각오였습니다. 천 년이 넘게 영국 왕실에 이어져 오는 군주의 마음과 자세는 한 마디로 '하나님과 백성을 위한 봉사'라 할 수 있습니다.

영국 왕실의 대관식은 다른 국가와 달리 백성을 통치하고 다스리는 군주의 왕권과 힘을 선포하고 과시하는 것이 아니라 하나님과 백성 앞에 어떻게 봉사할 것인가를 다짐하고 서약하는 것에 초점이 맞추어져 있습니다. 이런 이유 때문에 영국 왕실의 대관식은 왕이 거하는 화려한 버킹엄 궁전에서 하지 않고 모든 왕실의 신료들과 내각의 수뇌들이 함께 모여 하나님을 예배하는 웨스트민스터 성당에서 거행됩니다.

이것이 21세기를 살고 있는 영국 국민들이, 세계의 모든 나라들이 군주제를 폐지하고 국민의 대표들을 스스로 선출하는 대통령제를 선택하고 있음에도 불구하고, 여전히 전제국가의 산물인 왕권제도를 존중하고 계승하려는 이유이기도 합니다.

왕의 사명은 백성을 섬기는 데 있습니다. 왕에게 주어진 힘과 결정권을 자신의 탐욕과 이기심을 채우는 일에만 사용한다면 그는 더 이상 왕이 아니라 독재자일 뿐입니다. 그러나 왕이 자신에게 주어진 힘과 능력을 진정 백성을 섬기는 일을 위해 사용할 때 그는 참된 왕이 될 것입니다. 그런 의미에서 참된 대관식은 자신의 힘과 능력을 백성 앞에서 선포하고 과시하는 것이 아니라 왕으로서의 사명이 무엇인지를 분명히 스스로 되새기고 그 일을 위해 살아가겠다고 약속하는 시간이어야 할 것입니다.

예수님은 우리 인생의 진정한 왕이십니다. 그분은 참된 섬김과 희생으로써 왕의 길을 완벽하게 보여주셨습니다. 하나님은 예수님이 이 땅에서 왕으로서의 역할을 수행하시기 전, 역사 이래에 한 번도 본 적 없고 그 누구도 감히 따라할 수 없는 놀라운 대관식을 거행하셨습니다. 그 대관식이 마태복음 3:16-17에 소개되고 있습니다.

"16 예수께서 세례를 받으시고 곧 물에서 올라오실새 하늘이 열리고 하나님의 성령이 비둘기 같이 내려 자기 위에 임하심을 보시더니 17 하늘로부터 소리가 있어 말씀하시되 이는 내 사랑하는 아들이요 내 기뻐하는 자라 하시니라."

이 말씀이 예수님이 왕으로서 등극하시는 공식적인 대관식인 이유는 바로 시편 2:7의 인용이기 때문입니다. 시편 2:7은 다윗이 왕으로 세움 받은 이후에 다윗 왕조에서 왕들이 세워질 때마다 대관식에서 선포된 말씀입니다.

"내가 여호와의 명령을 전하노라 여호와께서 내게 이르시되 너는 내 아들이라 오늘 내가 너를 낳았도다."

이 말씀을 선포함으로 왕의 등극이 하나님이 허락하신 것이며, 왕은 하나님이 원하시는 뜻대로 사명을 다해야 한다는 것입니다. 그리고 이 선포를 듣는 왕은 스스로 하나님의 아들로서 하나님과 백성을 바르게 섬기겠다는 각오와 결단을 하게 됩니다.

그런 의미에서 예수님이 세례를 받으시고 올라오실 때에 하늘에서 시편 2:7의 말씀이 다시 선포되었다는 것은 하나님이 예수님을 어느 누구도 감히 따라올 수 없고 흉내 낼 수 없는 진정한 왕으로 등극시키셨으며, 예수님 또한 그 대관식을 통해 이 땅에 왕으로서 수행하셔야 할 사명과 목적을 다시금 확인하게 된 것입니다. 예수님이 세례를 받으신 후에 이 소리가 들린 것을 예수님의 대관식이라고 부르는 이유가 이 때문입니다.

이 대관식이 진행되는 동안에 나타난 세 가지 기적이 있습니다. 이것은 바로 우리 성도들이 이 세상을 사는 동안에 누릴 수 있도록 보장하신 기적이기도 합니다. 왜냐하면 예수님은 우리의 영원한 모델이시기 때문입니다. 예수님의 길은 바로 우리가 가야 할 길이며, 예수님이 대관식 후에 받으신 이 기적의 축복은 주님의 길을 따르는 우리 성도가 얻게 될 기적의 축복이기도 합니다.

하늘이 열리는 기적

먼저 대관식 후에 하늘이 열리는 기적이 나타났습니다.

> "예수께서 세례를 받으시고 곧 물에서 올라오실새 하늘이 열리고 하나님의 성령이 비둘기 같이 내려 자기 위에 임하심을 보시더니"(마 3:16).

예수님이 세례를 받으신 후에 나타난 하늘이 열린 기적은 사복음서 모든 곳에 기록되어 있습니다. 이것은 예수님 앞에 펼쳐진 하늘이 열린 기적이 그만큼 객관적인 일이었음을 말합니다. 그러나 여기서 우리가 한 가지 알아야 할 것이 있습니다. 하늘이 열리는 기적이 당시 예수님이 세례 받으시던 요단강가에 있었던 모든 자들에게 보인 게 아니라는 것입니다. 하늘이 열리는 것을 본 주체는 예수님이시며, 요한복음에는 요한도 보았다고 기록되어 있습니다. 모두가 본 것이 아닙니다.

이것은 무엇을 말하는 것일까요? 하늘이 열리는 기적은 구원받은 백성들에게만 보이는 영적인 축복이라는 사실입니다.

신앙의 길에 들어서는 순간부터 우리에게 나타나는 근본적인 변화는 바로 영적세계에 대하여 눈을 뜨게 된다는 것입니다. 동일한 장소와 동일한 시간에 있더라도 하늘이 열리는 것을 보는 자가 있는 반면 하늘에 떠다니는 구름만 보는 자도 있습니다. 영적 세계에 눈을 뜨는 순간부터 나무 한 그루, 날아다니는 새 한 마리에서도 우리는 하나님의 섭리를 보며 하나님을 찬양하는 소리를 듣습니다. 같은 하늘 아래서 우리는 삶의 가치와 의미와 기쁨과 평강의 역사를 보지만, 영적인 눈을 가지지 못한 자에게는 무의미와 허무와 절망과 두려움의 환경만이 보이게 됩니다.

한국의 한 유명한 고승이 남겼다는 "산은 산이요 물은 물이로다"라는 말은 원래 당나라의 선사 청원유신(靑原惟信)이 한 말입니다. 《오등회원》(五燈會元)이라는 책에서 청원유신은 지난 30년간의 수행 과정을 이렇게 회고하였습니다.

"수행의 길을 가기 전에는 산을 보면 그냥 산이었고, 물을 보면 그냥 물이더니(見山是山 見水是水-견산시산 견수시수), 수행을 통해 깨달음을 얻은 후에 산을 보니 그것은 산이 아니었고 물을 봐도 물이 아니었다

(見山不是山 見水不是水-견산부시산 견수부시수). 그러나 마음 쉴 곳을 얻은 오늘에 이르러 다시 그 산을 보니, 그냥 산이었고 물을 봐도 그냥 물이었다(依前見山只是山 見水只是水-의전견산지시산 견수지시수)."

이것은 인간의 깨달음의 과정이 결국 어떤 결론에 이르는지를 가르쳐 주는 솔직한 고백입니다. 수많은 시간을 들여서 얻은 깨달음이 결국 원래의 자리에 있었던 것을 그대로 보는 것뿐이요, 그 시간 동안 달라진 것은 자신뿐이라는 뜻입니다. 이 변화는 밖으로 계속해서 발전되어 나아가는 변화가 아니라 원래 자신의 자리로 되돌아올 수밖에 없는 윤리적인 변화입니다. 이 변화는 결국 인간의 삶을 있는 그대로의 현상만을 보는 일에 그치게 할 뿐입니다.

그러나 우리가 믿는 기독교는 결국 제자리로 돌아오는 변화가 아니라 새로운 삶으로 나아가고 발전되는 변화입니다. 이 변화는 있는 것을 그대로 보는 것이 아니라 현상 너머에 있는 영원한 것을 볼 수 있게 합니다. 이 변화는 오직 한 가지의 과정을 통해서만 시작될 수 있습니다. 바로 영원한 생명의 근원이신 예수 그리스도이십니다. 이것을 우리는 구원을 받는다고 말합니다. 구원을 받아 예수 그리스도를 소유한 자들은 더 이상 육신의 눈으로 세상을 보지 않습니다. 예수 그리스도를 소유한 자들은 예수 그리스도의 영원하신 생명의 눈으로 세상을 봅니다. 이 눈은 나와 세상을 바라볼 때 있는 그대로의 현상만을 보지 않고 그 현상 너머에 있는 새로운 가치와 의미를 바라보게 합니다. 전에는 눈으로 보이는 것이 전부라고 생각했는데, 영적인 눈으로 보니까 세상에 있는 것은 잠시 지나가는 것이요, 더 중요하고 더 의미있는 영원한 세계가 있음을 알게 된 것입니다. 이 구원은 우리 성도들에게는 출발선과 같습니다. 출발선을 떠난 성도는 오직 그리스도의 장성한 분량에 이르는 결승점을 향해서 나아갈 뿐 다시는 되돌아오지 않습니다. 이것이 바로 하늘이 열리는 것을 보는 축복입니다.

우리 주위에는 무엇이든지 늘 왜곡해 보는 분들이 있습니다. 불평과 불만에 가득 찬 눈으로 보는데 왜 그렇습니까? 육신의 눈만을 떴기 때문입니다. 몇 달 전에 교회 밖에서 어떤 분이 저에게 이런 말을 하셨습니다.

"목사님! 요즘 사는 게 사는 게 아닙니다!"

그래서 물었습니다.

"무엇 때문에 그러십니까?"

"되는 일도 없고 소망도 의욕도 없으니 죽을 맛입니다."

제가 그분의 이야기를 다 들어준 후에 마지막에 이런 이야기를 했습니다.

"형제님, 살맛을 찾으시면 됩니다."

"어떻게 해야 살맛을 찾습니까?"

"살맛은 돈으로 찾는 것이 아니라 마음에 살맛이 부어져야 합니다."

마음에 살맛이 부어지기 위해서는 어떻게 해야 합니까? 내 마음속에 생명의 근원되신 예수 그리스도께서 들어오셔야 합니다. 예수님이 내 안에 들어오실 때 나에게는 새로운 눈이 열리기 시작합니다. 이 생명의 눈은 삶의 현상 너머의 영원을 바라보게 하며 참된 의미와 가치를 부여합니다.

성령의 임재가 시작되는 기적

또한 예수님의 대관식 후에 성령의 임재가 시작되었습니다.

> "예수께서 세례를 받으시고 곧 물에서 올라오실새 하늘이 열리
> 고 하나님의 성령이 비둘기 같이 내려 자기 위에 임하심을 보시더
> 니"(마 3:16).

예수님이 세례를 받으시고 물에서 올라오실 때 하늘이 열리면서 성
령이 비둘기같이 임하셨습니다. 비둘기같이 임했다는 것은 성령이 얼
마나 구체적으로 임하셨는지를 보여주는 표현입니다.

성령은 하나님의 영이십니다. 성령이 임하셨다는 것은 하나님이 함
께하신다는 뜻입니다. 성령은 아무 때나 임하시는 것이 아니라 하나
님 나라의 거룩한 역사를 위해 달려가는 사명의 현장에 임하십니다.
하나님은 그 사명을 감당할 수 있도록 사명의 현장에 함께하십니다.
사명이 다하는 날까지 절대로 떠나지 않으십니다.

우리 그리스도인들에게 사명이 중요한 이유가 여기에 있습니다. 소
명이 하나님이 나를 부르신 것이라면 사명이란 나를 부르신 목적대로
결단하며 나아가는 것을 말합니다. 사명을 붙들고 나아갈 때 하나님

은 우리에게 앞을 보여주실 뿐만 아니라 그 앞을 향하여 나아가는 내 삶에 구체적으로 함께하심을 보여주십니다. 그래서 주님은 승천하시기 전에 우리에게 지상 명령을 주시면서 이렇게 약속하셨습니다. "볼지어다 내가 세상 끝날까지 너희와 항상 함께 있으리라"(마 28:20).

우리에게 제자 삼는 사명의 길을 가라 하시면서 분명히 한 가지를 약속하셨습니다. 주님이 항상 함께하시겠다는 것입니다. 이미 승천하신 주님이 어떻게 우리와 함께하십니까? 바로 성령으로 함께하십니다.

> "오직 성령이 너희에게 임하시면 너희가 권능을 받고 예루살렘과 온 유대와 사마리아와 땅 끝까지 이르러 내 증인이 되리라 하시니라"(행 1:8).

이 말씀은 주님의 마지막 지상명령에 대한 누가식의 기록입니다. 증인의 사명을 감당하기 위해서 제일 먼저 이루어져야 할 것이 성령의 임재입니다. 성령의 임재가 바로 우리 주님께서 함께하심의 역사입니다. 예수 그리스도 안에서 구원의 능력과 생명의 역사를 이루며 살아가는 우리 모두에게는 성령을 통해 하나님이 함께하십니다.

사도행전 21장에 보면 유대인들 가운데 먹지도 마시지도 않은 채 사도 바울을 죽이기 위해 동맹한 40명이 있었습니다. 이들의 음모를 전혀 모른 채, 사도 바울은 예루살렘에서 예수 복음을 전하며 재판을 받았습니다. 그러나 하나님은 바울의 생질을 통해서 그 일이 발각되게 하셨고 죽음의 위협에서 건져 주셨습니다. 사도 바울은 매 순간 성령의 인도하심에 붙들려 살았습니다. 매 순간 함께하신 하나님의 역사 때문에 그는 계속해서 복음을 전할 수 있었습니다.

사도 바울을 지키고 보호하신 하나님께서 여러분의 삶 역시 지키고 보호하실 줄 믿습니다. 어떤 위험이나 환란이 닥쳐도 복음의 사명을 위해 달려가는 자를 하나님은 성령의 역사를 통해 보호하고 인도하십니다. 이것이 사도행전을 성령행전이라 말하는 이유입니다.

하늘의 소리가 들리는 기적

마지막으로, 예수님의 대관식의 기적은 하늘의 소리가 들리는 축복이었습니다.

"하늘로부터 소리가 있어 말씀하시되 이는 내 사랑하는 아들이요 내 기뻐하는 자라 하시니라"(마 3:17).

예수님이 요단강가에서 세례를 받으신 것은 우리의 죄 된 옷을 자청하여 입으시는 대속사역의 첫 출발입니다. 예수님은 십자가에 달려 돌아가심으로 우리에게 의의 옷을 입혀 주셨습니다. 그러므로 예수 그리스도 안에서 참된 죄 사함의 역사를 경험하고 구원을 받은 자라면 모두가 하나님의 자녀입니다. 그래서 예수님의 세례 후에 하늘에서 들린 "이는 내 사랑하는 아들이요 내 기뻐하는 자"는 하나님의 음성은 바로 우리 성도들을 향한 음성이기도 합니다.

우리는 모두 하나님이 기뻐하시는 자녀들입니다. 하나님은 우리를 너무나 사랑하셔서 그 아들과 우리를 바꾸셨습니다. 아무리 우리의 모습과 자격과 능력이 보잘 것 없어도 하나님 앞에는 너무도 소중한 존재입니다.

제가 존경하는 이재철 목사님께서 수년 전에 교회 앞에 전하셨던 간증을 그대로 대신 전하고 싶습니다.

"한 성도님이 12월 31일 늦은 시각에 본 교회에서 송구영신 예배를 드리려 했지만 예배시간을 놓쳐서 그만 서울 근교를 지나다가 불이 켜진 천막교회를 발견하고 그곳에서 예배를 드리게 되었습니다. 그 교회 역시 송구영신 예배가 시작되고 있었습니다. 천막으로 된 예배당, 교인이라야 허름한 옷을 입은 여자 4명이 전부였는데 그 조그마한 교회의 분위기에 마음이 움직인 성도님은 살며시 지갑을 열었습니다. 마침 10만 원짜리 자기앞 수표가 눈에 들어왔습니다. 그분은 그 수표를 천막 교회에 헌금하기로 하고 봉투 속에 넣었습니다.

잠시 후 목사님은 자정이 될 때까지 30분이 남아 있으므로 먼저 그 해 결산을 위한 공동의회를 갖겠다고 했습니다. 그러면서 결산 보고를 이렇게 전했습니다.

'올 9월에 부임해 제가 금년 결산을 하다 보니 장부와 현금 시재액 사이에 10만 원의 차이를 발견했습니다. 전임자가 장부를 잘못 기입한 것인지 아니면 다른 데서 착오가 생겼는지 여하튼 10만 원이 모자랍니다. 아무리 찾아도 찾을 수가 없고 또 개인적으로 제가 물어넣을 형

편도 아니어서 이렇게 보고를 드립니다.'

곤혹스러운 표정으로 교인들에게 보고하는 목사님의 설명을 들으면서 그 성도님은 깜짝 놀랐습니다. 동시에 그분의 가슴속에서는 큰 북소리가 울렸습니다. 지금 자신의 손에 그 교회에 헌금하기 위한 10만 원이 쥐어져 있었기 때문입니다. 그 먼 곳의 이름 없는 조그만 천막교회, 그 교회가 필요로 하는 10만 원을 채워 주시기 위해 그 교회와는 아무런 상관없는 자신을 그날 밤 그곳으로 지나가게 하시고, 그 교회를 발견하게 하시고, 그 교회에서 송구영신 예배를 드릴 마음을 갖게 하시고, 그 교회의 빈 재정을 채우시는 하나님! 이처럼 한치의 오차도 없이 치밀하게 역사하시는 하나님께서 바로 우리의 하나님이시라는 사실은 얼마나 감격입니까?

그러나 그 성도님은 그날 밤 더 귀한 것을 깨달았습니다. 하나님께서 사랑하시는 그 작은 교회를 살리시기 위하여 연약하고 볼품없는 자기를 도구로 써주셨다는 감격이었습니다. 나도 하나님의 도구로 쓰임 받았다는 것, 주님께서 나 같은 자도 절대 필요로 하신다는 것, 주님께서 나 같은 하찮은 인간을 믿어주고 계신다는 것… 이 중요한 사실의 확인이야말로 그 동안 맺혔던 삶의 응어리를 모두 풀어주는 가장 확실한 위로요 더없이 귀중한 새해 선물이었습니다…."(이재철,《요한과 더불어》5권, 122-123장)

여러분이 지금 주님을 위해 무엇인가를 할 수 있으십니까? 그렇다면 그 자체가 감사 제목입니다. 아직도 여러분이 주님을 위해 사용하실 물질이 있습니까? 그것이 이미 하나님이 여러분을 사랑하고 계시다는 증거입니다. 주를 위해 내 시간과 인생을 드리고 싶은 마음이 있으십니까? 그것이 바로 하나님이 여러분을 사랑하신다는 사인입니다. 왜입니까? 나같이 볼품없고 자격 없는 자를 그래도 믿어 주시고, 기다리셔서 하나님의 거룩한 일에 동참할 수 있게 하신 것이 바로 은혜이기 때문입니다. 이럴 때마다 우리가 다시금 붙들어야 할 하나님의 음성이 있습니다.

"사랑한다, 아들아. 내가 너를 사랑하노라. 사랑하는 내 딸아, 내가 너를 축복하노라…"

이 음성은 예수 그리스도 안에 있는 모든 자에게 차별없이 주시는 하나님의 사랑의 음성입니다.

PART

4

승리자로 오신 예수님

16

| 마태복음 4:1-4 |

1 그때에 예수께서 성령에게 이끌리어 마귀에게 시험을 받으러 광야로 가사 2 사십 일을 밤낮으로 금식하신 후에 주리신지라 3 시험하는 자가 예수께 나아와서 이르되 네가 만일 하나님의 아들이어든 명하여 이 돌들로 떡덩이가 되게 하라 4 예수께서 대답하여 이르시되 기록되었으되 사람이 떡으로만 살 것이 아니요 하나님의 입으로부터 나오는 모든 말씀으로 살 것이라 하였느니라 하시니

사람은 무엇으로 사는가?

하나님을 잃어서는 안 된다

톨스토이의 유명한 단편소설 《사람은 무엇으로 사는가》에 보면 구두장이 세몬은 어느 날 갑자기 하늘에서 내려온 천사 미하엘에게서 하나님께서 우리에게 주시고자 했던 인생의 가장 중요한 질문 세 가지를 듣게 됩니다. 첫째는 '인간의 내면에는 무엇이 있는가?'이며, 둘째는 '인간에게 허락되지 않은 것은 무엇인가?'이고, 셋째는 '인간은 무엇으로 사는가?'입니다. 톨스토이는 소설 말미에 이 세 가지 질문에 대한 답을 구두장이 세몬과 천사 미하엘의 대화를 통해 아주 명료한 한 마디로 전하고 있습니다.

"부모 없이는 살아도 하나님 없이는 살 수 없다."

톨스토이의 이 마지막 결론은 우리 삶의 본질이 무엇인지를 그 어떤 설교보다도 강력하고도 분명하게 가르쳐 주고 있다고 생각합니다. 세상에는 어릴 적부터 부모를 잃은 채 살아가는 수많은 사람들이 있습니다. 부모를 잃는다는 것은 인생의 가장 든든한 삶의 버팀목을 잃는 것입니다. 부모를 잃은 순간 절망이 찾아오고 모든 것을 포기하고 싶은 마음이 드는 것이 사실입니다. 그러나 시간이 지나면서 그렇게도 못살 것 같던 삶을 조금씩 이기며 살아가는 것을 볼 수 있습니다.

이것이 어찌 부모를 잃은 것에만 해당되겠습니까? 부모를 잃은 슬픔보다 더 큰 슬픔이 아마 자식을 잃은 슬픔일 것입니다. 차라리 부모가 대신 죽으면 죽었지 자식이 자신의 눈앞에서 죽어가는 것을 지켜볼 수 있는 부모는 아무도 없습니다. 하늘이 무너지는 슬픔이 바로 자식이 먼저 죽는 것을 보는 슬픔일 것입니다. 그러나 이런 경우에도 시간이 지나면서 부모는 그 슬픔을 조금씩 이기게 되고, 그렇게도 못살 것 같았던 삶을 유지하며 살게 됩니다.

인생길에 무엇을 잃어버린다는 것은 참으로 힘들고 어려운 일입니다. 함께 삶을 나누고 피를 나누는 가족인 경우는 말할 것도 없고, 자신의 인생에서 애지중지하며 한평생 쌓아 놓은 물질과 명예를 잃어버리는 경우에도 그 절망감이 이루 말할 수 없습니다. 그러나 이런 절망과 슬픔은 시간이 지나면 조금씩 극복되기 마련입니다. 잃어버린 물질 때문에 모든 것을 포기하고 싶은 마음이 들었어도 물질이 아닌 더 가치 있는 것을 발견하는 순간부터 사람들은 그 슬픔과 절망에서 일어납니다. 함께 인생길을 걸어갔던 사랑하는 가족을 잃어버리는 슬픔도 언젠가는 천국에서 다시 만날 것을 기대하기에 이겨낼 수 있습니다.

그러나 한 번 잃어버리면 도저히 회복되지 않는 일이 있습니다. 바로 '나 자신'입니다. 나를 잃어버리면 도저히 회복되지 않습니다. 나를 잃어버린다는 것은 내가 누구인지도 모르고, 무엇을 위해 살아야 하며 어디로 갈 것인지도 전혀 알지 못하는 것을 말합니다. 그러면 나 자신을 잃어버리지 않기 위해서는 어떻게 해야 할까요? 나를 만드시고 나에게 인격을 부으셔서 생명의 삶으로 방향과 목적을 삼게 하신 하나님을 잃어버리지 않아야 합니다. 나는 결코 스스로 내 삶의 의미와 가치를 찾을 수 없습니다. 나의 가치와 의미, 삶의 방향과 목적은 오직 하나님이 부어 주셔야만 알 수 있습니다. 그런 의미에서 부모 없이는 살아도, 자식 없이는 살아도, 물질과 명예 없이는 살아도, 하나님 없이는 살 수 없습니다.

마귀는 너의 필요를 채우라고 시험한다

예수님이 요단강가에서 세례를 받으신 후 공생애를 시작하시면서 광야에서 40일 간 금식을 하실 때 마귀가 찾아와 예수님을 시험했습니다. 첫 시험이 이렇습니다.

> "시험하는 자가 예수께 나아와서 이르되 네가 만일 하나님의 아들이어든 명하여 이 돌들로 떡덩이가 되게 하라"(마 4:3).

이 시험에 대한 예수님의 대답은 이렇습니다.

> "예수께서 대답하여 이르시되 기록되었으되 사람이 떡으로만 살
> 것이 아니요 하나님의 입으로부터 나오는 모든 말씀으로 살 것이
> 라 하였느니라 하시니"(마 4:4).

돌들을 떡덩이가 되게 하라는 마귀의 유혹은 무엇을 의도한 것일까
요? 이것은 두 가지로 나누어 볼 수 있습니다.

먼저 '하나님의 아들이라면서 왜 굳이 그런 배고픔을 겪고 있는가'
라는 유혹입니다. 지금 예수님은 광야에서 40일을 금식하셨기에 몹
시 주리신 상태였습니다. 예수님은 하나님의 아들이셨지만 인간의 몸
으로 오셨기에 인간이 겪는 배고픔을 분명히 동일하게 느끼고 계셨습
니다. 이 점을 사탄이 역이용한 것입니다. 사탄은 예수님이 하나님의
아들로서 겪지 않아도 될 일을 굳이 힘들게 겪지 말라고 말하고 있습
니다.

이것이 사탄이 우리를 넘어뜨리기 위해서 다가오는 유혹의 방법이
기도 합니다.

"네가 예수 믿는다면서 왜 그런 고난을 당하는가? 예수 믿는다면
지금 하는 일이 잘 풀려야 하는데, 왜 너는 그 모양 그 꼴로 살고 있
느냐?", "그렇게까지 예수를 믿어야 하는가? 적당히 즐기고, 적당히 거
리를 두면서 슬쩍 너의 앞가림도 하면서 살아야지 왜 그렇게 모질게
남 좋은 일만 시키고 있는가?" 이런 질문이 바로 사탄이 던지는 질문

입니다.

다음으로 돌들로 떡덩이가 되게 하라는 유혹은 예수님이 갖고 계신 능력을 하나님의 뜻을 이루는 데 사용하기보다 예수님 자신의 필요를 채우는 일에 사용하라는 유혹입니다. 그러나 예수님은 한 번도 자신의 필요를 채우기 위해 능력을 사용하신 적이 없습니다.

예수님은 얼마든지 돌로 떡을 만드실 수 있는 분입니다. 그래서 벳새다 들녘에서 물고기 두 마리와 보리떡 다섯 개로 5천 명을 먹이시는 기적을 베풀기도 하셨습니다. 그러나 자신을 위해서는 이런 능력을 사용하지 않으셨습니다. 왜일까요? 하나님이 허락하신 능력은 하나님의 뜻을 이루는 일을 위해서만 사용해야 하기 때문입니다. 만일 하나님이 주신 능력을 자신의 뜻을 이루는 일에 사용한다면 그 능력은 하나님의 영광을 가리게 될 뿐 아니라 그 자신을 무너뜨리는 올무가 됩니다.

여기에 넘어졌던 많은 사람들이 있었습니다. 병 고치는 은사로 세계 곳곳을 다니면서 많은 사람들을 치료하고 집회를 했던 사역자들 가운데 자신에게 쏟아지는 부와 명예를 주체하지 못해서 결국 비참한 말로를 걷고 이단에 빠지는 것을 많이 볼 수 있습니다.

1960년대에 박태선 장로는 처음에 신실한 하나님의 종으로 기름부음 받고 나서 하나님의 은혜가 강하게 역사하셔서 가는 곳마다 병 고치는 아주 신비한 능력을 보여주었습니다. 그런데 이 은사를 그가 하나님의 복음을 위해 하나님 나라를 확장하는 일에 사용하지 않고 자신의 명예와 부를 쌓는 일에 몰두하기 시작했습니다. 신앙촌이라는 곳을 만들어 사람들이 집단생활을 하도록 시키면서 공장을 경영하고 그곳에서 만들어 낸 물건들을 강제로 팔게 했습니다. 돈이 점점 더 많아지면서 그 아래 수많은 사람들이 모여들기 시작했습니다. 그것은 하나님이 주신 은사를 자신을 위해 떡을 만드는 일에 사용한 것이었습니다. 결국 그는 이단으로 전락했습니다. 그 때문에 수많은 사람들이 상처 입고 피해를 보며 가정이 파괴됐습니다. 결국 박태선 한 사람 때문에 한국 사회 공동체가 어려워졌습니다. 그 때문에 지금도 수많은 이단들이 나오고 있습니다. 이단은 참 이상한 조직이어서 그 우두머리가 사라지면 그 밑에 있던 말단 신도가 다시금 이단을 차립니다. 지금도 횡횡하고 있는 이단들의 뿌리를 보면 박태선 밑에서 훈련 받았던 자들이 대부분입니다.

하나님이 은사를 주신 이유가 무엇입니까? 왜 병 고치는 은사를 주셨습니까? 왜 예언의 은사를 주셨습니까? 하나님의 공동체를 바로 세우고, 하나님의 뜻을 이루는 일에 사용하라고 주신 것입니다. 그런데 그것을 다른 이들을 넘어뜨리고 상처 주며 자신의 권위와 힘을 자랑하는 쪽으로 사용하기 시작하는 순간부터 그 은사는 하나님의 영광을 가릴 뿐만 아니라 자신을 넘어뜨리는 올무가 됩니다.

유혹이 올 때 대화하지 마라

그러면 어떻게 이 유혹을 이길 수 있을까요? 우리는 사탄의 유혹을 물리치신 예수님의 방법을 배워야 합니다. 예수님은 두 가지 방법으로 사탄의 유혹을 물리치셨습니다.

먼저 사탄의 유혹이 올 때에 스스로를 너무 과신해서는 안 됩니다. 예수님은 사탄이 다가왔을 때 사탄과 대화하지 않으셨습니다. 하나님의 뜻에 어긋나는 일들이 교묘하게 스며들 때마다 우리가 넘어지는 일 중 하나가 대화입니다. 대화와 토론은 영적인 도전 앞에서는 금물입니다. 이 문제에 넘어졌던 대표적인 인물이 바로 하와입니다. 창세기에 보면 하나님께서 에덴동산 안에 있는 모든 실과는 먹되 선악을 알게 하는 나무의 열매만큼은 먹지 말라고 하셨습니다. 그런데 이때 사탄이 하와를 넘어뜨린 방법이 무엇입니까? 교묘하게 찾아와 대화를 유도한 것입니다. 창세기 3:1을 보겠습니다.

> "뱀은 여호와 하나님이 지으신 들짐승 중에 가장 간교하니라 뱀이 여자에게 물어 이르되 하나님이 참으로 너희에게 동산 모든 나무의 열매를 먹지 말라 하시더냐."

이 질문의 함정이 무엇입니까? 하나님은 선악을 알게 하는 나무의 열매를 먹지 말라 하셨지 모든 나무의 열매를 먹지 말라고 하신 것은 아닙니다. 사탄은 언제나 하나님의 의도를 왜곡해서 우리가 넘어지게끔 합니다. 이 질문을 통해서 사탄은 하와와 대화를 시작했습니다. 그리고 하와는 그 간교한 사탄의 대화술에 넘어지고 말았습니다. 하와의 답변이 무엇입니까?

"² 여자가 뱀에게 말하되 동산 나무의 열매를 우리가 먹을 수 있으나 ³ 동산 중앙에 있는 나무의 열매는 하나님의 말씀에 너희는 먹지도 말고 만지지도 말라 너희가 죽을까 하노라 하셨느니라"(창 3:2-3).

하와의 이 대답에 무엇이 잘못되었습니까? 하나님은 정녕 죽으리라 말씀하셨는데, 하와는 죽을지도 모른다고 대답한 것입니다. 여기서부터 넘어지기 시작했습니다.

사탄과 대화를 하면 우리는 결코 논리적으로 이길 수 없습니다. 사탄을 뜻하는 헬라어 '디아 블로스'의 원래 뜻이 '참소자, 고발자, 이간자'라는 의미를 가지고 있습니다. 사탄은 언제나 신랄하게 문제를 지적합니다. 늘 안 좋은 일들을 들추어냅니다. 틈만 생기면 가차없이 부정과 불평을 쏟아내게 만듭니다. 여기에 한 번 휘말리기 시작하면 걷잡을 수 없는 추락을 경험합니다. 사탄은 처음에는 교묘하게 우리에게 다가와 대화를 시작합니다. "괜찮아, 이 정도는. 한 번 해봐…", "저 옆에 있는 김 집사 요즘 좀 이상해진 것 같애…", "요즘 선교회 분위기가 왜 이래…", "요즘 교회가 왜 이래… 드디어 교회를 떠날 때가 온 것 같군…" 이런 마음을 뿌리면서 사탄은 우리에게 접근해 옵니다.

신앙은 논리적인 대화를 통해서 이루어지는 것이 아닙니다. 신앙은 믿음으로 결단하는 것입니다. 진리 앞에 옳다면 여지를 남기지 않고 그 길을 선택하며 나아가는 것입니다. 사탄은 자꾸 이 부분을 흔들어 놓습니다.

주님은 분명히 사탄을 논리적으로도 물리칠 수 있는 분이십니다.

그러나 주님은 사탄과 논리적으로 대화하여 제압하지 않으셨습니다. 주님을 따르는 자들의 연약함을 아시기에 장차 흔들리지 않고 사탄의 유혹을 제압할 수 있는 확실한 방법을 가르쳐 주시기 위해서입니다. 그것은 바로 말씀 선포입니다. 이것이 실은 사탄의 유혹을 물리치신 예수님의 두 번째 방법이셨습니다.

유혹이 올 때 말씀을 선포하라

"예수께서 대답하여 이르시되 기록되었으되 사람이 떡으로만 살 것이 아니요 하나님의 입으로부터 나오는 모든 말씀으로 살 것이라 하였느니라 하시니"(마 4:4).

이 말씀 한마디로 예수님은 완전히 사탄의 유혹을 제압하셨습니다. 사탄은 말씀 앞에 꼼짝 못합니다. 말씀이 정확하면 정확할수록 더더욱 그렇습니다. 그러면 이 말씀이 과연 무슨 뜻이기에 사탄은 이 말씀 앞에 꼬리를 내린 것일까요? 바로 신명기 8:3을 인용하신 것입니다.

"너를 낮추시며 너를 주리게 하시며 또 너도 알지 못하며 네 조상들도 알지 못하던 만나를 네게 먹이신 것은 사람이 떡으로만 사는 것이 아니요 여호와의 입에서 나오는 모든 말씀으로 사는 줄을 네가 알게 하려 하심이니라."

이스라엘 백성이 애굽에서 나와 홍해를 건너서 광야에 들어온 직후에 했던 불평이 먹을 음식이 없다는 것이었습니다. 당연한 불평입니다. 광야에서 양식을 구하지 못하는 건 당연합니다. 그런데 문제는 단순히 배가 고파서 불평을 한 것이 아니라 배가 고파서 더 이상 안식일이고 뭐고 못 지키겠다는 불평이었습니다. "하나님, 지금 당장 먹을 것도 없는데 어떻게 광야에서 하나님을 예배한다는 말입니까?"라는 불평입니다. 그래서 그들은 차라리 먹을 것이 있는 애굽으로 돌아가겠다고 외치고 있었습니다. 먹는 문제 때문에 옛 생활로 돌아가겠다는 것입니다. 마치 "하나님, 목구멍이 포도청인데 주일을 어떻게 지킵니까? 내일 당장 렌트비 낼 것도 없는데 어떻게 십일조 하라는 것입니까? 차라리 예수 안 믿는 사람처럼 살겠습니다…"라고 외치는 것과 똑같습니다. 이때에 하나님이 만나를 내려 주시면서 말씀하셨습니다. 출애굽기 16:4입니다.

"그때에 여호와께서 모세에게 이르시되 보라 내가 너희를 위하여 하늘에서 양식을 비 같이 내리리니 백성이 나가서 일용할 것을 날마다 거둘 것이라 이같이 하여 그들이 내 율법을 준행하나 아니하나 내가 시험하리라."

이 말씀은 무슨 뜻입니까? '너희들이 먹을 것이 없어서 율법을 지키지 못하겠다고 했느냐? 그렇다면 내가 먹을 것을 줄 테니 한 번 지켜봐라…' 하시면서 40년 동안 양식을 주신 것입니다. 그런데 40년 후의 결과가 무엇입니까? 양식을 주면 광야에서 예배도 잘 드리고 율법도 잘 지킬 것 같았는데 여전히 하나님을 불신하고 약속을 붙들지 못했습니다. 가데스 바네아에서 열두 명의 정탐꾼들은 가나안 땅을 보고 돌아와서 이제 우리는 망했다고 보고했습니다. 그들은 만나를 먹으면서 여전히 자신들의 삶에 대하여 불평하고, 하나님이 안 계신 것처럼 살고, 이방 사람들의 우상을 기웃거렸습니다.

그래서 모세가 40년이 지난 즈음에, 이제 가나안에 들어갈 그 마지막 단계에서 다시금 주지시키고 있는 것입니다. "봐라 너희들이 40년간 광야에서 만나를 먹었어도 여전히 죄를 짓고 하나님을 바르게 섬기지 못한 것 아니냐… 그러므로 너희들이 사는 방법은 떡으로가 아니라 바로 하나님의 말씀으로 사는 것이다…"라고 가르쳐 준 것입니다.

우리가 사는 길은 진정 하나님의 말씀에 있습니다. 말씀이 곧 하나님이십니다. 그러므로 말씀을 붙들고 그 말씀에 순종하는 자에게는 만나로 해결할 수 없었던 일들이 해결됩니다. 말씀이 우리 삶의 유일한 대안이요 능력입니다. 말씀이 선포된다는 것은 하나님이 선포된다는 것입니다. 말씀을 붙들고 말씀에 순종하는 삶에는 하나님이 함께 하십니다. 말씀은 사탄의 그 어떤 유혹과 시험도 능히 이기게 하는 유일한 능력입니다. 이 시대 이 땅에 우리에게 진정으로 필요한 것은 떡이 아니라 하나님이십니다.

그런데 사람들은 자꾸 속습니다. 떡이 우리를 살리는 것으로 착각합니다. 그래서 물질을 통해서 자신의 능력을 보여주려고 합니다. 그런데 이보다 더 심각한 문제가 있습니다. 번영신학에 물든 자들에 의해서 부자가 되는 것만이 참된 신앙의 결과라고 선포되고 있다는 점입니다. 그런데 부자로 사는 것이 진짜 신앙인으로 잘사는 것입니까? 부자로 사는 것과 잘사는 것은 전혀 다릅니다.

부자이면서도 잘살지 못하는 사람이 있는 반면, 가난하게 살면서도 잘사는 사람이 있습니다. 잘사는 것이란 무엇입니까? 하나님의 생명의 법칙대로 사는 것을 말합니다. 생명의 법칙은 바로 말씀에 있습니다. 말씀의 길만이 시절을 좇아 열매를 맺으며 그 잎사귀가 마르지 않는 인생이 되게 합니다. 사람은 떡으로 사는 것이 아니라 하나님과 그 말씀으로 삽니다.

기독교 역사 속에서 기독교가 가장 부자로 살았던 때는 중세시대였습니다. 그러나 그 시대를 일컬어 어느 누구도 신앙의 최절정기라 하지 않습니다. 오히려 교회가 부자일 때 영적으로 가장 바닥을 헤매고 있었습니다. 중세 교회는 더 많은 돈을 모으기 위해서 하나님만이 하실 수 있는 죄 사함의 역사를 돈을 버는 방법으로 이용했습니다. 이것이 바로 면죄부 판매입니다. 돈은 결코 우리의 삶을 바꿀 수 없습니다. 우리의 삶은 오직 하나님 한 분만이 바꾸실 수 있습니다. 돈이 우리를 살리는 것이 아니라 하나님이 우리를 살리십니다.

니카라과 출신의 복음송 가수 토니 멜렌데즈는 임신 중에 어머니가 먹은 약물로 인해 양팔 없이 태어났습니다. 그러나 그는 두 개의 발가락으로 기타를 연주하며 미국 전역에서 하나님을 찬양하는 자로 살고 있습니다. 그가 자신의 간증을 담은 영상에서 이런 말을 했습니다.

"기적은 바로 당신에게 두 팔이 있다는 것입니다. 그 두 팔을 올릴 수 있다는 것이 기적입니다. '나는 할 수 없다'고 제게 말하지 마십시오. 당신은 많은 일을 할 수 있습니다. 일어나서 말하십시오. '저는 앞으로 나아가기를 원합니다.' 세상은 여러분이 '그렇습니다. 할 수 있습니다'를 외치기를 기다리고 있습니다."

만일 토니 멜렌데즈가 버젓이 두 손으로 물질을 움켜쥘 수 있다면 그의 두 손은 결코 기적의 팔이 될 수 없습니다. 그러나 무엇인가를 움켜쥘 수 있는 두 손이 없을지라도 그의 가슴과 두 발로 하나님을 붙들고 있기에 그는 세상 그 누구보다 참다운 생명과 희망과 능력을 소유하고 삽니다. 그래서 그에게 두 팔이 없다는 것은 결코 장애가 아니라 하나님을 붙들 수 있는 새로운 축복의 시작입니다. 그런 의미에서 토니 멜렌데즈의 삶이야말로 이 세상을 무엇으로 사는지를 분명하게 보여주고 있다고 믿습니다. 사람은 떡으로 사는 것이 아니라 하나님으로 삽니다.

| 마태복음 4:5-7 |

5 이에 마귀가 예수를 거룩한 성으로 데려다가 성전 꼭대기에 세우고 6 이르되 네가 만일 하나님의 아들이어든 뛰어내리라 기록되었으되 그가 너를 위하여 그의 사자들을 명하시리니 그들이 손으로 너를 받들어 발이 돌에 부딪치지 않게 하리로다 하였느니라 7 예수께서 이르시되 또 기록되었으되 주 너의 하나님을 시험하지 말라 하였느니라 하시니

하나님의 아들이어든

사랑이 답이다

중국 선교 중에 한 고아원을 방문하게 되었습니다. 이 고아원은 중국으로 탈북했던 사람들이 낳았던 아이들 중 버려진 아이들을 모아서 키우는 곳이었습니다. 약 20명 정도의 어린아이들이 옹기종기 모여서 원장님의 보호 아래 생활하고 있었는데, 그곳은 다른 고아원보다 규모도 작고 시설도 보잘 것 없었으나 그 지역에서 가장 인정받고 있었습니다. 약 한 시간 정도 원장님과 이야기를 나누는 중에 그 비결이 궁금해 물었더니 원장님이 한 마디로 이렇게 대답을 하셨습니다.

"그것은 사랑인 것 같습니다."

고아원 아이들이 가장 힘들어 하는 부분은 열악한 환경도, 공동체 생활을 하는 불편함도 아니었다고 합니다. 그들이 가장 힘들어 하는 것은 '잊힘'이었습니다. 부모가 자신을 버렸다는 사실은 씻을 수 없는 상처요 아픔이었습니다. 이 상처는 친구와 이웃을 대할 때마다 자신이 잊힌 존재라는 의식을 하게 만들었고, 심지어 학교에서 선생님과도 멀어지게 했습니다. 이 부분 때문에 원장님이 고아원 사역을 시작하면서 제일 먼저, 그리고 가장 중요하게 여긴 부분이 아이들 한 사람 한 사람에게 진정한 사랑을 심는 것이었습니다.

그래서 처음에는 밥도 부모가 해주는 것처럼 준비하고 옷도 부모가 입히는 것처럼 해주면서 그들에게 진정으로 사랑을 쏟아 부었습니다. 그러나 이것만으로는 아이들에게 사랑을 심어주기에 역부족이었습니다. 그래서 생각해 낸 것이 사랑의 근본이신 하나님의 사랑을 심어주는 것이었습니다. 공산주의 국가 안에 있는 공공기관에서 하나님의 사랑을 말로 표현하는 것은 금지되어 있기 때문에 말이 아니라 행동으로 하나님의 사랑을 보여주고 안아주며 대화를 했습니다. 그러면서 하나님이 그들을 사랑하고 계심을 알려주기 시작했습니다. 이것이 그들로 하여금 잊힌 존재가 아니라 사랑받고 있는 존재임을 깨닫게 해준 아주 중요한 사역이었다고 합니다.

잊히고 버림받았다는 상처와 아픔보다 더 비참한 것은 없습니다. 그러나 이 비참함도 사랑 앞에는 분명히 녹게 되어 있습니다. 사람에게는 무엇을 먹고 사느냐보다 더 중요한 것이 왜 사느냐입니다. 내가 존재할 가치가 있는 자임을 확신할 때 삶의 이유도 알게 됩니다. 이 확신은 사랑받고 있을 때 이루어집니다. 그러나 사랑이라고 다 이것을 확인시켜 주는 것은 아닙니다. 부모조차도 자식을 버리는 그런 사랑은 언제나 상처만 남길 뿐입니다. 그러나 상대방을 위해서 자신을 버리는 사랑이 하나 있습니다. 사랑 중에서 가장 숭고한 사랑, 바로 하나님께서 나에게 베푸신 아가페의 사랑이 그것입니다. 이 사랑을 경험하는 순간 나는 결코 잊힌 존재가 아님을 깨닫게 됩니다.

하나님이 베푸신 아가페는 어떤 사랑입니까? 나같이 보잘 것 없고 쓸모 없는 자를 위해서 하나님이 그 높으신 하늘 보좌를 버리고 낮고 천한 인간의 자리로 내려오셔서 나대신 십자가 위에서 죽으신 사랑입니다. 이 사실이야말로 인류 역사에 가장 감동적인 러브 스토리가 아니겠습니까? 이 사랑 때문에 내가 삶의 의미와 가치를 얻었고 내 삶의 수준이 달라져 왜 살아야 하는지, 무엇을 위해 살아가야 하는지를 알게 되었습니다. 그런 의미에서 하나님의 사랑은 나를 살리는 능력입니다.

그렇기에 우리는 사랑을 심고 뿌려야 합니다. 비록 받아들일 준비가 안 되어 있는 심령이라도 뿌리고 심으면 언젠가는 그 마음밭이 부서지고 녹아져서 사랑의 줄기가 솟아오르게 되어 있습니다. 한 인생의 회복과 한 사회와 국가의 회복은 바로 이 사랑을 심는 데서부터 출발해야 합니다.

마귀는 하나님의 사랑을 의심하게 한다

사탄은 우리를 바로 이 부분에서 넘어뜨리려 합니다. 예수님에게 배고픔의 문제를 가지고 첫 번째 시험을 걸었던 사탄이 예수님의 말씀 한 마디에 보기 좋게 참패를 당하고 나자 역으로 말씀으로 두 번째 시험을 합니다. 바로 하나님에 대한 사랑을 의심케 하는 시험입니다.

> "⁵ 이에 마귀가 예수를 거룩한 성으로 데려다가 성전 꼭대기에 세우고 ⁶ 이르되 네가 만일 하나님의 아들이어든 뛰어내리라 기록되었으되 그가 너를 위하여 그의 사자들을 명하시리니 그들이 손으로 너를 받들어 발이 돌에 부딪치지 않게 하리로다 하였느니라"(마 4:5-6).

참으로 교묘한 시험입니다. 이것은 바로 두 가지의 내용을 담고 있습니다.

먼저, 예수님이 하나님의 아들이신지를 의심케 하는 시험입니다. "네가 만일 하나님의 아들이어든"이라는 표현을 썼습니다. 이것이 얼마나 교묘한 술수입니까? 얼마 전에도 예수님은 요단강가에서 세례를 받으시고 나서 "이는 내 사랑하는 아들이요 내 기뻐하는 자라"는 하나님의 음성을 직접 들었습니다.

사탄 마귀의 전략 중 하나가 분명한 것을 자꾸 의심하도록 하는 것입니다. 내가 하나님의 아들임이 분명한데 어느 순간 내 물질을 칩니다. 내 건강을 치고 사업을 칩니다. 그러면서 슬쩍 이런 음성을 흘려듣게 합니다. '네가 진짜 하나님의 아들이라면 어떻게 이런 일이 일어날 수 있어… 네가 하나님의 아들이라면 어떻게 하나님이 너를 이렇게 대우하실 수가 있어….' 이것이 정체성을 의심케 하는 사탄의 전략입니다. 사탄이 욥을 시험할 때도 이 방법을 썼습니다. 그러나 욥의 항변이 무엇입니까? 비록 자신이 고난과 아픔 속에 있어도 하나님은 여전히 자신을 사랑하신다는 것입니다.

분명한 것조차도 사탄이 건드리면 아닌 것처럼 느끼게 됩니다. 여기에 함정이 있습니다. 내가 구원받은 것이 분명한데 사탄은 자꾸 내가 구원받지 않은 자인 것처럼 생각하게 만듭니다.

오래 전에 나이 많으신 한 할머님을 심방한 적이 있습니다. 오랫동안 교회 생활을 하신 분입니다. 그분과 대화를 나누는 중에 한 가지를 여쭈어 보았습니다.

"할머니, 이 세상을 떠나신다면 천국에 들어갈 확신이 있으십니까?"

"목사님! 저 같은 사람이 어떻게 천국에 들어가겠습니까?"

이분은 오래 전에 세례도 받고 부흥회 때 은혜도 많이 받는 분인데 구원 문제 앞에는 자신이 없었던 것입니다. 왜 그랬을까요? 구원이 무엇인지를 잘 몰랐던 이유도 있지만, 더 중요한 것은 오래 전에 구원을 확신했던 자신의 믿음에 대하여 사탄이 자꾸 의심을 뿌려 놓았기 때문입니다. 사탄은 내 신앙을 자꾸 흐릿하게 만들어 놓습니다.

다음으로, 사탄의 이 시험은 예수님이 하나님의 사랑을 의심케 하려는 의도가 깔려 있습니다. 사탄은 이런 표현을 썼습니다.

"네가 만일 하나님의 아들이어든 뛰어내리라."

이것은 만일 당신이 하나님의 아들이 맞다면 하나님이 당신을 인정하고 보호하고 계시는지 증명해 보이라는 뜻입니다. 그러면서 6절에서 이렇게 말합니다.

"이르되 네가 만일 하나님의 아들이어든 뛰어내리라 기록되었으되 그가 너를 위하여 그의 사자들을 명하시리니 그들이 손으로 너를 받들어 발이 돌에 부딪치지 않게 하리로다 하였느니라."

이것은 무엇을 말합니까? 하나님이 당신을 사랑하신다면 분명 성전 꼭대기에서 뛰어내려도 결코 다치지 않게 해주실 것이니 한번 그 사랑을 증명해 보이라는 뜻입니다. 이것이 바로 우리를 넘어뜨리려는 사탄의 전략입니다.

사탄은 우리를 시험할 때 이 부분부터 건드립니다. "네가 하나님의 아들이라고? 진짜로 하나님이 너를 사랑하고 계실까?" 이때 우리는 대답합니다. "정말로 하나님은 나를 사랑하신다." 그러면 사탄은 물러서지 않고 집요하게 되묻습니다. "그렇다면 하나님이 너를 사랑하시는지 한번 증명해 봐."

여기에 우리는 더 나아가지 못하고 막힙니다. 왜입니까? 사랑을 증명하기 위해서는 내가 높은 옥상에서 뛰어내려도 다치지 않아야 한다고 생각하기 때문입니다. 그러나 이것은 사탄의 논리입니다. 사탄은 늘 우리에게 사랑이 물리적인 결과로 증명되어야 한다고 합니다. 상대가 나를 사랑하면 나에게 사탕 하나라도 생기게 해야 한다고 생각합니다. 상대가 나를 사랑하면 다이아반지를 끼워 주어야 한다고 생각합니다. 하나님이 나를 사랑하면 만사형통이어야 한다고 생각합니다.

하나님이 나를 사랑하면 내가 옥상에서 뛰어내려도 다치지 않아야 한다고 생각합니다. 그러나 사랑은 그렇게 증명되는 것이 아닙니다.

하나님을 시험하지 말라

사탄의 이런 시험에 대해 예수님이 물리치신 방법이 7절에 나옵니다.

> "예수께서 이르시되 또 기록되었으되 주 너의 하나님을 시험하지 말라 하였느니라 하시니."

이 말씀은 신명기 6:16에 대한 인용입니다.

> "너희가 맛사에서 시험한 것같이 너희의 하나님 여호와를 시험하지 말고."

예수님이 사탄의 시험을 물리치신 핵심이 '하나님을 시험하지 말라'는 것입니다. 하나님을 시험하지 말라는 것이 과연 무슨 뜻일까요? 이것을 알려면 출애굽기 17장을 보아야 합니다. 출애굽한 이후 이스라엘 백성이 신광야를 거쳐 르비딤 광야에 이르렀을 때 마실 물이 없게 되자 아우성을 치며 모세를 원망하기 시작했습니다.

"당신이 우리를 왜 애굽에서 인도해 내서 여기서 목말라 죽게 합니까?"

이때 하나님이 모세로 하여금 지팡이를 가지고 반석을 쳐서 물을 내게 하심으로 불평을 잠재우셨습니다. 그런데 모세는 이 사건을 이렇게 표현하고 있습니다.

"그가 그 곳 이름을 맛사 또는 므리바라 불렀으니 이는 이스라엘 자손이 다투었음이요 또는 그들이 여호와를 시험하여 이르기를 여호와께서 우리 중에 계신가 안 계신가 하였음이더라"(출 17:7).

이 말씀은 하나님이 목마름의 문제를 해결하시는지 안 하시는지를 백성이 시험했다는 것입니다. 즉 하나님께서 과연 나를 사랑하시는지 안 하시는지를 확인할 때, 목말라 죽게 내버려 두시면 하나님이 나를 사랑하는 것이 아니요, 목마름을 해결하시면 나를 사랑하는 것으로 알겠다는 수준에 이스라엘 백성들이 있었다는 것입니다. 그런데 어찌 이것이 이스라엘 백성만의 문제이겠습니까? 실은 이 시대를 살고 있는 우리의 모습이기도 합니다. 나의 목마름의 문제를 해결하시면 하나님이 나를 사랑하시는 것으로 알겠다고 하는 이것이 하나님을 시험하는 것입니다.

만일 아들이 '용돈 잘 주면 아버지가 나를 사랑하는 것이고, 용돈을 안 주면 나를 사랑하지 않는 것이야'라며 아버지의 사랑을 확인하려고 한다면 이보다 더 철없는 아들이 어디 있겠습니까? 그런데 꼭 우리가 그 수준에 머물고 있습니다.

"하나님, 내일까지 이 문제를 해결해 주시면 나를 사랑하시는 것으로 알겠습니다."

지금 우리의 수준이 이것밖에 안 됩니다.

사탄이 우리가 그 수준에 머물도록 하기 위해 하나님의 사랑을 의심하라고 자꾸 충동질 합니다. '하나님이 너의 육체의 문제, 직장의 문제도 해결 안 하시는 것 보니 절대로 너를 사랑하지 않으시는 거야.' 만일 이런 속삭임에 넘어가서 '진짜로 하나님이 나를 사랑하시지 않는가 봐'라고 동의하는 순간부터 우리는 하나님의 사랑을 의심하게 됩니다. 이것이 바로 하나님을 시험하는 것입니다.

그러나 하나님에 대한 사랑은 그런 것으로 확인하는 것이 아닙니다. 이미 내가 하나님의 자녀가 되었다는 것 자체가 나를 향한 하나님의 사랑이 얼마나 놀라운 것인지를 증명하고도 남습니다. 왜냐하면 나를 자녀 삼으시기 위해서 하나님이 치르신 대가가 바로 죽음이었기 때문입니다. 죽기까지 우리를 사랑하셨다는 것보다 더 큰 사랑이 어디 있겠습니까? 이 밖에 우리가 더 무엇을 필요로 한다는 말입니까?

장성한 아들이 자신을 낳다가 죽은 어머니를 향하여 "왜 어머니는 나를 낳아만 놓고 아무것도 해준 것이 없습니까"라고 할 수 있습니까? 자신을 낳기 위해 목숨을 버린 어머니의 그 사랑보다 더 큰 사랑이 어디 있습니까? 그러니까 우리는 외쳐야 합니다. "사탄아 물러가라! 나는 절대로 하나님의 사랑을 의심하지 않는다. 하나님은 여전히 나를 사랑하신다. 비록 내가 이렇게 힘이 들고 어려워도 여전히 하나님은 나의 아버지이시고 나는 하나님의 아들이다!"

사랑의 확신이 삶을 변화시킨다

중국 선교 중에 북한의 형제자매들을 만나 함께 울고 기도하며 며칠을 보내는 중에 주일예배 후에 한 자매님에게 세례를 베풀게 되었습니다. 그 자매님은 북한에 있었을 때는 전혀 예수를 모르던 분이었습니다. 그런데 중국에서 선교사님을 만나 예수를 믿게 되었습니다. 신앙이 얼마나 급속도로 자라는지, 이분과 함께 다른 두 분이 북한에 다시 복음을 전하기 위해 들어가겠다고 결단하기에 함께 간 저희 팀과 선교사님 그리고 사역자들이 그날 밤에 그들을 선교사로 파송하는 은혜까지 주셨습니다.

세례를 베풀 때 서약을 하기 위해서 손을 들라고 했는데 손을 드는 순간부터 문답이 끝나고 세례를 베푸는 순간까지 그분의 눈에서 끝없이 눈물이 흘렀습니다. 세례를 주는 저도 울고, 그 세례를 함께 지켜보던 모든 사람들이 울음바다를 이루었습니다.

제가 그분에게 개인적으로 물어 보았습니다.

"어떻게 다시 북한에 들어가 주의 복음을 전하겠다는 마음을 가지게 되었습니까?"

"제가 47년의 삶을 사는 동안에 처음으로 경험한 사랑 때문입니다…"

그 자매님은 인민반장 출신입니다. 그렇기 때문에 자신의 주위에 있는 사람들을 늘 책임지면서 돌봐야 했습니다. 그런데 그런 위치에 있으면서도 책임감 때문에 사람들을 대했지 사랑으로 대해본 적이 없었다고 합니다. 왜냐하면 자신이 그런 사랑을 받아 본 적이 없었기 때문입니다. 굳이 있다면 인민반장 시절, 자신의 아들을 군대 보낼 때 한번 경험한 적이 있었다고 합니다.

이 자매님이 군대 가는 아들을 위해 밥 한끼 해줄 능력이 안 되어서 끙끙 앓고 있을 때 이웃집 아주머니가 그 자매님의 아들에게 밥 한끼 먹이겠노라고 초대를 했다고 합니다. 그 아주머니도 평소에 죽 한 그릇 넉넉하게 먹지 못하는 분이었습니다. 그런데 어떻게 밥을 짓는다는 말인지 처음에는 의심을 했습니다. 그런데 알고 보니 그 아주머니가 장마당에서 땅바닥에 떨어진 쌀을 한 톨 한 톨 주어다가 모아 놓은 한줌의 쌀이 있었는데 자기 아들 생일 때 주려고 했던 것을 그 자매님의 아들이 군대 간다고 하니까 그 쌀로 밥을 지은 것입니다. 그 때 그 밥을 먹으면서 많은 눈물을 흘렸다고 합니다. 이것이 그의 생애에 누군가로부터 받아본 처음이자 마지막 사랑이었다고 합니다.

그런데 선교사님을 만나고 나서 보니까 그런 사랑과는 비교도 되지 않는 놀라운 사랑이 있다는 것을 알게 되었습니다. 바로 하나님의 사랑이었습니다. 자신같이 보잘 것 없는 자를 살려 내시기 위해서 하나뿐인 예수님을 대신 죽이신 하나님의 사랑을 깨닫고 나니까 이제껏 사랑을 받지 못해서 힘들어 했던 상처와 아픔들이 한순간에 다 사라지는 것을 경험했다고 합니다. 47년 동안 한 번도 경험해 보지 못했던 그 사랑이 자신의 가슴에서 막 밀려오는 순간 그는 이미 모든 것을 가진 자가 되었고 더 이상 부러울 것이 없었습니다. 그래서 그 자매님은 이런 감격과 기쁨, 자신이 소유한 이 놀라운 사랑을 동포들에게 전하고 싶다고 한 것이었습니다. 저는 그때 다시 한 번 확인했습니다. 북한 동포들의 문제를 해결하는 것은 빵이 먼저가 아니라 바로 우리 주 예수 그리스도의 사랑이 먼저라는 사실입니다.

이 자매님의 감격과 기쁨은 물질 때문이 아니었습니다. 힘들고 어려운 자신의 신분이 해결된 것 때문도 아니었습니다. 한순간에 북한의 상황이 바뀐 것 때문은 더더욱 아니었습니다. 겉으로 보아서는 전혀 달라진 것이 없고 예수를 모르는 사람이 보면 전혀 이해가 안 되는 것이지만, 그 자매님에게는 절대로 타협할 수 없고 그 무엇과도 바꿀 수 없는 놀라운 한 가지 확신이 있었습니다. 바로 하나님이 자신을 얼마나 사랑하시는지에 대한 확신이었습니다.

이 사랑은 물리적으로 증명되는 것이 아니라 그 영혼 속에서 체험되어지는 것이기에 이 사랑은 그 무엇보다 가장 강력하며 능력이 있습니다. 이 사랑의 체험만 있으면 하나님을 위해 자신을 불태울 수 있고, 그 어떤 환경과 조건이라도 결코 두려워하지 않고 나아갈 수 있습니다. 그렇기 때문에 이 사랑만이 세상을 능히 이기며 나아갈 수 있게 합니다.

하나님께서 여러분에게 보이신 이 사랑을 의심하지 마십시오. 이 사랑은 우리가 아직 죄인 되었을 때, 하나님을 알지도 못했을 때 나를 살려내기 위해 이루신 사랑입니다. 그렇기 때문에 이보다 더 확실한 사랑은 없습니다. 그 사랑을 이미 받은 자답게 흔들리지 말고 이 세상을 담대하게 이기며 나아가기를 간절히 축원합니다.

18

| 마태복음 4:5-7 |

5 이에 마귀가 예수를 거룩한 성으로 데려다가 성전 꼭대기에 세우고 6 이르되
네가 만일 하나님의 아들이어든 뛰어내리라 기록되었으되 그가 너를 위하여 그
의 사자들을 명하시리니 그들이 손으로 너를 받들어 발이 돌에 부딪치지 않게 하
리로다 하였느니라 7 예수께서 이르시되 또 기록되었으되 주 너의 하나님을 시험
하지 말라 하였느니라 하시니

성전 꼭대기에 세워

중국 명나라 때 고전인 《지월록》(指月錄)에 보면 이런 구절이 나옵니다.

"부견지망월(不見指忘月) 여견월망지(如見月忘指)"

'달을 보기 위해서는 가리키는 손가락 끝을 보지 말고, 손가락 끝이 가리키는 달을 보라'는 뜻입니다. 문제의 본질을 보지 못한 채 드러난 현상에만 몰두하고 있는 인간의 어리석음을 지적하는 말입니다. 인간은 참으로 어리석어서 본질을 놓치고 부수적인 것에만 몰두할 때가 많습니다. 신앙생활을 하는 성도들의 삶도 마찬가지입니다. 그 중 대표적인 것이 바로 기적의 문제입니다.

신앙의 길, 믿음의 길을 가는 우리들에게 하나님은 때때로 기적을 보여주십니다. 병든 자가 낫고 죽은 자가 살아나는 기적을 보여주실 때가 있습니다. 쩍쩍 갈라져 버린 메마른 땅에 갑자기 비가 내려 마을의 수많은 사람들이 목마름을 해결하는 기적이 지금도 일어나고 있습니다. 그러면 하나님은 왜 이런 기적을 보여주시는 것일까요? 왜 우리에게는 기적이 필요한 것일까요? 그것은 바로 기적을 통해서 하나님을 보여주시려고 하는 것입니다. 그런데 어리석은 인간은 하나님을 보지 못하고 기적에만 시선이 고정되어 있습니다. 기적을 통해서 하나님이 이루시고자 하는 뜻과 목적을 보여주시려고 하는데, 어리석은 인간은 자신들의 탐욕과 이기심만을 채우려고 합니다. 사탄이 우리를 공격하는 것이 바로 이 부분입니다. 우리에게 하나님은 보지 말고 기적만을 바라보라고 속삭입니다. 이것이 믿음의 길을 걸어가는 우리들에게는 심각한 유혹이며 시험거리가 아닐 수 없습니다.

마귀는 하나님의 의도를 왜곡한다

예수님께 첫 번째 시험을 가지고 다가갔다가 말씀 한 마디에 참패를 당했던 마귀는 물러가지 않고 다시금 두 번째 시험을 가지고 왔습니다. 그리고 그 장소를 광야가 아니라 거룩한 성 예루살렘이 한눈에 보이는 성전꼭대기로 옮겼습니다. 요세푸스에 의하면 이 성전꼭대기는 기드론 골짜기를 동편으로 한 450피트나 되는 높은 성전 행각의 지붕이었을 것으로 추측하고 있습니다. 앞에서 살펴본 대로 예수님에게 성전에서 뛰어내리라는 시험을 줌으로써 하나님의 아들 됨과 아들에 대한 하나님의 사랑을 증명해 보이라는 것이었습니다. 그런데 본문을 자세히 살펴보면 이것 외에 또 다른 의도가 하나 숨어 있음을 알게 됩니다.

바로 예수님의 메시아 되심을 멋진 기적으로 보여주라고 유혹한 것입니다. 이것을 위해서 마귀는 교묘하게 말씀을 왜곡하여 인용하고 있습니다.

"이르되 네가 만일 하나님의 아들이어든 뛰어내리라 기록되었으되 그가 너를 위하여 그의 사자들을 명하시리니 그들이 손으로 너를 받들어 발이 돌에 부딪치지 않게 하리로다 하였느니라"(마 4:6).

이 말씀은 시편 91:11-12을 인용한 것입니다.

"11 그가 너를 위하여 그의 천사들을 명령하사 네 모든 길에서 너를 지키게 하심이라 12 그들이 그들의 손으로 너를 붙들어 발이 돌에 부딪히지 아니하게 하리로다."

여기서 마귀는 시편을 인용하면서 한 구절을 의도적으로 누락시켰습니다. "네 모든 길에서 너를 지키게 하심이라"는 구절입니다. 여기에 사탄 마귀의 교활함이 있습니다. 이 말씀은 시편 '네 모든 길에서 너를 지키게 하심이라'는 한 가지 사실을 분명히 전제로 하는 말입니다. '네 모든 길'이란 하나님의 거룩하신 뜻과 목적을 위하여 가는 길을 말합니다. 어떤 경우에든지, 아무 때나 하나님 지켜 주신다는 말이 아닙니다. 하나님은 우리가 하나님의 거룩하신 뜻과 목적을 붙들고 나아갈 때에만 모든 길을 지키신다는 뜻입니다.

하나님은 언제나 우리가 가는 곳마다 천사를 명하셔서 발이 돌에 부딪히지 않게 하는 기적을 이루시는 것이 아닙니다. 하나님의 거룩하신 뜻과 목적을 위해 그 길을 가는 자의 길에 기적을 베푸십니다. 그러나 어느 때는 발에 피가 나고, 발목이 부러지고, 갈비뼈가 부러지는 상황을 그대로 내버려 두시기도 합니다. 왜냐하면 그렇게 되는 것이 하나님의 뜻과 목적에 더 맞기 때문입니다.

사람은 그 지음 받은 목적과 하나님 앞에 부르심을 받은 소명의 삶을 의식적으로 붙들려고 하지 않으면 늘 자기 소견에 좋은 대로 가도록 되어 있습니다. 이 부분을 사탄이 이용합니다. 자기 소견에 좋은 대로 가는 길까지도 하나님이 지키실 것이라고 자꾸 말씀을 왜곡합니다.

제가 신학교 다닐 때 기말고사 때만 되면 담요 한 장을 들고 뒷동산에 가서 철야기도도 하시는 분이 계셨습니다. 그 이유를 물어보았더니 기도만 하면 하나님이 답을 가르쳐 주신다는 것입니다. 세상에 이런 어리석은 생각이 어디 있습니까? 하나님께서 공부도 안 한 전도사의 기말고사를 백점 맞게 해주시기 위해 기적을 베푸시는 분 정도로 알고 있다면 이것은 하나님을 몰라도 너무 모르는 무식의 소치입니다.

하나님은 우리의 게으름을 해결하기 위해 기적을 베푸시는 분이 아닙니다. 그런데 문제는 믿음의 길을 간다고 하는 사람들 중에 이런 기적에 몰두하여 살고 있는 사람들이 많다는 것입니다. 왜냐하면 사탄이 지금 우리가 그렇게 생각하도록 유혹하기 때문입니다. 노력하지 않아도 평생 밥 먹고 살게 해주실 것이라는 기대를 하게 만듭니다. 만일 그런 기적을 베푸시는 것이 하나님의 뜻이라면 하나님은 우리가 주식 투자할 때에 상한가에 오를 항목에 십자가 표시를 해주셔야 맞습니다. 그러나 하나님은 이런 일 때문에 우리에게 기적을 베푸시지 않습니다.

사탄은 지금 하나님의 의도를 왜곡하여 예수님 자신의 개인적인 영광과 칭찬을 위하여 기적을 사용해 보라고 시험하고 있습니다. 왜 이것이 그럴듯한 유혹이냐면, 그 시대의 상황 때문이었습니다. 당시는 말라기 선지자 이후에 약 4백년 동안 영적 암흑기를 걷고 있었던 때였습니다. 그래서 이스라엘 백성은 영적으로 뿐만 아니라, 수많은 외세의 침략 때문에 육체적으로도 지쳐 있었습니다. 이 때문에 이스라엘 백성은 메시아가 속히 오실 것을 고대했는데 그들이 그리는 메시아 상이 있었습니다. 그 근거가 말라기 3:1입니다.

> "만군의 여호와가 이르노라 보라 내가 내 사자를 보내리니 그가 내 앞에서 길을 준비할 것이요 또 너희가 구하는 바 주가 갑자기 그의 성전에 임하시리니 곧 너희가 사모하는 바 언약의 사자가 임하실 것이라."

이 말씀을 근거로 이스라엘 백성은 메시아는 분명 거룩한 곳, 곧 성전 지붕 위에 서신 채 그의 메시아 됨을 만민 앞에 멋지게 보여주실 것이라고 기대했습니다. 한 번 생각해 보십시오. 예수님이 그처럼 높은 성전 꼭대기에서 몸을 던졌는데 돌 하나도 부딪히지 않고 전혀 상한 곳이 없이 멋진 모습으로 사뿐히 땅에 내려오신다면 숨을 죽이고 뛰어내리는 광경을 지켜보고 있던 무리가 "보라! 저런 기적을 이루신 분이야말로 진짜 우리의 메시아이심에 틀림없다!"라고 외치지 않겠습니까?

그러나 이것은 하나님의 뜻과는 전혀 상관없는 일입니다. 하나님의 의도는 예수님의 메시아 되심을 그런 기적을 통해 보여주시는 것이 아니었습니다. 십자가 희생의 제물을 통해 예수님의 메시아 되심을 보여주시려는 것이었습니다. 그렇기 때문에 예수님은 성전에서 뛰어내려 돌 하나도 발에 부딪히지 않는 기적을 이루어 내실 수 있음에도 불구하고 그런 방법을 사용하지 않으셨던 것입니다.

마귀는 기적이 하나님의 목적인 것처럼 착각하게 한다

사탄 마귀는 언제나 기적 자체가 하나님의 목적인 것처럼 착각하게 만듭니다. 그러나 기적은 하나님의 뜻과 목적을 이루시기 위한 도구요 사인일 뿐입니다. 도구는 목적을 이루기 위해 사용된 보조물일 뿐, 그 목적이 이루어지면 더 이상 필요가 없습니다. 집을 짓기 위해서 사용된 건축 보조물들이 집이 완성되면 다 철거되어야 하는 것처럼 하나님의 거룩하신 뜻과 목적을 위해서 사용된 기적은 그 목적이 완성되면 사라져야 할 것들입니다.

242

그런데 사람들은 하나님의 목적에는 관심이 없고 기적 자체에만 관심이 있습니다. 왜 사람들은 기적에만 관심을 갖는 것일까요? 기적이 일어나야 일이 쉽기 때문입니다. 쉽게 일이 처리되고, 쉽게 사람들이 모이고, 쉽게 열매를 얻을 수 있기 때문입니다. 그러나 쉬운 것보다 더 중요한 것이 바르게 사는 것입니다. 그래서 지도자의 위치에 있는 사람들이 특히 이런 기적에 대한 유혹을 조심해야 합니다. 기적이 있는 곳에 사람들이 쉽게 모입니다. 그러나 그렇게 모인 사람들은 기적이 사라지면 다 흩어지게 되어 있습니다.

예수님이 병든 자를 고쳐 주시고 못 걷는 자를 일으키시며 눈 먼 자를 보게 하시는 놀라운 기적을 베풀어 주셨을 때, 수많은 사람들이 예수님을 따라다녔습니다. 그러나 예수님이 더 이상 기적이 아니라 십자가의 희생제물이 되시는 그 길을 가자 모두가 예수님을 버리고 도망갔습니다.

벳새다 들녘에서 보리떡 다섯 개와 물고기 두 마리로 5천 명을 먹이신 기적을 보이셨을 때, 사람들은 예수님을 자신들의 삶의 문제를 해결하실 수 있는 분으로 생각하고 그들의 임금으로 삼으려 했습니다. 그러나 예수님이 더 이상 기적을 베푸시지 않자 그들은 돌변하여 빌라도의 관정에서 예수님을 돌로 치려 했고 십자가에 못 박게 하는 일에 앞장 선 폭도로 변해 버렸습니다.

기적은 참으로 묘한 매력이 있습니다. 사람을 흥분케 하고 금방 마음을 동요케 합니다. 그러나 그 기적은 언제나 지속되지 않습니다. 왜냐하면 기적은 사인이기 때문입니다. 사인은 원래의 목적과 목표를 가르쳐주는 표적입니다. 목적지를 알려주는 도구일 뿐인 것입니다. 하나님이 기적을 주신 이유가 여기에 있습니다.

병든 자를 고치시고 못 걷는 자를 일으키시는 기적을 보여주신 이유는 바로 하나님 나라의 능력이 무엇인지를 가르쳐주기 위함입니다. 하나님 나라 안에서는 육체의 한계가 극복되고 인간의 능력을 넘어서는 놀라운 역사가 일어나게 된다는 것을 보여주신 것입니다. 오병이어의 기적은 배고픔의 문제, 목마름의 문제가 바로 예수 그리스도에 의해서만 해결될 수 있다는 것을 가르쳐 주신 것입니다. 예수님 자신이 바로 생명의 떡이심을 보여주신 것입니다.

한동안 한국 교회에 유행처럼 사용되던 표현이 있었습니다. '기적이 상식이 되는 교회'라는 구호입니다. 이름을 대면 누구나 알 수 있는 한국의 대표적인 교회의 목사님 한 분이 자신의 교회가 이루어 놓은 급속한 성장을 자랑하면서 청년들과 예배시간에 늘 외치며 사용했던 구호였습니다. 그 교회의 급속한 성장을 부러워해서인지, 아니면 그 목사님의 개인적인 성향을 따라가고 싶어서인지는 몰라도 청년사역을 하겠다는 목사님들마다 그 구호를 카피해서 자신의 목회 현장에서 외치곤 했었습니다. 이들에게는 아마도 하나님이 함께하시고 역사하실 때 날마다 기적을 체험하고 경험한다는 의미에서 믿음이 기적을 일으킨다는 생각을 한 것 같습니다.

여기에서 우리는 한 가지 질문을 할 필요가 있습니다. 만일 기적이 상식이 된다면, 그래서 날마다 기적이 일어나는 것만이 진짜 믿음 있는 삶의 결과라면 하나님은 왜 우리에게 자연의 법칙을 주시고, 우리의 삶이 자연의 법칙 속에서 함께 이루어지도록 만들어 주셨을까요? 기적이 상식이 된다면 기적없이 살아가는 평범한 삶은 하나님의 은총과 자비와 긍휼에서 멀어진 것일까요? 그렇지 않습니다.

성경 어디를 보아도 기적만이 믿음의 삶이라고 하는 곳은 단 한 군데도 없습니다. 오히려 기적은 믿음이 없는 자들에게 더 많이 일어났습니다. 하나님이 허락하신 일상의 삶에서 참된 믿음과 은총을 깨닫고 누리지도 못하고 하나님을 자꾸 의심하는 자들에게 하나님의 역사하심을 보여주시기 위해서 기적을 일으켜 주셨음을 우리는 발견하게 됩니다.

기적은 하나님의 은총과 자비와 긍휼의 역사를 발견하고 경험케 하기 위한 도구요, 사인일 뿐입니다. 그런 의미에서 기적 없이도 하나님을 바르게 섬기며 나아가는 것이 진짜 믿음입니다. 우리는 기적을 보지 말고 하나님을 보아야 합니다. 기적만을 보다가는 늘 넘어지게 되어 있습니다. 기적이 상식이 된다면 이보다 더 위험한 일은 없습니다. 내 삶에서 기적이 일어날 것을 기대하는 것보다 더 중요한 것이 바로 내가 살고 있는 이 세상의 삶에서 나를 부르시고 구원하셔서 하나님의 자녀 삼으신 그 아버지의 사랑과 은총과 자비와 긍휼을 보여주고 선전하는 것입니다.

세상 사람들은 우리에게 기적을 기대하는 것이 아니라 하나님의 자녀다움의 능력을 기대하고 있습니다. 일 안해도 돈을 벌 수 있고 가만히 앉아 있어도 사업이 잘되는 그런 기적이 아니라, 동일한 삶의 현장에서 그들과는 다른 삶의 가치와 기준으로 참된 삶의 의미가 무엇인지를 보여주는 생명의 역사를 기대하고 있습니다. 이런 삶을 위해서는 기적이 상식이 아니라 하나님의 은총과 자비와 긍휼이 내 일상에서 날마다 부어지는 놀라운 역사를 경험해야 합니다. 그리하여 세상 사람들도 온전히 이해할 수 있는 그 모습으로 서야만 합니다. 이때 비로소 우리는 세상에 대해 참된 그리스도인으로서 기적 중의 기적을 보여주게 될 것입니다.

기적 중의 기적은 하나님의 자녀가 된 것

제가 아는 분 중에 진정한 기적을 경험한 한 형제님이 있습니다. 이분은 예수를 만나기 전에 세상에서 부러울 것이 없었습니다. 세상 말로 수완이 좋아서 많은 물질도 쌓아놓고 살았습니다. 물론 그 돈을 쌓아놓기까지 저질렀던 수많은 죄는 이루 말할 수 없었습니다. 그러던 어느 날 이 형제에게 믿기지 않는 일이 벌어졌습니다. 그 쌓아놓았던 돈이 하루아침에 다 없어지게 된 것입니다. 돈 한푼 건지지 못했습니다. 그래서 자살까지 생각했다가 '이래서는 안 되지, 돈은 다시 벌면 되지' 하는 마음으로 자신의 마음을 의지할 곳을 찾기 시작했습니다. 그래서 그 형제는 점집으로 갔습니다. 사회적으로 알려진 그였지만 체면을 불구하고 찾아갔더니 점쟁이가 대번에 그러더랍니다. "당신은 곧 먼 길을 떠나 고생을 하게 됩니다. 그러나 그 고생 끝에 하늘이 열리고 태양빛이 비치는 일이 일어날 것입니다…" 그래서 물었답니다. "돈

다발이 하늘에서 떨어지는 겁니까?" 그랬더니 그 점쟁이가 하는 말이 "그보다 더 좋은 일입니다…" 그러더랍니다.

그 점쟁이가 조그만 주머니에 녹두 50알, 고추 3개, 소금 조금을 넣어주면서 어디든지 이 주머니를 차고 다녀야 하며 어느 곳에 가든지 건물에 들어갈 때는 왼발을 먼저 내디뎌야 한다고 이야기했습니다. 이분이 점쟁이의 말대로 실천했습니다. 버스를 탈 때도 왼발 먼저, 건물에 들어갈 때도 왼발 먼저, 집에서 나올 때도 왼발 먼저…. 사람은 기적이 일어난다면 별 희한한 행동도 마다하지 않는 것 같습니다. 이것이 우리의 본성입니다.

그러던 이분이 어느 날 진짜 먼 길을 떠났다가 전도를 받게 되었습니다. 처음에는 대화도 잘 안하려고 했고 기독교에 대한 부정적인 생각 때문에 전혀 마음도 열지 않았습니다. 그런데 어느 순간부터 갑자기 귀가 열리기 시작하면서 복음이 그의 가슴에 들어가게 되었고, 그 전도하시는 분을 통해 예수님만이 자신이 의지할 수 있는 유일한 분이라는 것을 알게 되었습니다. 그리고 예수님이 자기와 교제하고 싶어하신다는 것을 알게 되었습니다. 그 자리에서 그는 예수님을 인격적으로 받아들였습니다. 이 구원의 역사를 경험하고 나니까 그 동안에는 보이지 않던 세상이 보이기 시작했습니다. 돈과 명예와 권력으로 살아가는 세상만이 진짜인 줄 알았던 그에게 전혀 다른 가치관과 기준으로 사는 세상이 보였습니다. 그런데 이 세상은 그에게 한 번도 경험하지 못했던 새로운 감격과 감동과 기쁨과 용기를 주었습니다. 자신의 인생에 새로운 빛이 비추고 있다는 것을 깨달은 것입니다.

이분이 그 후에 이런 고백을 하셨습니다.

"내 인생에 일어난 일 중에 가장 놀라운 기적은, 그 옛날 돈을 쌓기 위해 부정을 저지르면서도 한 번도 마음에 걸리지 않았던 것이 아닙니다. 나의 인생길이 한 번도 막히지 않고 승승장구했던 그런 시절도 아닙니다. 모든 것을 잃고 나서 드디어 내게 찾아오신 주님을 만난 것입니다…"

우리 인생의 기적 중에 가장 놀라운 기적은 바로 나 같은 사람이 하나님을 만나 하나님의 자녀가 된 것입니다. 이것은 세상 그 무엇과도 바꿀 수 없는 놀라운 기적입니다. 이 기적을 통해서 우리는 날마다 하나님을 보게 되었고, 그 하나님과 대화하며 그 사랑을 체험하고 있습니다. 그리고 이 놀라운 기적을 통해서 내가 무엇을 위해 살아가야 하며 어떤 인생으로 이 세상을 마무리해야 하는지를 알게 되었습니다.

이제는 더 이상 다른 기적을 구하지 말고 하나님이 우리에게 베풀어 주신 놀라운 사랑의 기적, 곧 구원의 역사를 흔들림 없이 붙들고 세상 앞에서 그들과는 다른 기준과 가치관으로 살아가는 우리의 능력을 보여주기를 간절히 축원합니다.

19

| 마태복음 4:8-11 |

8 마귀가 또 그를 데리고 지극히 높은 산으로 가서 천하 만국과 그 영광을 보여 9 이르되 만일 내게 엎드려 경배하면 이 모든 것을 네게 주리라 10 이에 예수께서 말씀하시되 사탄아 물러가라 기록되었으되 주 너의 하나님께 경배하고 다만 그를 섬기라 하였느니라 11 이에 마귀는 예수를 떠나고 천사들이 나아와서 수종드니라

다만 그를 섬기라

언젠가 갤럽이 이민을 준비하는 가정들을 대상으로 이민을 가려는 이유를 설문조사한 적이 있었습니다. 그때 가장 많은 대답이 바로 자녀 교육 때문이었다고 합니다. 그런데 참으로 아이러니한 것은, 자녀 교육 때문에 미국에 이민 와서 밤낮을 가리지 않고 열심히 살았던 부모들이 정작 일 하느라 너무 바빠서 아이들을 돌볼 수 있는 시간은 없었다는 것입니다. 아이들 교육이 목적이었는데 이 목적을 이루기 위한 수단에 몰입한 나머지 정작 목적은 잃어버린 것입니다.

이것은 비단 자녀 교육에서만 일어나는 문제는 아닙니다. 가정을 책임지기 위해 남편이 밖에서 일을 하고 그토록 열심히 뛰어다니지만, 정작 가정을 돌볼 시간을 갖지 못하기 때문에 심각한 부부갈등이 일어나는 경우들을 봅니다. 인생의 행복을 찾기 위해 물불을 가리지 않고 열심히 앞만 보고 달려가던 사람이 결국 그 일 때문에 삶의 의미도 찾지 못하고 늘 불안과 초조 가운데 매일을 살게 되는 것입니다.

무엇이 문제입니까? 목적을 잃어버린 채 수단에 매몰되어 버렸기 때문입니다. 자기 자신을 제대로 보지 못하면 우리는 목적과 수단이 전도되는 결과를 맞게 됩니다. 살기 위해서 먹다가 나중에는 먹기 위해서 사는 결과를 맞게 되는 것입니다.

마귀는 목적과 수단을 분별하지 못하게 한다

사탄 마귀는 성도들이 신앙의 길, 믿음의 길을 걸어가는 데 목적과 수단을 분별하지 못하게 만드는 전략을 써왔습니다. 여기에 걸려 많은 성도들이 넘어졌습니다. 마귀가 예수님께 했던 세 번째 시험이 그 대표적인 예입니다.

> "8 마귀가 또 그를 데리고 지극히 높은 산으로 가서 천하 만국과 그 영광을 보여 9 이르되 만일 내게 엎드려 경배하면 이 모든 것을 네게 주리라"(마 4:8-9).

마귀는 이 시험을 예수님께 던짐으로써 목적과 수단을 혼동하게 만들려고 했습니다. 예수님이 이 땅에 오신 목적이 무엇입니까? 바로 하나님의 구속의 역사를 이루는 일에 순종하시기 위함이셨습니다. 이 순종을 위해서는 십자가의 고난과 아픔을 감내하셔야 함을 예수님은 너무도 잘 알고 계셨습니다. 그런데 마귀는 지금 그것을 건너뛰라는 것입니다. 십자가의 고난을 당하지 말고 면류관을 써보라는 것입니다.

여기서 우리는 사탄이 사용한 논법을 잘 살펴볼 필요가 있습니다. 예수님의 목적은 하나님의 뜻에 순종하시고 십자가의 고난과 아픔을 감내하시는 것이었습니다. 십자가의 고난 후에 오게 될 영광과 면류관이 목적이 아닙니다. 그것은 목적을 이루게 될 경우에 맞게 될 은총의 결과일 뿐입니다. 그런데 사탄은 지금 이 목적보다는 화려한 결과에 집중케 만들려 하고 있습니다. '화려한 결과를 얻을 수만 있다면 목적이 뭐 중요하냐… 수단과 방법을 가리지 말고 결과만 얻으면 되지 않느냐'는 논리로 예수님을 시험하고 있는 것입니다.

여기에 대해 예수님은 이렇게 대답하셨습니다.

"이에 예수께서 말씀하시되 사탄아 물러가라 기록되었으되 주 너의 하나님께 경배하고 다만 그를 섬기라 하였느니라"(마 4:10).

이 말씀을 이해하기 위해서 신명기 6:10-15을 보겠습니다.

"10 네 하나님 여호와께서 네 조상 아브라함과 이삭과 야곱을 향하여 네게 주리라 맹세하신 땅으로 너를 들어가게 하시고 네가 건축하지 아니한 크고 아름다운 성읍을 얻게 하시며 11 네가 채우지 아니한 아름다운 물건이 가득한 집을 얻게 하시며 네가 파지 아니한 우물을 차지하게 하시며 네가 심지 아니한 포도원과 감람나무를 차지하게 하사 네게 배불리 먹게 하실 때에 ¹² 너는 조심하여 너를 애굽 땅 종 되었던 집에서 인도하여 내신 여호와를 잊지 말고 ¹³ 네 하나님 여호와를 경외하며 그를 섬기며 그의 이름으로 맹세할 것이니라 ¹⁴ 너희는 다른 신들 곧 네 사면에 있는 백성의 신들을 따르지 말라 ¹⁵ 너희 중에 계신 너희의 하나님 여호와는 질투하시는 하나님이신즉 너희의 하나님 여호와께서 네게 진노하사 너를 지면에서 멸절시키실까 두려워하노라."

이 말씀은 이스라엘 백성이 가나안 입성을 앞둔 때에 모세가 한 말입니다. 이스라엘이 그 땅에 들어가서 누리게 될 복에 대한 내용입니다. 가나안에서 누릴 복이 얼마나 신나고 흥분되는 일인지는 10-11절의 표현을 보면 알 수 있습니다. 건축하지 아니한 성읍을 얻으며 채우지 아니한 물건이 가득한 집을 얻고 파지 아니한 우물을 얻으며 심지 않은 포도원과 감람나무를 얻게 됩니다.

이 말씀은 무슨 뜻입니까? 가나안의 삶은 보장된 축복의 삶이라는 것입니다. 그런데 이 복은 한 가지가 먼저 선행된 후에야 오는 결과입니다. 바로 12-13절입니다. "너는 조심하여 너를 애굽 땅 종 되었던 집에서 인도하여 내신 여호와를 잊지 말고 네 하나님 여호와를 경외하며 그를 섬기며 그의 이름으로 맹세할 것이니라."

하나님만을 섬기며 경외하는 삶을 살아야 하는 것입니다. 얼핏 이 문장을 보면 조건으로 보입니다. '이것 잘하면 저것까지도 줄게…' 하는 식의 조건절로 보입니다. 그러나 이것은 '하나님을 잘 섬기면 사탕 하나 더 줄게'가 아닙니다. 하나님을 경외하며 하나님만 섬기는 것은 조건이 아니라 목적입니다. 이것을 다른 말로 '하나님이 목적'이라 말한 것입니다. 진정한 하나님과의 사랑의 교제를 통하여 하나님이 가장 기뻐하시는 예배를 제대로 드리는 것이 목적입니다. 하나님은 이것을 위해서 이스라엘 백성을 애굽에서 불러내셨고, 이것을 제대로 하라고 가나안에 들어가게 하시는 것입니다. 그리고 이 목적을 제대로 붙들고 살면 하나님은 사탕이 아니라 사탕 공장이라도 주신다는 것입니다.

하나님이 목적인가, 수단인가?

그런데 우리는 어떻습니까? 하나님을 목적으로 여기지 않습니다. 하나님이 주실 사탕에만 늘 관심이 있습니다. 그래서 하나님을 이용하고 하나님을 수단으로 여깁니다. 여기에 심각한 문제가 있습니다. 우리는 늘 목적과 내용을 우리 마음대로 정하고 하나님에게는 힘만 빌려 달라고 합니다.

왜 이런 일들이 일어납니까? 하나님이 목적이 아니라 하나님이 주시는 능력과 힘과 지위가 목적이 되어 버렸기 때문입니다. 하나님은 수단이 되어 버렸습니다. 사탄이 노리고 있는 부분이 이것입니다. 하나님을 늘 우리의 이익과 바람을 성취하기 위한 수단으로 삼게 만듭니다. 그래서 화려한 결과만 얻을 수 있다면, 내가 원하는 것을 이룰 수만 있다면 기꺼이 하나님을 포기하고 다른 것에 절합니다. 이것에 대한 예수님의 대답이 10절입니다.

"사탄아 물러가라 기록되었으되 주 너의 하나님께 경배하고 다만 그를 섬기라."

하나님께 경배하고 다만 그를 섬기라는 말씀은 하나님은 결코 수단이 되실 수 없다는 뜻입니다. 하나님은 우리의 유일한 목적이십니다.

이것을 일찍 깨달았던 다윗은 시편 68:10에서 아주 중요한 고백을 하고 있습니다.

"주의 회중을 그 가운데에 살게 하셨나이다 하나님이여 주께서 가난한 자를 위하여 주의 은택을 준비하셨나이다."

여기서 '가난한 자'는 소외된 자, 눌린 자, 못 먹는 자, 갇힌 자를 말합니다. 이 단어를 가지고 급진주의자들은 프롤레타리아 혁명의 근거를 찾습니다. 계급투쟁을 해서라도 그들의 가난을 해결해 주어야 한다고 말합니다. 그러나 성경이 말하는 가난은 그것만을 의미하는 것이 아닙니다. 성경에서 말하는 가난한 자는 하나님에 대한 신앙 때문에 기꺼이 삶의 풍요를 포기하고, 기꺼이 배고픔을 감내하며 사는 성도들을 말합니다. 하나님에 대한 믿음 때문에 세상과 타협하지 않고, 세상의 바알과 아세라 앞에 무릎 꿇지 않은 이유 때문에 세상에서 불이익을 당하고 억울하게 갇히게 된 자들을 말합니다.

그래서 가난한 자들에게 진짜로 필요한 것은 계급투쟁을 통한 신분 회복이 아닙니다. 투쟁을 통해서 빵과 자유를 쟁취하는 것이 아닙니다. 하나님을 위해서 빵을 거부한 자들인데 빵을 준다고 그들의 문제가 해결되겠습니까? 하나님을 위해 빵을 거부한 자들에게 필요한 것은 하나님의 은혜와 위로입니다. 하나님께서 그들을 보고 계시다는 확신이 필요합니다.

"그래 네가 지금 나 때문에 기꺼이 이 고난과 아픔을 감내하고 있느냐? 내가 너의 마음을 안다…. 내가 너의 고통이 얼마나 큰지 안다. 너는 내 자녀임에 틀림없다…." 이 음성을 듣고 싶은 것입니다.

그래서 이들에게는 하나님이 목적입니다. 하나님을 목적으로 둔 것 때문에 당하는 고난과 아픔이 결코 잘못된 것이 아님을 하나님께서 인정해 주시기를 기대하고 있습니다.

하나님을 목적으로 하는 삶

현대 가정의 아내는 잠시도 쉴 틈이 없습니다. 밖에서 일을 하고 와서도 저녁밥을 지어야 하고 아이들을 돌보아야 합니다. 왜 이렇게 합니까? 사랑하니까 그렇습니다. 그런 아내에게 남편이 늘 무심하다가 생일만 되면 다이아반지 하나 선물하는 것으로 때운다면 아내의 마음이 얼마나 상하겠습니까? 아내가 원하는 것은 그것이 아닙니다. 가족을 위해 기꺼이 하는 헌신과 희생을 진심으로 알아주길 원하는 것입니다. 이런 삶을 선택한 자신의 결정이 옳다고 인정받기를 원하는 것입니다. 아내에게는 돈과 안락함이 목적이 아니라 사랑하는 남편이 목적이며 힘겹게 양육해야 할 자식들이 목적입니다. 이 목적을 위해 어떤 고통과 아픔도 견뎌내는 이 삶이 옳다고 인정받으면 그것으로 족합니다.

신앙의 길도 마찬가지입니다. 하나님 때문에 기꺼이 빵을 포기했는데 그 대가로 빵이나 던져 준다면 그 삶을 선택한 자들에게 얼마나 큰 아픔과 상처를 주는 것입니까? 물질과 권력과 힘을 포기하고 하나님의 거룩하신 뜻 앞에 가난한 자가 되기로 결심한 사람에게 필요한 것은 빵이 아니라 하나님의 위로입니다. 하나님이 목적이기 때문에 자신의 선택에 대해 하나님이 옳다고 인정해 주시는 것입니다. 하나님은 가난한 자에게 필요한 것이 무엇인지를 정확히 아십니다. 그래서 하나님은 참된 은택을 허락하십니다.

"하나님이여 주께서 가난한 자를 위하여 주의 은택을 준비하셨나이다."

여기서 '은택'은 좋은 것을 말합니다. 히브리어로는 '토브'입니다. 토브는 창세기 1장에서 "하나님이 보시기에 좋았더라" 했을 때 사용한 단어입니다. 하나님이 보시기에 좋으신 것을 말합니다. 하나님은 가장 좋은 것을 주십니다. 하나님을 목적으로 사는 자에게 이루어지는 하나님의 거룩하신 은혜의 역사와 위로를 말합니다. 결코 물질적인 차원의 이야기가 아닙니다.

북한의 형제자매들을 만나보면서 깨달은 것이 있습니다. 그들이 진짜로 원하는 것은 하나님의 위로였습니다. 하나님의 음성이고 아버지의 손길이었습니다. 이것만 있다면 그들은 굶어도 좋다는 것입니다. 하나님의 음성만 확인할 수 있다면 죽는 것이 무슨 문제냐고들 항변합니다.

놀라운 믿음 아닙니까? 가난한 자에게 진짜로 필요한 것은 빵이 아니라, 가난에도 불구하고 타협하지 않으려는 그 믿음을 보고 내리시는 하나님의 위로입니다. 이것이 진짜 믿음입니다. 우리가 진짜 구해야 할 것은 빵이 아니라 세상과 타협하지 않는 믿음입니다.

여러분이 믿음의 가정을 이루며 자녀들을 믿음으로 양육하기 위해 감내해야 할 수많은 아픔과 희생이 있었을 것입니다. 왜 그렇게 하셨습니까? 단순히 물질적인 보상을 바라고 그렇게 하셨습니까? 아니지요. 바로 하나님에 대한 사랑 때문입니다. 남편을 사랑하는 아내가 남편에게 기대하는 것은 물질적인 보답이 아니라 남편 그 자체이듯이, 이 사랑에 대한 보답은 그 사랑의 실체이신 하나님 그분입니다. 그분이 나의 하나님이 되시면 그것으로 족합니다. 이것이 바로 하나님을 목적으로 하는 삶입니다. 이 목적을 붙드는 한 우리는 결코 사탄 마귀에게 절을 하지 않을 것입니다. 이 목적을 붙드는 삶이 바로 하나님만을 섬기는 삶입니다.

우리 교회는 일 년에 한 번씩 북한 동포들을 위한 헌금의 날로 주일을 지키고 있습니다. 누군가를 섬기며 돕는 것은 말처럼 쉬운 일이 아닙니다. 잘못 도우면 동정이 되어버리고 도움을 받는 자의 자존심만 상하게 합니다. 그렇기 때문에 돕는 것이 도움을 받는 것보다 더 어렵습니다.

세상에는 자신의 과업을 자랑하려는 사람들이 많이 있습니다. 선거철만 되면 평소에는 거들떠보지도 않던 빈민촌을 찾아가 관심도 없었던 그들의 복지와 생계를 책임지겠다는 사람들이 나타나는 것을 봅니다. 그러나 그것은 결코 섬김이나 도움이 될 수 없습니다. 자신들의 명예와 권력이라는 목적을 위해 동원된 수단일 뿐입니다. 진정한 섬김과 사랑의 실천은 하나님 때문에 하는 것이어야 합니다. 하나님이 목적이 되어야 합니다. 하나님을 목적으로 할 때만이 하나님의 마음이 무엇인지를 알게 되고, 하나님의 마음을 가질 때만이 진정으로 상대방을 이해하고 그들의 아픔을 내 아픔으로 가져오게 됩니다.

북한을 돕는 것도 마찬가지입니다. 북한 동포들에 대한 동정 때문에 그들을 돕는 게 결코 아닙니다. 하나님 때문에 북한을 돕는 것입니다. 하나님이 목적입니다. 네 이웃을 결코 외면하지 말라는 하나님의 사랑과 명령 때문에 돕는 것입니다.

이것을 잊어버리면 우리는 북한을 도와주었다는 성취감에 자꾸 도취되어 버립니다. 북한을 도우면서 사진 먼저 찍으려는 수많은 사람들 때문에 그토록 많은 시간과 물질을 들였지만 결코 남한과 북한의 문제는 해결되지 않고 있습니다. 돕는 자가 도움을 받는 자의 마음을 헤아리지 못하고 자신들의 과업만을 내세우려 했기 때문입니다. 목적을 잊어버린 채 영광만을 생각했기 때문입니다. 그래서 주님은 이런 실수가 우리 가운데 일어날 것을 아시고 누군가를 도울 때 가져야 할 마음 자세를 가르쳐 주셨습니다. "오른손이 하는 것을 왼손이 모르게 하라."

북한을 돕던 수많은 선교단체들, 목회자들, 한인교회들이 오른손이 하는 일을 모든 천하가 알게 했습니다. 목적을 잊어버리고 영광에 집착한 결과입니다. 밀가루 몇 포대 실어 나르면서 현란한 현수막을 걸고 사진 찍고 신문에 내는 일은 결코 주님이 원하시는 사랑의 실천이 아닙니다. 사랑의 실천은 오른손이 하는 일을 왼손이 모르게 해야 합니다. 우리는 이 땅에서 영광을 받는 자들이 아니요, 오직 저 천국에서 하나님 앞에 서는 날 받게 될 진정한 영광의 상급인 면류관을 기대하는 자들입니다.

이를 위해서는 먼저 그들의 아픔과 고통이 무엇인지를 알아야 합니다. 내 기준에서 돕는 것이 아니라 그들의 기준에서 도와야 합니다. 무엇을 필요로 하는지, 그들의 아픔과 고통은 무엇인지를 한 번쯤 헤아리고 다가가야 합니다. 지금 북한 동포들 대부분은 강냉이 풀죽도 못 먹는다고 합니다. 하루에 한끼 먹으면 잘 먹는 것이라 합니다. 우연한 기회에 북한의 형제들이 먹는 강냉이 풀죽을 먹어 본 적이 있습니다. 그것을 먹으면서 겉으로는 맛있다고 했지만 저는 속으로 얼마나 울었는지 모릅니다.

그러나 지금 북한에는 이 풀죽 한 그릇만 먹어도 소원이 없겠다는 사람들이 수백만에 이릅니다. 과연 우리는 북한의 동포들을 사랑하며 섬긴다 하면서 그들의 진정한 배고픔을 이해하고 있는 것일까요? 그들의 아픔과 탄식이 무엇인지를 이해하고 있다고 말할 수 있는 것일까요? 왜 우리는 그들을 도와야 합니까? 바로 하나님 때문입니다.

하나님을 목적으로 하는 자는 하나님이 원하시는 명령에 순종하게 되어 있습니다. 이 목적이 분명할 때만이 진짜 사랑을 실천하는 것입니다. 내 기준에서 좋은 것이 아니라 그들의 입장에서 진짜로 필요한 도움을 주는 것이야말로 이웃을 네 몸과 같이 사랑하라 하신 하나님을 목적으로 두는 자의 순종입니다.

20

| 마태복음 4:12-16 |

12 예수께서 요한이 잡혔음을 들으시고 갈릴리로 물러가셨다가 13 나사렛을 떠나 스불론과 납달리 지경 해변에 있는 가버나움에 가서 사시니 14 이는 선지자 이사야를 통하여 하신 말씀을 이루려 하심이라 일렀으되 15 스불론 땅과 납달리 땅과 요단 강 저편 해변 길과 이방의 갈릴리여 16 흑암에 앉은 백성이 큰 빛을 보았고 사망의 땅과 그늘에 앉은 자들에게 빛이 비치었도다 하였느니라

갈릴리로 물러가셨다가

기다림의 능력이 필요하다

고려대학교에서 언어학을 가르치는 김성도 교수가 수년 전에 《호모 모빌리쿠스》라는 책을 출간한 적이 있습니다. 현대인들의 필수품 중 하나인 휴대폰이 우리 사회에 미치는 기능들을 분석하고 있는 책입니다. 김성도 교수에 의하면, 휴대폰이 인간 사회에 미친 순기능으로는 유목민 사회에서나 가능했던 친밀감을 만들어 주었다는 점을 먼저 듭니다. 그리고 수많은 사람들과 빠르게 소통할 수 있게 된 점과 함께 자신만의 사이버 공간에서 교제의 폭을 무한대로 확대해 갈 수 있게 되었다는 점이라고 합니다. 그러나 이에 반해 역기능도 있습니다. 휴대폰의 빠른 소통과 네트워크의 무한대적인 확장은 그 안에서 이루어지는 인간의 소통을 경박하게 만들었고, 그 소통의 중심에 있는 개개인들은 자기 자신을 더 포장하는 쪽으로 나아가게 되었다는 것입니다. 그런데 그런 역기능에 대한 분석 속에서 저의 관심을 끈 또 다른 한 가지 지적이 있었습니다. 바로 인간의 삶에서 그동안 아주 소중한 부분 중 하나로 여겨졌던 '기다림의 미학'이 휴대폰의 사용으로 점점 붕괴되기 시작했다는 것입니다.

너무도 정확한 지적이라고 생각합니다. 기다림은 우리 인간에게 매우 소중한 덕목이며 능력이었습니다. 그러나 빠른 것을 추구하기 시작하는 순간부터 현대인들은 기다리는 능력을 상실하기 시작했습니다. 그리고 많은 사람들의 인내력이 없어졌습니다. 빠른 것만이 중요하고 앞서 가는 것이라 생각하게 되었기 때문입니다. 그래서인지 기도의 응답도 더디면 못 견뎌 하는 분들이 참 많은 것 같습니다. 그러나 정말 빠른 것이 좋은 것일까요? 이 세상에는 빠른 것으로는 도저히 해결할 수 없는 일들도 많이 있습니다.

더치커피는 다른 커피와 달리 차가운 물로 추출합니다. 옛날 네덜란드 상인들이 커피를 본국으로 운반하면서 마시던 커피에서 유래했습니다. 더운물로 추출한 커피를 배에 싣고 가다 보면 맛이 변합니다. 그리고 당시 목선인 배에서 불을 피울 수가 없어서 커피를 추출할 수도 없었습니다. 그래서 차가운 물로 추출하는 방법을 고안해 냈습니다. 그런데 문제는 차가운 물로 커피를 추출하려다 보니 시간이 많이 걸린다는 것입니다. 커피 한 잔을 추출하는 데 보통 8시간 이상이 걸립니다. 아무리 커피가 먹고 싶어도 다 추출될 때까지는 기다려야 합니다.

이것이 어찌 커피뿐이겠습니까? 누군가를 사랑하고 섬기는 것, 다른 이와의 관계에서 신뢰를 얻는 것, 인생의 성공을 위해서 실력을 쌓고 준비하는 것 등 우리의 삶에는 기다리며 인내해야만 이루어질 수 있는 것들이 더 많습니다.

특히 믿음의 길이 그렇습니다. 믿음의 길을 걸어가는 성도의 삶에서 기다림은 신앙의 승리를 위한 아주 중요한 능력입니다.

빠르게 가는 것보다 더 중요한 것이 바르게 가는 것입니다. 바르게 가기 위해서는 때로는 삶의 자리에 멈추어 서서 내가 지금 어디에 와 있는지, 그리고 어디로 가야 하는지를 생각해 보아야 합니다. 이를 위해서는 기다림의 능력을 잃지 않아야 합니다. 기다림은 결코 실패하는 법이 없습니다. 그렇다면 기다림의 능력을 얻기 위해서는 어떻게 해야 할까요? 기다림의 본을 보여주신 예수님의 모습을 통해서 몇 가지 살펴볼 수 있습니다.

하나님의 때에 대한 분별력이 있어야 한다

먼저, 하나님의 때에 대한 분별력이 있어야 합니다.

"예수께서 요한이 잡혔음을 들으시고 갈릴리로 물러가셨다가"(마 4:12).

세례 요한은 예수님의 오심을 미리 선언하고 그 길을 예비한 선지자였습니다. 그런 그가 헤롯 왕에게 잡혔다는 소식을 듣자 예수님은 갈릴리로 물러가셨습니다. 왜 주님은 이 시점에서 갈릴리로 물러가셨을까요? 헤롯 왕의 시퍼런 칼날이 무서워 그러셨을까요? 그런 것이 아님을 우리는 분명히 압니다. 예수님은 누가 무서워서 계획을 변경하시는 분이 아니십니다.

예수님은 아직 때가 이르지 않았음을 아셨습니다. 예수님의 때란 바로 인간을 향하신 하나님의 거룩한 구원의 역사를 이루어 주시는 때를 말합니다. 어둠과 절망 가운데 있는 자들에게 생명의 빛을 전해 주시고, 그 빛 가운데로 그들을 인도하시기 위해 하나님의 말씀을 가르치시고 그들의 삶 속에서 생명의 능력을 보여주시다가 마침내 그 모든 일의 완성인 십자가에 희생 제물로 돌아가시는 것이었습니다. 예수님은 자신의 목숨을 언제 버려야 할지를 분명히 알고 계셨습니다.

요한복음 2장에 보면 가나 혼인잔치 이야기가 나옵니다. 포도주가 떨어지자 마리아가 예수님께 다가와 포도주가 떨어졌다고 했을 때 예수님이 무엇이라고 말씀하십니까? "여자여 나와 무슨 상관이 있나이까 내 때가 아직 이르지 아니하였나이다."

요한복음 7장에도 보면 예수님이 사역하시는 중에 그 형제들이 예수님에게 "갈릴리에만 머물지 마시고 유대 땅으로 가십시오"라고 요청하자 이렇게 말씀하셨습니다. "내 때는 아직 이르지 아니하였다."

예수님은 계속해서 당신의 때를 이야기하셨습니다. 예수님은 때를 분명하게 알고 계셨습니다. 그러면 예수님은 어떻게 때를 분별하셨습니까? 바로 매일 하나님과의 교제를 통해서입니다. 하나님과 교제할 때 하나님은 성령을 통하여 우리에게 분별력을 주십니다. 분별력은 우리가 알고자 해서 생기는 것이 아닙니다. 지혜의 영이신 성령께서 깨닫게 해 주셔야만 가능한 일입니다.

성경에서는 때를 가리킬 때 두 가지의 단어를 사용합니다. 하나는 크로노스요 다른 하나는 카이로스입니다. 헬라어 크로노스는 우리의 삶 속에서 그냥 흘러가는 수평적인 시간을 말합니다. 수평적인 시간은 그 자체에 어떤 의미와 목적이 있을 수 없습니다. 그냥 점심때가 되면 밥을 먹는 것이고, 저녁때가 되면 집에 돌아와 쉬는 의미로서의 시간을 말합니다. 그러나 카이로스는 하나님이 개입하셔서 구체적인 목적과 뜻을 이루어 가시는 수직적인 순간을 말합니다.

매일 먹는 점심이지만 그날 점심만큼은 하나님의 거룩하신 뜻이 이루어지기 위해서 특별히 정해 놓고 금식하며 기도하는 날로 드릴 때, 그때는 바로 카이로스가 되는 것입니다.

예수님이 말씀하시는 때는 카이로스를 말합니다. 33년의 생애 동안 예수님은 오직 카이로스, 즉 하나님께서 인류의 구원을 위해 십자가의 희생제물이 되게 하시는 그때에 맞추어 사셨습니다. 카이로스는 날마다 하나님과 교제하는 가운데 성령의 역사로 분별케 해 주십니다. 그래서 주님도 공생애를 시작하시면서 제일 먼저 하신 것이 금식기도였습니다. 그리고 공생애 중에도 매일 사역을 마치신 후에는 한적한 곳에 가셔서 기도하시며 하나님의 뜻을 구하셨습니다.

우리도 마찬가지입니다. 매일의 삶 속에서 하나님과 깊은 영적인 교제가 있을 때만이 하나님께서 성령을 통해 카이로스를 가르쳐 주십니다. 그리하여 우리는 하나님의 뜻을 분별할 수 있습니다. 그래서 기도가 중요합니다. 기도는 하나님의 때를 영적으로 분별하는 가장 중요한 능력의 시간입니다. 때를 분별하는 자만이 기다림의 능력을 가질 수 있습니다.

기다림의 능력은 순종할 때 나타난다

다음으로, 기다림의 능력은 순종할 때 나타납니다.

예수님의 일생은 순종의 삶 그 자체이셨습니다. 이 땅에 오시기 위해 하늘 보좌를 기꺼이 버리신 것도 하나님의 뜻에 대한 순종의 결과였으며, 하나님의 아들이시지만 결코 그 특권이나 능력을 발휘하시지 않고 언제나 낮은 자로 겸손하게 기다리실 수 있었던 것도 바로 하나님의 때에 대한 순종 때문이었습니다. 예수님은 한 번도 하나님께서 원하신 때에 감당하셔야 할 구속사역의 십자가를 거부하신 적이 없으십니다. 그래서 예수님은 마태복음 20:28에서 이렇게 말씀하셨습니다.

> "인자가 온 것은 섬김을 받으려 함이 아니라 도리어 섬기려 하고
> 자기 목숨을 많은 사람의 대속물로 주려 함이니라."

이 말씀은 예수님이 스스로 담당하셔야 할 십자가 사역에 대해 얼

마나 철저하게 순종하셨는지를 보여주고 있습니다. 이것은 결코 누구의 강압에 의해 할 수 없이 하는 것이 아닙니다. 기꺼이 십자가에서 죽으시겠다는 것입니다. 그래서 요한복음 10:17-18에서는 이렇게 다시 말씀하십니다.

> "17 내가 내 목숨을 버리는 것은 그것을 내가 다시 얻기 위함이니 이로 말미암아 아버지께서 나를 사랑하시느니라 18 이를 내게서 빼앗는 자가 있는 것이 아니라 내가 스스로 버리노라 나는 버릴 권세도 있고 다시 얻을 권세도 있으니 이 계명은 내 아버지에게서 받았노라 하시니라."

주님의 순종은 십자가를 지시는 현장에서 가장 강력하게 나타나고 있습니다. 마태복음 26:39입니다.

> "조금 나아가사 얼굴을 땅에 대시고 엎드려 기도하여 이르시되 내 아버지여 만일 할 만하시거든 이 잔을 내게서 지나가게 하옵소서 그러나 나의 원대로 마시옵고 아버지의 원대로 하옵소서 하시고."

이 기도보다 더 예수님의 고뇌와 아픔을 잘 표현한 구절은 아마 없을 것입니다. 예수님은 하나님의 아들이시지만 인간의 몸으로 오셨기에 인간이 느끼는 모든 고통을 겪으셔야 했습니다. 그렇기에 십자가의 희생제물로 돌아가시는 것이 얼마나 고통스러운지를 아셨습니다. 그러나 이 고통을 감내하시기로 한 것은 그것이 바로 하나님의 뜻이기 때문입니다. 그래서 그 기도 끝에 예수님의 소원이 아니라 아버지의 원대로 하시라고 말씀하신 것입니다. 이것은 예수님이 얼마나 철저하게 하나님의 때를 위해 순종하고 사셨는지를 보여주는 대목입니다. 그 순종의 마지막 선언은 바로 십자가에서 이루어졌습니다.

"다 이루었다."

순종하면 산다

마지막 끝나는 순간까지 순종할 때만이 바로 하나님의 뜻을 이룰 수 있습니다. 그런 의미에서 끝까지 기다리는 능력은 순종을 통해서 이루어집니다. 여기에서 우리는 놀라운 역설을 하나 발견합니다.

바로 순종하면 산다는 것입니다. 왜 순종하기 어렵습니까? 순종을 하면 손해 볼 것 같고, 자기가 없어질 것 같고, 주저앉을 것 같은 두려움과 걱정이 일어나기 때문입니다. 목숨을 버리면 그것으로 비참하게 내 인생이 끝날 것 같은 두려움이 있기 때문입니다. 그러나 그렇지 않습니다.

오래 전에 한국에서 군대생활을 할 때 일 년에 한 번씩 유격훈련을 받은 적이 있습니다. 유격훈련 중에 제일 겁나는 것이 11미터 공중에서 뛰어내리는 것입니다. 처음에는 꼭대기에서 뛰어내리려니 아찔하고 현기증이 났습니다. 죽을 수도 있다는 두려움과 함께 '이럴 줄 알았다면 평소에 좀 더 의미있게 살걸' 하면서 마치 죽음을 앞둔 사람처럼 온갖 복잡한 생각이 다 들었습니다. 그런데 막상 몸을 던져 떨어지고 나니까 내 몸에 묶여 있는 안전줄 때문에 아래까지 순식간에 날아갔다 다시 오르기를 반복했습니다.

내 몸을 던져도 죽지 않는다는 것을 한 번 경험하고 나니까 그 다음부터는 쉽게 뛰어내릴 수 있었습니다.

하나님 앞에서의 순종이 꼭 이와 같습니다. 처음에 순종하려고 하면 손해 볼 것 같은 생각부터 들고 두려움이 앞섭니다. 그런데 놀라운 것은 순종하니까 살더라는 것입니다.

저의 부끄러운 고백을 하나 더 하겠습니다. 제가 처음에 목사 안수를 받을 때 참 많은 고민을 했습니다. 진짜 이 길을 가는 것이 옳은 결정이었나 싶고, 앞으로 목사의 길에 생각지도 못한 고통과 아픔이 있을 텐데 과연 잘 감당할 수 있을지 두려웠습니다. 이때 제게 용기를 주신 분이 바로 저의 선친이셨습니다.

제 아버지는 이북에서 월남하셔서 6.25전쟁 후에 곧바로 인천 피난민들이 사는 판자촌에 들어가셔서 그곳에서 개척하시고 지병으로 돌아가실 때까지 약 30여 년을 목회하셨습니다. 개척교회 목회자에게 제일 힘든 것은 가난이 아닙니다. 세상으로부터 소외당하고 상처받아 서러움과 탄식 속에 살아가는 성도들과 그 동네 주민들을 향하여 한없이 위로와 사랑을 퍼 주어야 하는 삶이었습니다. 어느 누구에게서도 위로 한 번 받아보지 못한 채 30여 년을 그렇게 외롭게 사셨습니다.

어린 시절 제 눈에는 아버님의 그런 삶이 너무도 가슴 아프게 다가왔었습니다. 그래서인지 저는 목회를 하려면 그 정도의 삶을 살기로 각오해야 한다고 생각했었습니다. 이런 이유 때문에 목사 안수를 받는 시점에서 과연 옳은 선택이었나 고민했던 것입니다. 그러던 중에 갑자기 하나님께서 이런 마음을 주셨습니다.

"목회를 네가 하냐? 내가 하지…."

"목사의 길을 네가 가냐? 내가 가게 해주지…."

이 음성은 주저하던 저에게 모든 것을 한순간에 정리할 수 있게 해준 능력이었습니다. '아무리 힘들고 어려워도 아버지보다야 더 하겠나…' 하는 생각에 이 길을 가기로 순종했습니다.

그런데 참으로 놀라운 사실은 순종하니까 살더라는 것입니다. 막상 순종하고 보니까 고통보다 기쁜 일이 더 많았습니다. 어떻게 사랑과 위로를 한없이 퍼주어야 하나 고민하던 저에게 하나님은 그 놀라우신 사랑의 폭포수를 먼저 채워 주셨습니다. 이 때문에 목사가 되기 전에는 경험하지 못했던 형용할 수 없는 확신과 기대가 생겨나기 시작했습니다. 전에는 바로 앞의 일만 생각해도 캄캄했는데 순종하고 나니면 미래에 대한 일도 확신이 들었습니다.

그리고 감사한 일은 목사가 되고 나니까 오라는 데는 없어도 갈 데가 많다는 것입니다. 가는 곳마다 나이 많으신 성도님들이 진심으로 존경해 주시고 목사라고 얼마나 위해 주시는지 제 아이들은 어렸을 때 직업 중에서 목사가 제일 좋은 줄 알고 있었습니다. 심방 갈 때마다 아이들을 데리고 갔는데 심방만 가면 먹을 게 너무 많은 겁니다.

한동안 아이들이 주말만 되면 "아빠 이번 주에는 심방 없어?"라고 묻기도 했습니다. 순종하고 나니까 하나님께서는 제가 생각지도 못한 부분에서 기쁨과 보람과 놀라운 생명의 역사들을 준비해 놓고 계셨습니다.

하나님을 믿는 우리 성도들은 순종 후에 허락하실 하나님의 놀라운 생명의 역사를 기대하며 살아야 합니다. 하나님의 거룩하신 뜻에 순종하는 자에게는 반드시 생명과 환희와 회복의 역사가 일어납니다. 그래서 주님께서 요한복음 10:17에서 이렇게 말씀하신 것입니다.

"내가 내 목숨을 버리는 것은 그것을 내가 다시 얻기 위함이니 이로 말미암아 아버지께서 나를 사랑하시느니라."

예수님이 순종하셔서 십자가 위에서 기꺼이 목숨을 버리셨을 때 하나님은 예수님을 3일 만에 부활의 영광 가운데 살리셨습니다. 순종하면 살게 되어 있습니다.

여러분에게 가장 두려운 순종이 무엇입니까? 어떤 분에게는 한평생 쌓아 놓은 명예를 내려놓는 것일 수도 있습니다. 어떤 분에게는 한평생 기대하며 살았던 자식을 놓아주는 것일 수도 있습니다. 어떤 분에게는 물질에 대한 집착을 버리는 것일 수도 있습니다. 어떤 상황이든 하나님께서 여러분에게 내려놓으라 하시면 그렇게 할 수 있습니까? 내려놓으면 끝인 것 같진 않으십니까? 제가 감히 확신하건대 절대로 그렇지 않습니다. 하나님께 순종해 보십시오. 하나님은 여러분이 생각지도 못한 놀라운 것들을 지금 준비해 놓고 계십니다. 그것을 기대하십시오. "내가 내 목숨을 버리는 것은 그것을 내가 다시 얻기 위함이니"라는 주님의 말씀처럼 한 번 순종해 보십시오. 그러면 살게 되어 있습니다.

21

12 예수께서 요한이 잡혔음을 들으시고 갈릴리로 물러가셨다가 13 나사렛을 떠나 스불론과 납달리 지경 해변에 있는 가버나움에 가서 사시니 14 이는 선지자 이사야를 통하여 하신 말씀을 이루려 하심이라 일렀으되 15 스불론 땅과 납달리 땅과 요단 강 저편 해변 길과 이방의 갈릴리여 16 흑암에 앉은 백성이 큰 빛을 보았고 사망의 땅과 그늘에 앉은 자들에게 빛이 비치었도다 하였느니라 17 이때부터 예수께서 비로소 전파하여 이르시되 회개하라 천국이 가까이 왔느니라 하시더라

빛이 비치었도다

영적 어두움

오래 전 동부에 살 때 펜실베이니아에 있는 '크리스탈 동굴'에 가본 적이 있습니다. 가이드를 따라 동굴 아래로 한참을 내려갔는데 어느 한 지점에서 가이드가 우리에게 멈춰 서라고 하더니 갑자기 들고 가던 손전등을 꺼 버렸습니다. 그러자 그 안은 한 점 빛도 없는 어둠 그 자체가 되어 버렸고 우리는 한치 앞도 분별할 수 없게 된 채 움직이지 못했습니다. 그리고 나서 잠시 침묵이 흘렀습니다. 그런데 그 어두움의 적막감이 지나자 나도 모르게 두려운 생각이 들기 시작했습니다. '이 동굴 속에서 빛도 없이 계속 있어야 한다면 어떻게 하지?', '혹시 여기서 무슨 사고라도 생기면 어떻게 하지?' 등 그 동안 한 번도 생각해 보지 못한 두려움과 걱정들이 밀려들기 시작했습니다.

그때 갑자기 가이드가 "Right Now(바로 지금)"라고 소리치자 갑자기 동굴 안 구석구석에 숨겨져 있던 전등불들이 한순간에 켜졌습니다. 그리고 그 불빛에 비친 동굴 안의 희귀한 종유석들이 눈에 들어오기 시작했습니다. 형용할 수 없는 종유석들의 아름다운 모양과 종유석에 배어있던 특유의 색깔이 우리의 눈을 너무도 황홀케 했습니다.

그때의 경험은 제게 어두움과 빛이 무엇인지를 실제적으로 생각해 보게 하는 좋은 기회였습니다. 어두움이 무엇입니까? 빛이 없는 상태입니다. 빛이 없는 곳에서는 아무것도 할 수 없고, 어디로 가야 할지도 모릅니다. 아무것도 분별해 낼 수 없습니다. 그래서 자신이 거하고 있는 물리적인 공간이 아무리 넓다 해도 어두움 가운데 있으면 그는 분명 갇혀 있는 겁니다. 그렇기 때문에 어두움 가운데 있으면 절망과 두려움이 옵니다.

그러나 이보다 더 심각한 어두움이 있습니다. 바로 영적인 어두움입니다. 겉으로는 버젓이 활보하고 다니는 것 같으나 영적으로는 어두움 가운데 있는 자들이 얼마나 많은지 모릅니다. 겉으로는 아무런 문제가 없는 것처럼 보이지만 그 내면에 주체할 수 없는 절망과 탄식, 두려움과 걱정으로 가득 찬 사람들이 많이 있습니다. 그 이유가 무엇입니까? 바로 영적인 어두움에 갇혀 있기 때문입니다. 이 문제를 해결하는 방법이 무엇입니까? 그의 영혼 속에 빛이 들어가면 됩니다. 이 빛은 캄캄한 동굴을 환하게 비춰 주던 물리적인 빛이 아닙니다. 이 빛은 영혼의 어두움을 몰아내는 생명의 빛입니다. 이 생명의 빛이 우리에게 한 번 비춰지기만 하면 어둠과 절망과 탄식의 올무에서 자유롭게 됩니다. 이 빛은 세상의 어느 누구도 줄 수 없습니다. 오직 우리의 영혼과 인생의 문제를 어둠의 속박에서 자유케 하시는 분이 주실 수 있습니다. 그분이 바로 예수 그리스도이십니다.

예수님은 요한복음 8:32에서 영적 어두움 가운데 처해 있던 유대인들을 향해 이렇게 말씀하셨습니다.

"진리를 알지니 진리가 너희를 자유케 하리라."

여기서 진리란 말씀이며, 말씀은 곧 빛 되신 예수 그리스도를 의미합니다. 예수님만이 인생의 어두움을 몰아내고 참 자유와 생명과 기쁨을 주실 수 있는 유일한 빛이라는 뜻입니다.

예수님은 왜 갈릴리 지역으로 가셨는가?

예수님이 공생애 사역을 시작하면서 복음 전파의 대상지로 선택하신 장소가 갈릴리 지역이었습니다. 마태는 이것을 4:12-13에서 기록하고 있습니다.

"12 예수께서 요한이 잡혔음을 들으시고 갈릴리로 물러가셨다가 13 나사렛을 떠나 스불론과 납달리 지경 해변에 있는 가버나움에 가서 사시니."

이 기록은 다른 공관복음에서는 기록되지 않은 내용입니다. 마태만이 예수님이 갈릴리로 가셨다고 기록하고 있습니다. 왜일까요? 예수님이 갈릴리로 가셨다는 것이 예수님의 공생애에 있어서 중요한 것이라고 보았기 때문입니다. 예수님이 첫 사역지로 갈릴리를 선택하신 것은 세례 요한이 잡혔기 때문에 생명의 위협을 느껴서 피하신 것이 아니라 때를 기다리기 위함이셨다고 앞에서 이야기했습니다. 그런데 이 이유 외에도 한 가지 더 다른 영적인 이유가 있습니다. 마태복음 4:14-16에서 이렇게 설명하고 있습니다.

> "14 이는 선지자 이사야를 통하여 하신 말씀을 이루려 하심이라 일렀으되 15 스불론 땅과 납달리 땅과 요단 강 저편 해변 길과 이방의 갈릴리여 16 흑암에 앉은 백성이 큰 빛을 보았고 사망의 땅과 그늘에 앉은 자들에게 빛이 비치었도다 하였느니라."

이 말씀은 이사야 9:1-2의 인용입니다.

이스라엘은 솔로몬 왕 이후에 남왕조와 북왕조로 갈라졌습니다. 남왕조를 유다라 부르고 북왕조를 이스라엘 혹은 수도인 사마리아라 불렀습니다. 남왕조와 북왕조는 처음부터 나라가 망하기까지 서로 반목과 협력을 반복했습니다. 남유다는 지형상 외세의 침략을 그리 많이 받지 않았지만 북이스라엘은 자주 외세의 침략을 받았습니다. 특히 당대의 근동 지역을 호령하던 앗수르에게 수탈당하고 백성이 잡혀가는 일들이 비일비재했습니다. 그런 고통과 아픔을 가장 많이 받던 지역이 북이스라엘에서도 가장 북쪽 변방에 위치한 스블론과 납달리 땅입니다.

　이스라엘 백성에게 스블론과 납달리는 절망과 탄식의 대명사였습니다. 어느 누구에게도 도움을 구할 길 없고 세상적으로나 인간적으로도 내세울 것 없이 상처와 아픔을 안고 살아갔습니다. 이런 아픔의 시대에 활동했던 선지자가 이사야입니다. 이사야 선지자는 북이스라엘의 아픔과 절망이 하나님을 거역한 그들의 죄 때문이라고 지적했습니다. 그리고 이 죄에서 돌이키기만 하면 하나님은 다시금 그들을 절망과 아픔에서 구하여 새로운 생명의 빛이 비치는 땅이 되게 하실 것이라고 선포했습니다. 그리고 이 일을 이루실 분이 나타나는데 그분이 바로 메시아라는 것입니다. 그래서 이사야 선지자는 이사야 9:6에서 이렇게 예언합니다.

　　"이는 한 아기가 우리에게 났고 한 아들을 우리에게 주신 바 되었는데 그의 어깨에는 정사를 메었고 그의 이름은 기묘자라, 모사라, 전능하신 하나님이라, 영존하시는 아버지라, 평강의 왕이라 할 것임이라."

　마태는 이 예언을 이루시는 메시아가 바로 예수님임을 밝히고 있습니다. 그래서 예수님이 헤롯의 칼날 앞에 목숨이 두려워서 갈릴리 땅으로 피신하신 것이 아니라 절망과 탄식 가운데 헤매고 있는 스블론과 납달리 땅의 백성들에게 소망과 기쁨의 역사를 주시고 그들에게 참된 자유와 해방을 주시기 위해 가셨다고 말하고 있습니다. 바로 메시아의 행보라는 것입니다.

이것이 예수님이 우리에게 찾아오신 이유이기도 합니다. 바로 우리가 스블론과 납달리 땅에 살고 있는 백성들입니다. 지치고 상하여 절망과 탄식 가운데 헤매던 갈릴리가 바로 우리 인생의 모습이며 우리 마음의 상태입니다. 이 문제의 해결책이 어디에 있습니까? 바로 어두움을 몰아내는 빛이 우리 인생에 비추어져야 합니다.

예수님은 하나님을 향하여 난 창문

현재 영국에서 기독교 변증가이자 조직신학자로서 존 스토트 이후에 가장 많은 영향력을 행사하고 있는 알리스터 맥그래스 교수가 자신의 책《우리는 예수님에 대하여 왜 믿는가 무엇을 믿는가》(Understand-ing Jesus, 나침반사, 김승 역)에서 예수님을 이렇게 소개하고 있습니다.

"당신이 전혀 빛이 들어오지 않는 캄캄한 방 안에 있다고 가정해보라. 그런데 어떤 이가 그 방의 벽에 구멍을 내고 창문을 만들었다고 해보자. 그러면 빛이 들어와 방 안을 밝게 해줄 것이다. 그리고 우리는 그 창을 통해 세상을 내다볼 수 있을 것이다. 그 세상은 항상 밖에 존재하고 있었다. 그러나 우리는 안에 갇혀 있었기 때문에 과거에는 전혀 볼 수 없었다. 예수는 하나님을 향하여 난 창문이라 할 수 있다. 그분은 이 세상을 밝게 비춰 주고 우리로 하여금 하나님을 볼 수 있도록 하기 위해 이 세상에 오신 하나님의 빛이시다."

참으로 멋진 비유라고 생각합니다. 우리가 예수님을 믿고 나서 일어난 변화가 무엇입니까? 바로 절망과 어둠, 탄식과 두려움에 갇혀 살던 내가 해방되어 참된 자유와 생명의 삶을 살게 된 것입니다. 왜 그런 일이 일어났습니까? 예수님이 바로 빛이시기 때문입니다. 빛은 어둠을 몰아냅니다. 빛은 생명을 주고 소망을 일으키며 모든 인생에게 가야 할 방향을 제시합니다. 그래서 우리는 비로소 빛이신 예수님을 통해 하나님을 보며 하나님에게로 나아갈 수 있게 됩니다.

예수님은 말씀하셨습니다.

"예수께서 또 말씀하여 이르시되 나는 세상의 빛이니 나를 따르는 자는 어둠에 다니지 아니하고 생명의 빛을 얻으리라"(요 8:12).

예수님은 어두움 때문에 일어났던 아픔과 절망을 치료하시는 회복의 빛이시며, 어두움 때문에 겪게 될 죽음에서 우리를 해방시키신 생명의 빛입니다. 그래서 예수님만이 우리의 삶을 재창조하실 수 있습니다. 일찍이 이것을 깨달았던 사도 바울은 고린도 교회를 향하여 이렇게 선언했습니다.

"그런즉 누구든지 그리스도 안에 있으면 새로운 피조물이라 이전 것은 지나갔으니 보라 새 것이 되었도다"(고후 5:17).

그러면 어떻게 해야 예수님의 생명의 빛, 회복의 빛, 새 창조의 빛을 얻을 수 있습니까?

예수님만이 유일한 빛이다

예수님은 그 빛을 얻을 수 있는 방법에 대해 이렇게 말씀하십니다.

> "이때부터 예수께서 비로소 전파하여 이르시되 회개하라 천국이 가까이 왔느니라 하시더라"(마 4:17).

위 구절은 예수님이 스불론과 납달리 땅에 들어가신 후에 그들의 흑암과 절망, 고통과 탄식의 문제를 해결하는 방법으로 선포하신 말씀입니다. 이 말씀은 무엇을 뜻합니까? 인생의 절망과 아픔, 고독, 상처 속에 갇혀 있는 자들이 그 어둠에서 해방되어 참 자유를 얻기 위해서 가장 먼저 해야 할 일이 바로 죄를 회개하고 천국의 백성이 되는 것이라는 뜻입니다.

회개하고 천국의 백성이 되기 위해서는 인생의 아픔과 절망, 상처와 고독을 근본적으로 해결하실 수 있는 예수 그리스도를 인격적으로 받아들여야 합니다. 이것을 우리는 '예수를 영접한다', '예수를 믿는다'라고 말합니다.

19세기 영국의 화가 윌리엄 홀먼 헌트(William Holman Hunt)가 그린

〈세상의 빛〉(Light of the World)이라는 그림에는 가시관을 쓰고 계신 예수님이 한 황폐한 집의 문을 두드리고 계시는 장면이 나옵니다. 문이 덩굴로 덮여 있는 것으로 보아 오랫동안 문을 열지 않은 것 같아 보입니다. 이 집을 두드리시는 주님의 다른 손에는 등불이 하나 들려 있습니다. 그런데 정작 이 집의 문에는 손잡이가 없습니다.

이 그림에서 표현된 황폐한 집의 문은 바로 우리의 절망과 탄식을 의미합니다. 스스로는 도저히 해결할 수 없는 인생의 고통과 아픔, 두려움과 상처들로 꼭꼭 닫아 놓은 우리의 마음이며 인생의 모습입니다. 이 문제를 해결하시기 위해 예수님이 빛으로 오셨습니다.

그런데 문제는 이 상황에서 문을 여는 것은 우리 주님이 아니라 바로 문을 굳게 닫은 '나'라는 사실입니다. 빛 되신 예수님이 이루시고자 하는 새 생명의 역사를 경험하기 위해서는 우리가 문을 열어야 합니다. 누구든지 문을 열면 예수님은 그에게로 들어가 치유와 회복과 재창조의 역사를 이루십니다. 여기에 우리 인생 문제의 해결책이 있습니다.

예수님만이 우리 인생의 문제를 해결하실 수 있는 유일한 빛이심을 믿습니까? 인생의 유일한 생명의 빛이신 예수님이 진정 여러분 안에 계십니까?

미주 복음 방송에서 방송되었던 한 자매님의 간증을 잠시 소개하겠습니다. 이분은 미국에 와서 9년 반 동안 교회를 다녔으나 예수 그리스도를 전혀 만나지 못했습니다. 더 정확하게 말하면 예수님에 대한 관심이 별로 없었고 예배 후에 사람들 만나는 재미 때문에 교회에 다녔습니다.

이민 초기부터 남들이 부러워할 만한 것들을 다 갖추고 살던 가정이어서 아무런 문제가 없어 보였습니다. 그러나 그 9년 반 동안 자매의 마음에는 스스로 문제를 해결할 수 없다는 갈등과 아픔 그리고 남편을 위해 자신이 아무것도 해줄 수 없다는 자책감이 자라고 있었습니다. 끝내는 이혼까지 생각하게 된 이 자매의 삶 속에 갑자기 한 가지 사건이 터졌습니다. 바로 남편이 그동안 다니던 교회를 그만 다니자고 한 것이었습니다. 그러면서 성경은 한 번 읽어 보고 그만 두자는 이야기를 건넸습니다. 부부는 그날부터 성경을 읽기 시작했습니다. 워낙 책을 좋아하는 남편이라 새벽 1-2시까지 계속 읽었습니다. 그리고 몇 주 지났을 때 남편이 이렇게 말했습니다.

"내가 지금껏 책을 많이 읽었어도 이런 거짓말로 가득찬 책은 보다 보다 처음 본다."

자매가 그러면 읽지 말라고 이야기하자 남편이 한 번 읽기로 했으니 끝까지 읽겠노라고 말했습니다. 그리고 한두 달쯤 지난 어느 날 한밤중에 갑자기 거실에서 우는 소리가 들렸습니다. 자매가 놀라 나가 보니 남편이 엉엉 울고 있더랍니다. 남편이 자매를 보자 이렇게 말했습니다.

"여보, 하나님이 살아계셔!"

9년 동안 교회를 다녔어도 하나님을 만나지 못했던 남편이 성경 말씀을 읽어 가던 중에 하나님을 만나게 된 것입니다. 그 후에 자매가 이런 고백을 했습니다.

"그때 이후 남편의 눈빛은 너무도 달라졌습니다. 예전에는 욕심과 이기심으로 가득 찬 눈빛이었습니다. 남편은 일이나 돈에 대한 욕심도 많았고, 자신과 자기 가족에게 극도로 집착해서 살았는데, 그 일 이후부터 남편의 눈은 너무도 선해졌습니다."

남편의 눈빛이 왜 달라졌겠습니까. 바로 그의 인생에 빛 되신 예수님이 찾아오셨기 때문입니다. 그리고 찾아오신 예수님을 향해 이기심과 탐욕에 갇혀 버린 자기 인생의 문을 스스로 연 순간 주님이 그 안에 들어가셔서 생명의 빛을 비추어 주셨기 때문입니다. 이 빛이 비추어진 후에 부부에게 있었던 절망과 어둠의 문제가 물러가고 예수 그리스도께서 허락하신 사랑과 기쁨과 평강의 삶이 넘치게 된 것은 두말할 나위가 없을 것입니다.

여러분의 마음에 아직도 해결되지 않은 아픔과 상처 혹은 열등감이 있습니까? 여러분의 마음에 스스로 해결하지 못하는 인생의 두려움과 절망의 무거운 짐들이 자리 잡고 있습니까? 내 인생의 의미와 가치와 방향을 찾지 못해서 아직도 어디로 가야 할지 모르고 있습니까?

그것을 한 번에 해결하는 것은 빛 되신 예수 그리스도가 여러분의 영혼과 인생의 현장에 빛을 비추어 주시는 것입니다. 그러기 위해서는 여러분이 마음의 문을 열어야 합니다. 마음의 문은 주님이 아니라 여러분이 열어야 합니다. 아무리 교회를 오래 다녀도 소용없습니다. 아무리 봉사를 많이 해도 소용없습니다. 내가 마음의 문을 열어 주님을 맞이해야 합니다. 그때 우리 주님께서는 빛을 비추어 어두움을 물러가게 하실 뿐만 아니라 여러분이 한 번도 경험해 보지 못한 놀라운 생명의 기쁨을 허락해 주실 것입니다.

22

| 마태복음 4:18-22 |

18 갈릴리 해변에 다니시다가 두 형제 곧 베드로라 하는 시몬과 그의 형제 안드레가 바다에 그물 던지는 것을 보시니 그들은 어부라 19 말씀하시되 나를 따라오라 내가 너희를 사람을 낚는 어부가 되게 하리라 하시니 20 그들이 곧 그물을 버려두고 예수를 따르니라 21 거기서 더 가시다가 다른 두 형제 곧 세베대의 아들 야고보와 그의 형제 요한이 그의 아버지 세베대와 함께 배에서 그물 깁는 것을 보시고 부르시니 22 그들이 곧 배와 아버지를 버려 두고 예수를 따르니라

예수를 좇는 삶

하나님의 백성답게 산다는 것

종교개혁자 마르틴 루터 이후에 독일 교회 내에서 가장 개혁적이고 실천적인 신앙을 가진 목회자를 꼽는다면 어느 누구라도 주저없이 본 훼퍼(Dietrich Bonheoffer) 목사님을 들 것입니다. 20세기 독일의 격변기에 가장 탁월한 설교가요 신학자였던 본훼퍼 목사님은 히틀러의 독재 정권 앞에 그리스도인으로서 어떻게 살아야 할지를 몸소 보여준 참 신앙인이었습니다. 16세 때 이미 신학 공부를 시작할 정도로 천재적인 두뇌를 가지고 있었던 그는 깊은 사고력과 통찰력까지 겸비해 나이 20세에 이미 신학박사 학위를 받았습니다.

많은 사람들이 본훼퍼를 존경하고 칭찬을 아끼지 않는 이유는 그가 타고난 능력과 학자적인 실력에도 불구하고 한평생을 자신의 입

신앙명을 위해 살지 않고 하나님의 거룩한 백성으로서, 또한 예수 그리스도를 따르는 제자로서 순간순간을 아낌없이 살았다는 점에 있습니다.

1933년 히틀러가 정권을 잡기 시작한 때부터 본훼퍼 목사님은 더욱 철저히 하나님의 백성답게 사는 것이 무엇인지를 강단과 교회, 방송에서 쉼 없이 외치며 선포하곤 했습니다. 이 때문에 그는 히틀러 정권에 의해 교수직을 박탈당하고, 연금되며, 감옥에까지 갇히는 고초를 당했습니다. 그러던 중에 그의 천재적인 능력을 아까워하던 미국 유니온신학교의 라인홀드 니부어(Reinhold Niebuhr) 교수에 의해 1939년 6월 12일 교환교수로 초대되어 미국에 들어오게 됩니다. 미국에 도착한 지 얼마 지나지 않아 히틀러가 그 해 9월 1일에 제2차세계대전을 일으키자 본훼퍼 목사님은 고민하기 시작합니다. 자신의 동료와 독일 국민들이 미치광이 히틀러 때문에 전쟁의 노예가 되고 살상과 피 흘림의 도구로 전락해 버리는 현실을 보면서 참다운 그리스도인의 삶이 무엇인지를 보여주어야 한다고 생각해서 다시 독일로 들어가기로 결심합니다. 이때 그의 독일 행을 만류하며 미국에 남을 것을 권했던 라인홀드 니부어 교수에게 본훼퍼 목사님은 이런 편지를 남겼습니다.

"나는 독일의 역사에서 어려운 시기를 독일의 크리스천과 함께 보내야겠습니다. 만일 내가 나의 동료들과 같이 이 고난의 시기를 보내지 않는다면 전쟁이 끝난 후에 독일 크리스천의 재건에 동참할 권리가 없을 것입니다."

그리고 본훼퍼 목사님은 독일에서 주님이 주신 소명대로 역사의 미치광이가 된 히틀러를 향하여 준엄한 신앙의 양심을 선포하다가 히틀러가 자살하기 20일 전인 1945년 4월 9일, 39살의 나이로 감옥에서 순교합니다.

본훼퍼 목사님이 이런 삶을 살았던 이유는 단 한 가지, 바로 진정한 그리스도인으로 살기 원했기 때문입니다. 그리스도인이란 그리스도인답게 사는 것을 말합니다. 아무리 스스로 그리스도인이라 말해도 그리스도인답게 살지 않는다면 그는 결코 그리스도인일 수 없습니다. 초대교회 시절에 안디옥에 살던 성도들을 향해 세상 사람들이 그리스도인이라 부른 것은 그들에게서 무엇인가 다른 삶의 모습을 보았기 때문입니다. 그들이 믿는다고 하는 예수 그리스도 때문에, 남들이 아무리 상대방을 속이고 실속을 챙겨도 결코 남의 것을 취하지 않고 남을 해하지 않으며, 오히려 손해보고 자기의 것을 나누어 주었습니다. 그 이상한 모습 때문에 드디어 세상 사람들은 교회의 성도들을 그리스도인이라 부르게 된 것입니다. 즉 그리스도인에게는 그리스도인들만이 보여줄 수 있는 삶의 모습이 나타나야 합니다. 그러면 그리스도인들만이 보여줄 수 있는 삶의 모습은 어떻게 시작되는 것일까요? 바로 주님을 좇아가는 삶을 살 때 가능합니다.

예수님을 좇아가는 삶의 모습

한 인생이 예수님을 만나 좇아가게 되는 과정은 보통 세 가지의 모습으로 구분될 수 있습니다. 예수님을 만나기 이전과 예수님을 만난 이후의 과정 그리고 진심으로 예수님을 따르기로 한 과정으로 구분됩니다.

예수님이 갈릴리 해변가를 걸으시던 중에 시몬 베드로와 안드레 형제를 보시고는 이렇게 말씀하셨습니다.

"나를 따라오라. 내가 너희를 사람을 낚는 어부가 되게 하리라."

이 말씀에 두 형제는 예수님을 좇아갑니다. 그리고 얼마 안 있다가 해변가에서 그물을 수리하고 있는 야고보와 요한 형제를 동일하게 부르셨습니다. 이 부르심 앞에 두 형제 역시 주님을 좇아갔습니다.

이 본문을 읽으면서 떨쳐 버릴 수 없는 의문이 하나 있습니다. 어떻게 "나를 따르라"는 예수님의 요청에 그들이 즉시 순종할 수 있었느냐는 것입니다. 어느 누구도 생면부지의 사람에게 자신의 인생을 맡기지 않습니다. 그런데 어떻게 베드로를 비롯한 이 네 명이 즉시 예수님에게 자신의 인생을 맡길 수 있었느냐는 것입니다.

그러나 본문을 자세히 보면 그들이 그때 예수님을 처음 만난 것이 아님을 알 수 있습니다. 요한복음 1장에 보면 세례 요한의 제자였던 안드레와 요한이 예수님을 만난 후 그를 좇아가기 시작하는 장면이 나옵니다. 그리고 안드레는 자신이 좇는 것으로 끝나지 않고 자신의 형제인 베드로에게 소개하여 예수님에게로 데리고 나옵니다. 이때 예수님이 베드로의 이름을 시몬에서 베드로라고 바꾸어 주셨습니다. 이 상황에서 사도 요한 역시 자신의 형제 야고보를 예수님께 데리고 왔을 거라고 추측할 수 있습니다. 이때 베드로를 비롯한 그들은 이미 세례 요한을 통해 예수님이 하나님의 아들이시며 자신의 죄를 해결하실 메시아임을 알게 되었고 예수님을 믿게 되었습니다. 그러나 이때까지만 해도 그들은 예수님을 믿는 구원에는 이르렀으나 예수님을 따르는 삶을 살지는 않았습니다.

그 이후에 예수님이 갈릴리 해변가를 거니시다가 네 명을 다시금 부르셨던 것이고, 누가복음 5장에 의하면, 예수님이 자신들의 인생에 참다운 능력을 주실 수 있는 분임을 깨닫고 그제야 비로소 결단하고 예수님을 좇게 된 것으로 볼 수 있습니다.

이 과정을 통해서 우리는 한 인생에게 나타나는 삶의 세 가지 자세를 발견할 수 있습니다.

편안하게 사는 인생

먼저, 편안하게 사는 삶입니다.

사람들은 누구나 편안하게 살기를 원합니다. 걱정 근심도 없고 질병도 없이 그냥 편안하게 살고 싶어 하는 것입니다. 이것이 바로 베드로를 비롯한 제자들이 예수님을 만나기 이전의 삶입니다. 갈릴리는 서민들이 생존을 보장받을 수 있는 유일한 곳이었습니다. 갈릴리 호수가 얼마나 아름다운지(특히 북동쪽은 더 아름답습니다) 헤롯 왕은 자신의 왕권을 유지하기 위해서 자신을 분봉왕으로 임명해 준 로마의 황제에게 갈릴리 호수를 바쳤습니다. 그래서 티베리우스 황제의 이름을 따서

'티베리아스'라고 이름까지 바꾸었습니다. 성경에서 갈릴리 호수를 때때로 '디베랴'라고 표기한 이유가 여기에 있습니다.

예수님 당시에 이스라엘 백성들, 특히 갈릴리 지방의 사람들에게 갈릴리 호수는 억압과 절망과 탄식의 상징이었습니다. 그래서 그들은 나름대로 로마의 식민지하에서, 또한 사악한 헤롯의 폭정 앞에서 살아남는 법들을 터득하기 시작했습니다. 그것은 바로 순응하는 것입니다. 그들은 권력자의 눈에 거스르거나 눈에 띄지 않으면 목숨을 부지할 수 있다는 것을 알았습니다. 그래서 갈릴리 호수가 황제에게 바친 것이건 아니건 상관없이 그냥 이 호수에서 물고기를 잡고 생명을 보존하는 것으로 만족했습니다. 열정이나 꿈도 없이 탄압과 억압으로부터 벗어나 자신들이 생존할 수 있다면 만족할 수 있었습니다.

북한에서 온 형제자매들을 통해서 들은 이야기인데요, 그렇게 지독한 독재와 폭력 속에서 오랫동안 살다 보니 그들도 나름대로 그 체제에 순응하는 방법을 배웠다고 합니다. 바로 드러나지 않는 것입니다. 힘 있는 자의 눈에 거스르지 않고 사는 것입니다. 그러다 보니 그럭저럭 지낼 수 있더랍니다. 이것이 무서운 것입니다. 이런 삶에 길들여져 있으면 변화를 원치 않고 귀찮아합니다. 그냥 편안하게 먹고 살 수 있기만을 바랄 뿐입니다.

이것이 고기를 잡던 베드로와 안드레, 야고보와 요한의 삶이었습니다. 한 마디로 그들의 삶은 편안하면 되는 것이었습니다. 내 가족을 먹여 살릴 수 있고, 내가 편안하게 먹고 살 수만 있다면 됩니다. 실은 이것이 이 세상을 살아가는 사람들의 보편적인 모습이기도 합니다. 그러나 한 번 생각해 보십시오. 이렇게 편안하게 사는 것이 과연 행복이고 기쁨일까요? 만일 그렇다면 먹고사는 문제가 충분히 해결된 사람들이 왜 자살을 하고 삶을 포기하는 것입니까? 편안하게 먹고 사는 삶으로는 충족되지 않는 우리 내면의 갈망들이 있기 때문입니다. 그것은 바로 행복에 대한 갈망입니다.

행복을 추구하는 인생

그래서 다음으로 나타나는 인생의 모습이 바로 행복을 추구하는 삶입니다.

사람은 편안하게 먹고사는 문제를 넘어서 자기 내면에 참된 행복이 시작되기를 원합니다. 그래서 행복을 추구할 수 있다면 어떤 것이든지 하려고 합니다. 그러나 모두가 다 행복을 소유할 수 있는 것은 아닙니다. 행복은 자기 내면의 갈망을 해소할 수 있는 그 무엇인가를 찾아야만 시작됩니다. 그래서 사람들은 내면의 갈망을 자신의 인생 앞에 설정해 놓고 그것을 추구하기 시작합니다. 사람들은 이것을 '인생의 목적'이라고 부릅니다.

많은 사람들이 '자신의 목숨을 걸 만한 인생의 목적을 발견한 자는 참으로 행복한 사람이다!'라고 이야기합니다. 그러나 이것은 참으로 위험한 발상입니다. 왜냐하면 목숨을 걸 만한 것이 만일 자신의 탐욕과 이기심에 기초한 것이라면 그 목적을 달성하기 위해 자신의 목숨을 내걸고 달려갈 때에 반드시 다른 이들이 아픔과 상처를 받을 수 있기 때문입니다.

히틀러가 그 대표적인 사람입니다. 히틀러는 부모의 외도를 보고 자랐으며 외도의 상대방이었던 유대인을 어릴 적부터 미워했습니다. 그래서 그의 목표는 유대인들을 없애는 것이었습니다. 이 일을 위해 그는 목숨을 걸었습니다. 그 결과가 무엇입니까? 죄 없는 600만 명의 유대인을 학살하는 엄청난 살인이 이루어졌습니다. 그는 자신의 열등감과 상처를 해결하기 위해 어릴 적부터 사람들을 선동하는 웅변술에 목숨을 걸었습니다. 그리하여 그는 천재적인 웅변술을 가지고 아리아 민족의 부흥을 빌미로 독일 민족을 세계대전의 도가니로 몰아가게 된 것입니다.

아무리 인생을 걸 만한 목적을 가지고 있다 해도 그것이 자신의 탐욕과 이기심에 기초한 것이라면 엄청난 파괴력이 있습니다. 하나님의 일을 하는데도 마찬가지입니다. 자신의 탐욕과 이기심으로 무엇인가를 해보려 했을 때는 남을 죽이고 파괴하게 됩니다. 그러니 목숨을 걸 만한 인생의 목적 자체가 중요한 것이 아니라 그 인생의 목적이 어디에 기초하고 있느냐가 중요합니다. 그러면 자신의 탐욕과 이기심에 기초하지 않은 인생의 목적을 찾기 위해서는 어떻게 해야 할까요? 바로 나를 살리시기 위해 아낌없이 자신의 생명까지 내어 주신 우리 주 예수 그리스도의 사랑과 은혜에 그 기초를 두는 것입니다.

참된 인생은 구원받은 목적대로 사는 것

그런 의미에서 마지막으로 발견되는 인생의 모습은 참된 목적대로 사는 삶입니다.

참된 삶의 목적은 예수님을 따를 때만이 이루어집니다. 왜냐하면 예수님만이 내 인생을 참된 생명의 길, 참된 의미와 가치가 있는 길로 인도하실 수 있는 유일한 분이기 때문입니다.

누가는 누가복음 5장에서 마태가 기록하지 않은 내용 하나를 소개하고 있습니다. 예수님이 베드로의 배를 빌려 갈릴리 호수 한가운데에 서서 말씀을 강론하신 후에 베드로에게 깊은 데로 가서 그물을 던지라고 명령하십니다. 베드로가 밤새도록 그물을 던졌어도 한 마리도 잡지 못했지만 그는 예수님의 말씀에 의지해서 던졌습니다. 이때 그물이 찢어지도록 고기가 잡힌 상황에서 그는 무릎을 꿇고 엎드려 이렇게 고백합니다.

"주여, 나를 떠나소서. 나는 죄인이로소이다."

이것은 무슨 뜻입니까? 자신의 탐욕과 이기심을 기초로 한 모습, 그냥 편안하게 먹고 마시는 모습으로는 죄 된 결과만을 이루어 낼 뿐이라는 것입니다. 그래서 이런 모습으로는 도저히 참된 인생의 행복과 목적을 찾을 수 없다는 것입니다. 이때 주님이 말씀하셨습니다.

"무서워하지 말라. 이제 후로는 네가 사람을 취하리라."

사람을 취한다는 것은 편안함을 넘어서 참된 인생의 목적을 향하여 살게 된다는 뜻입니다. 왜 사람을 취하는 것이 참된 목적을 향하여 살게 되는 것입니까? 이것이 바로 하나님께서 우리를 구원하신 목적이기 때문입니다.

그래서 예수님이 부활 승천하신 후에야 이 의미를 깨달았던 베드로는 나중에 자신의 서신서인 베드로전서 2:9에서 이렇게 고백했습니다.

> "너희는 택하신 족속이요 왕 같은 제사장들이요 거룩한 나라요 그의 소유가 된 백성이니 이는 너희를 어두운 데서 불러내어 그의 기이한 빛에 들어가게 하신 이의 아름다운 덕을 선포하게 하려 하심이라."

참된 인생은 바로 내가 하나님 앞에 구원 받은 목적대로 사는 것입니다. 하나님이 나를 구원하신 목적이 바로 하나님의 그 놀라우신 덕, 우리를 어두움 가운데서 불러내셔서 빛의 자녀가 되게 하신 은혜를 세상 사람 앞에 알리고 선포하는 것입니다. 이 목적을 바로 깨닫고 나면 우리가 어떻게 살아야 할지가 분명해집니다.

새들백교회의 릭 워렌 목사님이 쓰신 《목적이 이끄는 삶》(Purpose Drive in Life)의 핵심이 바로 하나님의 목적대로 살기만 하면 하나님의 놀라우신 은총과 자비와 삶의 열매들을 얻게 된다는 것입니다.

즉 하나님께서 우리를 향하신 그 목적대로 살라고 하신 것은 나를 고생시켜 하나님이 원하시는 대로 부려먹기 위함이 아니라 나의 유익 때문이라는 것입니다. 이것이 깨달아지고, 말씀 앞에 기꺼이 순종하는 것이 바로 예수를 좇는 것입니다. 그래서 베드로와 함께 다른 제자들이 비로소 모든 것을 버리고 예수를 좇았다고 성경은 기록합니다.

종교개혁은 단순히 교회의 조직이나 구조를 개조하자는 구호가 아닙니다. 기존의 것을 무조건 부수어 버리자는 것은 더더욱 아닙니다. 구부러진 못이 원래의 목적대로 쓰임 받기 위해서는 다시 펴져야 합니다. 이것을 Reform이라고 합니다. 마찬가지로 우리 영혼이, 우리 인생의 목적이, 삶의 자세가 원래 하나님이 의도하셨던 목적대로 Re-form, 즉 재형성되어지는 것이 개혁입니다. 이것이 Reformation, 종교개혁의 진정한 의미입니다.

타락과 부정으로 썩어져 가던 중세 교회를 향하여 마르틴 루터가 비텐베르크 성당에서 외쳤던 95개조 반박문의 핵심은 참된 그리스도인의 삶의 목적으로 돌아가는 것이었습니다. 그리스도인의 삶의 목적은 바로 하나님이 우리를 부르셔서 자녀 삼으신 그 목적대로 다시금 되돌아가는 것을 말합니다. 그것은 바로 하나님의 아름다운 덕, 구원의 은총과 자비와 사랑의 역사를 알지 못하는 자들에게 전하는 것입니다.

죽을 수밖에 없었던 내가 하나님의 은혜로 예수 그리스도를 통해 구원을 받아 영원한 생명을 보장 받았음을 확신합니까? 내가 하나님의 자녀임을 믿습니까? 절망과 어두움의 자리에 있던 내가 소망과 빛의 자리로 옮겨졌음을 분명히 믿습니까?

진짜 믿는다면 여러분에게는 한 가지 증거가 나타날 수밖에 없습니다. 바로 그렇게 옮겨진 것에 대한 감격과 기쁨입니다. 이것을 나누는 것이 바로 예수를 좇는 것이요, 이것을 선포하는 삶이 바로 진정한 목적대로 사는 삶입니다.

하나님께서 나를 부르신 그 목적을 위해 함께 달려가 보지 않겠습니까? 예수님을 좇을 때 반드시 영혼의 추수함을 경험할 것입니다. 이 은혜를 누리시기를 간절히 기도합니다.

23

| 마태복음 4:23-25 |

23 예수께서 온 갈릴리에 두루 다니사 그들의 회당에서 가르치시며 천국 복음을
전파하시며 백성 중의 모든 병과 모든 약한 것을 고치시니 24 그의 소문이 온 수
리아에 퍼진지라 사람들이 모든 앓는 자 곧 각종 병에 걸려서 고통 당하는 자, 귀
신 들린 자, 간질하는 자, 중풍병자들을 데려오니 그들을 고치시더라 25 갈릴리
와 데가볼리와 예루살렘과 유대와 요단 강 건너편에서 수많은 무리가 따르니라

갈릴리와 같은
인생의 회복

생명의 원리를 붙들면 회복된다

갈릴리는 서민들의 땅이었습니다. 서민들은 예나 지금이나 힘없는 자요 권력자들에게 수탈을 당하면서도 어떻게 대응해야 할지 모르는 약자들입니다. 약자들에게는 언제나 바람이 있습니다. 아픔과 절망의 현장이 나아지는 것입니다.

예수님 당시에 갈릴리의 백성은 로마의 식민지 백성으로서 살아가던 약자들이었습니다. 여기에 엎친 데 덮친 격으로 갈릴리 지역의 분봉왕으로 있던 헤롯은 자신에게 권력을 준 로마의 황제에게 아부하기 위해서 갈릴리를 수탈의 도구로 이용했습니다. 그래서 그 안에 살고 있던 사람들은 로마 황제와 헤롯 왕으로부터 이중고를 겪어야 했습니다. 그렇기 때문에 그들에게는 결코 떨쳐버릴 수 없는 한 가지 바람이 생겼습니다. 바로 자신들의 처지가 나아지는 것입니다. 아픔과 수탈로부터 해방되고 좀 더 나은 조건 속에서 살아보는 것입니다. 더 이상 근심이나 걱정이 없는 그런 삶을 살아보는 것이었습니다.

이 문제는 그 시대뿐만 아니라 이 시대를 살아가는 우리에게도 여전히 일어나고 있습니다. 자신의 능력의 한계 때문에 더 이상 나아가지 못하고 인생의 낙오자처럼 사는 사람들이 있습니다. 좌절된 꿈 때문에 스스로 실패자라 여기며 세상과 단절하며 사는 사람들도 있습니다. 21세기의 보이지 않는 힘과 폭력 앞에 자신의 입장을 항변 한번 못해 보고 억울해도 참고 살아야 하는 사람들이 우리 주위에 얼마나 많은지 모릅니다.

그런 의미에서 갈릴리는 이 시대를 살아가고 있는 우리들의 모습이라 할 수 있습니다. 우리 모두는 아픔과 절망 속에서도 무엇인가를 새롭게 기대하며 회복을 바랍니다. 이 회복은 과연 어떻게 이루어지는 것일까요? 수많은 시간 동안 이것을 찾기 위해 머리 좋은 천재들이 정치적인 논리로 혹은 경제적인 방법으로 대안을 제시해 보았지만 아무도 제대로 길을 가르쳐 주지 못했습니다. 그러면 앞으로도 우리는 계속 그 대안을 찾지 못한 채 절망을 안고 살아가야만 하는 것입니까? 그렇지 않습니다. 이미 하나님은 그 대안을 2천 년 전 갈릴리 백성에게 가르쳐 주셨습니다. 바로 생명의 원리를 붙드는 것입니다.

생명의 원리란 절망과 아픔의 문제를 해결하는 원리요, 나의 삶에 새로운 가능성과 소망을 일으키는 원리입니다. 생명의 원리가 시작되면 그 인생은 분명히 변하게 되어 있습니다. 이것이 갈릴리와 같은 인생의 회복입니다. 그러면 어떻게 해야 이 생명의 원리가 내 삶에 시작될 수 있을까요? 이를 위해서는 다음의 세 가지 절차가 필요합니다.

생명이 심겨야 한다

"예수께서 온 갈릴리에 두루 다니사 그들의 회당에서 가르치시며"(마 4:23a).

예수님이 바로 생명의 근원이십니다. 그렇기 때문에 아픔과 절망의 현장에 예수님이 심긴다는 것은 바로 생명이 심기는 것을 말합니다. 그런데 예수님이 심기기 위해서는 절차가 필요합니다. 바로 예수님이 누구이신지를 가르쳐 주어야 합니다.

예수님은 회당에서 말씀을 가르치셨습니다. 과연 예수님은 무슨 말씀을 가르쳐 주셨을까요? 단순히 율법에 대한 해석이나 풀이만 하셨을까요? 그렇지 않습니다. 이 부분에 대해 누가는 마태보다 좀 더 자세하게 기록하고 있습니다. 누가복음 4장에 보면 예수님이 이사야 선지자의 예언 가운데 구체적인 한 군데를 의도적으로 찾아서 강론하셨음을 알 수 있습니다. 누가복음 4:18-19입니다.

"18 주의 성령이 내게 임하셨으니 이는 가난한 자에게 복음을 전하게 하시려고 내게 기름을 부으시고 나를 보내사 포로 된 자에게

자유를, 눈 먼 자에게 다시 보게 함을 전파하며 눌린 자를 자유롭
게 하고 ¹⁹ 주의 은혜의 해를 전파하게 하려 하심이라 하였더라"(눅
4:18-19).

이는 이사야 61:1-3에 나오는 말씀입니다. 이 말씀은 바로 메시아에
대한 예언입니다. 앞으로 오실 메시아는 절망과 탄식 가운데 있는 자
들에게 새로운 생명의 역사를 주신다는 것이 이 예언의 핵심입니다.

그런데 놀랍게도 예수님은 회당에서 그 말씀을 읽으신 후에 이렇게
다시금 가르쳐 주셨습니다.

"이 글이 오늘 너희 귀에 응하였느니라"(눅 4:21).

즉 예수님은 지금 회당에서 생명의 주인공이 예수님 자신이라고 말
씀하신 것입니다. 이것이 가르침의 핵심입니다. 생명의 역사가 시작되
기 위해서는 예수님을 가르쳐 주어야 합니다. 예수님은 누구이십니
까? 예수님은 인생의 포로 된 자에게 자유를 주시는 유일한 분이시
며, 인생의 절망과 어두움 가운데 있는 눈 먼 자들에게 새로운 빛을
보게 하시는 유일한 분이십니다. 인생의 억압과 눌린 자를 진정으로
해방시킬 수 있는 유일한 분이십니다.

이것이 우리가 이 시대에 가르쳐 주어야 할 내용의 핵심입니다. 예
수를 받아들여 그 예수를 소유한 자마다 인생의 문제가 해결되고 생
명의 역사가 시작됨을 가르쳐 주는 것이 성경을 가르치는 일의 핵심

입니다. 이것이 생명의 근원되신 예수님을 심는 것입니다.

믿는 성도들이 세상 앞에 능력을 발휘하는 때는 언제입니까? 화려한 성경 지식을 나열할 때가 아닙니다. 우리가 얼마나 교회를 오래 다녔느냐도 아닙니다. 오직 그들에게 없는 한 가지, 즉 생명력을 보여줄 수 있을 때입니다. 그들과 동일한 삶의 현장을 살고 있지만 그들에게는 없는 한 가지가 있음을 보여주는 것입니다. 바로 우리 주 예수 그리스도로 인하여 시작된 생명의 역사입니다. 예수 그리스도로 인한 생명의 능력 때문에 평강과 기쁨의 능력이 우리에게 있음을 보여줄 때 그들은 분명히 의아해할 것입니다. 어떻게 저런 상황에서 기뻐할 수 있는가 할 것입니다.

우리가 내일 일을 염려하지 않는다고 하면 세상 사람들은 '든든한 은퇴 계획을 마련해 놓았는가?', '남은 인생을 염려하지 않아도 될 만큼 경제적인 능력이 있는가?' 하며 궁금해합니다. 그러나 정작 실상을 살펴보면 그것이 아님을 압니다. 그래서 '어떻게 저토록 기뻐하고 평안할 수 있는가?' 하며 이들은 더 궁금해합니다. 그때 우리는 평안의 능력, 기쁨의 능력이 바로 생명의 근원되신 예수 그리스도를 소유했기 때문임을 몸소 보여주고 가르쳐 주어야 합니다. 이것이 바로 성도가 세상 앞에 능력을 발휘할 수 있는 유일한 길이며, 교회가 이 시대를 깨우고 사회를 변화시킬 수 있는 능력이라고 믿습니다.

생명의 근원되신 예수를 받아들여야 한다

다음으로, 갈릴리와 같은 인생에 새로운 회복이 시작되기 위해서는 생명의 근원되신 예수 그리스도를 받아들이는 결단이 일어나야 합니다. 이것을 성경은 '선포한다'고 말씀합니다.

> "예수께서 온 갈릴리에 두루 다니사 그들의 회당에서 가르치시며 천국 복음을 전파하시며"(마 4:23a).

여기서 우리는 천국 복음을 선포한다는 의미를 두 가지로 나누어서 살펴보아야 합니다. 하나는 '천국 복음이 무엇이냐'이고 다른 하나는 '선포하셨다는 것이 무슨 뜻이냐'입니다.

먼저, 이사야 선지자가 말한 천국 복음, 곧 하나님 나라의 복음이 바로 예수님에게 이루어지셨음을 말합니다. 한 개인에게 구원의 역사가 시작되는 것이 바로 그 인생에 하나님 나라가 이루어지는 것입니다. 그런 의미에서 하나님 나라의 메시지는 바로 예수 그리스도의 구원의 메시지라고 할 수 있습니다. 예수님이 천국 복음을 전파하셨다는 것은 예수님 자신을 통해 이루어질 구원의 메시지를 선포하셨다는 것을 말합니다.

그 다음, "복음을 전파하시며"라는 표현이 나옵니다. 전파했다는 것은 선포했다는 뜻인데 선포하는 것이 가르치는 것과 근본적으로 다른 점이 있습니다. 가르치는 것은 소개하고 알려주는 것입니다. 받아

306

들일 수 있도록 자세히 설명하여 설득하는 것을 말합니다.

그러나 선포한다는 것은 가르치는 것을 넘어서 결단을 촉구합니다. '이렇게 놀라운 생명의 원리가 주어졌으니 이제 당신들이 그 생명의 원리를 받아들이는 결단을 하라'는 선언입니다. 아무리 잘 가르치고 심어 주어도 그것을 스스로 생명의 원리로 받아들이지 않으면 소용이 없습니다.

이것이 바로 구원의 원리입니다. 구원이란 하나님이 주시는 선물입니다. 그러나 선물이 아무리 나를 살리고 회복시키는 생명의 역사가 있음을 알아도 그것을 내가 인격적으로 받아들이지 않으면 생명의 역사가 일어나지 않습니다. 그러므로 구원의 역사, 생명의 역사를 이루기 위해서는 이 선포의 단계가 계속 이루어져야 합니다.

이 시대를 가리켜 합리성의 시대라고 합니다. 그래서 누군가가 상대방에게 강제적으로 무엇인가에 대해 이야기하는 것을 매우 무례한 것으로, 해서는 안되는 일로 생각합니다. 이것이 복음을 선포하는 일에도 영향을 미쳐 사람들에게 좀 더 좋게, 좀 더 편안하게 해주는 것이 기독교에 대한 이미지를 좋게 하는 것이라 생각하는 경향이 생겨났습니다. 이것은 어느 정도 이해할 수 있지만 맞는 말은 아닙니다. 왜냐하면 이런 경향은 복음 선포 자체를 위축시키기 때문입니다. 마땅히 복음을 선포해야 할 자리에서 '상대방의 마음이 상하지 않을까…', '괜히 이렇게 말했다가 교양 없는 사람처럼 보이지는 않을까…' 하고 염려하면 복음 선포를 하지 못하게 됩니다.

우리는 결코 복음을 부끄러워해서는 안 됩니다. 복음은 반드시 모든 믿는 자에게 구원을 주시는 하나님의 능력입니다. 그러므로 아무리 상대방이 안 받아들일 것 같아도, 나의 논리로는 그 사람이 복음을 받아들일 것 같지 않아도 그냥 전하고 선포해야 합니다. 복음은 내 논리로 상대방이 설득되어지는 것이 아닙니다. 복음은 그 자체가 능력입니다. 나는 그저 통로요 도구일 뿐입니다. 그러므로 복음을 부끄러워하지 말고 담대하게 때를 얻든지 못 얻든지 전해야 합니다. 전하면 성령께서 역사하십니다. 만일 너무 생각이 많아 복음을 전하지 못하고 다른 이야기만 하면 결코 능력의 역사를 이루지 못합니다.

이런 일들이 서구 사회에 얼마나 많이 퍼져 있는지 모릅니다. 그래서 서구의 교회들이 복음의 능력을 잃어버리고 있습니다.

영국에서 가장 자랑스럽게 생각하는 교회가 웨스트민스터입니다. 영국에서 역사적으로 왕의 대관식을 비롯해 많은 국가적인 공식행사를 여기에서 합니다. 지금도 전세계 많은 사람들이 이곳을 방문합니다. 얼마나 웅장하고 아름다운 예배당인지 그 규모와 역사성 앞에 감탄한다고 합니다.

어느 날 미국에서 여행 온 한 성도가 웨스트민스터 교회를 장황하게 소개하는 안내인에게 질문을 했습니다.

"훌륭한 이 교회에 대해 설명해 주셔서 감사합니다. 그런데 최근 이 교회를 통해 구원받은 사람이 얼마나 되나요?"

안내자는 할 말을 잃었습니다. 왜냐하면 그 교회에서는 그런 일들이 전혀 일어나고 있지 않기 때문입니다. 교회를 구경하러 오는 사람은 많아도 참 생명의 역사를 얻기 위해 오는 사람들은 찾아볼 수가 없습니다.

왜 이런 일이 일어났다고 생각합니까? 복음을 선포하지 않았기 때문입니다. 복음을 부끄럽게 생각하는 시대적인 흐름 때문에 좀 더 좋게 보이고 마치 교회 생활을 하나의 교양처럼 보여주려는 마음이 퍼져 있으니 어떻게 복음 선포가 이루어질 수 있으며 구원의 역사가 일어날 수 있겠습니까? 이것이 현대 서구 교회들의 모습입니다. 그러니 어떻게 교회가 세상 앞에 능력을 나타낼 수 있겠습니까? 성도들이 다 세상의 공격 앞에 맥없이 당할 수밖에 없습니다.

동성연애와 세속주의와 진화론이 판을 치고 있는 이 시대에서 우리가 해야 할 것이 무엇입니까? 바로 참된 생명의 역사와 능력을 회복하는 것입니다. 그것은 바로 복음을 부끄러워 하지 않는 사람들이 일어나는 것입니다. 그리하여 담대하게 때를 얻든지 못 얻든지 복음을 선포하여 생명의 역사를 받아들이도록 요청하는 것입니다. 이 요청을 받아들이는 사람은 생명의 은총을 얻습니다.

생명의 축복을 누리게 해야 한다

마지막으로, 갈릴리와 같은 인생에게 참된 생명의 능력을 회복케 하는 세 번째 단계는 예수 그리스도께서 주신 생명의 축복을 누리게 하는 것입니다. 성경은 이것을 '치유와 해방'이라고 말합니다.

"23 예수께서 온 갈릴리에 두루 다니사 그들의 회당에서 가르치시며 천국 복음을 전파하시며 백성 중의 모든 병과 모든 약한 것을 고치시니 24 그의 소문이 온 수리아에 퍼진지라 사람들이 모든 앓는 자 곧 각종 병에 걸려서 고통 당하는 자, 귀신 들린 자, 간질하는 자, 중풍병자들을 데려오니 그들을 고치시더라"(마 4:23-24).

이것이 예수 그리스도의 생명의 역사를 얻는 자들이 얻게 되는 축복의 현상들입니다. 병든 자가 고침을 받고 귀신에 묶인 자들이 해방을 얻습니다. 마음이 눌렸던 자가 자유함을 얻고 인생의 고통 가운데 신음하던 자가 기쁨을 맛보게 됩니다. 이것이 갈릴리와 같은 인생에게 일어나게 되는 회복의 축복입니다.

구원이 무엇입니까? 사탄의 권세 아래 어둠과 절망 가운데 헤매고 있던 인생이 예수 그리스도의 생명의 축복 때문에 하나님의 권세 아래로 옮겨지는 것입니다. 이것을 우리는 '해방되었다'라고 표현합니다. 해방된 후에 얻게 되는 생명의 축복이 자유함입니다.

이제는 그 무거운 죄의 짐에 갇혀 살지 않습니다. 지긋지긋한 고통과 두려움이 사라집니다. 전에는 어떤 상황에서 탄식만 나왔는데, 해방되고 나니까 동일한 상황에서도 감사가 터져 나옵니다. 즐거움과 환희가 내 삶에 시작됩니다.

일본의 유명한 기업인 마쓰시다 고노스케가 이런 말을 한 적이 있습니다.

"감옥과 수도원의 차이가 무엇인지 아는가? 둘 다 갇혀 있는 것이지만 감옥에는 불평이 나오고 수도원에는 감사가 나온다."

참으로 정확한 지적이라고 생각합니다. 동일한 환경과 장소이지만 생명의 축복을 얻지 못한 세상 사람들은 신음하고 고통스러워하는 반면, 예수 그리스도의 생명의 축복을 얻은 자들은 참된 기쁨과 자유를 누리게 됩니다. 왜인지 아십니까? 예수 그리스도만이 진정한 해방자요 치유자이기 때문입니다. 그래서 예수를 만나 생명의 역사를 누리는 자는 그곳이 어디든지 참된 자유를 얻습니다.

어린 시절 저희 집에서는 주일 아침마다 가정에서 예배를 드렸습니다. 그런데 참으로 특이한 점이 하나 있었습니다. 저희 선친께서 매주 성경에서 다른 본문을 읽고 말씀하셨는데 찬송가만큼은 같은 곡을 부르셨습니다. 438장(통일찬송가 495장) '내 영혼이 은총 입어'입니다. 어린 시절 저는 그 찬송가의 가사가 잘 이해되지 않았습니다.

내 영혼이 은총 입어 중한 죄 짐 벗고 보니,
슬픔 많은 이 세상도 천국으로 화하도다….

무슨 죄가 많아서 그렇게도 슬프다고 하는 것일까 싶었습니다. 3절 가사는 더합니다.

높은 산이 거친 들이 초막이나 궁궐이나
내 주 예수 모신 곳이 그 어디나 하늘나라….

어떻게 초막집에 사는데 그곳이 하늘나라가 될 수 있을까 궁금했습니다.

그런데 그토록 이해되지 않았던 찬송가의 가사들이 제가 인생길을 홀로 걷기 시작하는 순간부터 사실임을 체험하기 시작했습니다. 미국 생활을 시작하던 시절 생각지도 못한 어려움과 고난 앞에 절망하고 있을 때, 갑자기 어린 시절 불렀던 이 찬송가가 생각났습니다.

'그렇지. 나를 살리시고 일으키셔서 인생길을 가게 하신 생명의 주관자 우리 주 예수 그리스도께서 지금 나와 동행하시는데 그 무엇이 문제이며 그 무엇이 두려운가…'

이 확신이 드는 순간부터 저는 더 이상 그 상황에 갇히지 않고 해방될 수 있었습니다. 해방을 맛보면 그 곳이 천국임을 깨닫게 됩니다.

예수님은 진정한 치유자요 해방자이십니다. 나의 아픔과 절망, 상처와 고독을 진정으로 치료하실 수 있는 유일한 분이십니다. 내가 홀로 짐을 지고 걸어갈 때 그 짐을 대신 져 주실 수 있는 유일한 능력자이십니다. 이 능력자 되신 예수 그리스도를 받아들이는 자마다 생명의 축복, 해방의 축복을 누릴 수 있습니다.

이 회복의 역사, 해방의 역사가 여러분이 전하는 그 놀라운 생명의 선포를 통해 다른 이들에게도 전달되고 소개되기를 간절히 기도합니다.